MOST LIKELY TO SUCCEED
Preparing Our Kids for the Innovation Era

教育扭轉未來

當文憑成為騙局，21世紀孩子必備的4大生存力

CANCELLED

哈佛創新教育專家
東尼·華格納
Tony Wagner

美國最優秀創投企業家
泰德·汀特史密斯
Ted Dintersmith
著

陳以禮 譯

目次

CONTENTS

致老師一封公開信

現在迫切需要正視的課題是教育改革。我們希望學校老師能擔負提升下一世代的責任，但是我們付給老師的薪水並不優渥。

我們期待學校老師能關照上百位學生，在學習、家庭、企圖心，與各式各樣的人生課題，卻認為學校師資水準堪慮，非得用無意義的標準化測驗折磨他們。如果事情發展不盡人意——小到某位學生、某堂課的表現，大至整間學校或全體國民素質——我們會把一切歸咎於老師的能力不足，卻沒有更進一步思考該如何協助他們克服困難。

儘管如此，學校老師仍日復一日出現在學校，沒忘了努力讓孩子成為更良善的公民是他們的天職。謹此，我要對學校老師獻上一句感謝，並希望本書能為你們重要的使命盡一份心力。

前言

需要真才實學，而非文憑

本書是透過非常難得的合作機會才完成的，這一切源頭得回溯到二〇一二年初某天飄雪的早晨，從麻州劍橋市的早餐會談開始說起。

兩位作者來自差異頗大的世界。擁有哈佛教育學院（Harvard's Graduate School of Education）博士學位的華格納（Tony Wagner）一直投身於教育領域，除了有十多年英語教學資歷，還經營一所學校，並創辦與教育相關的非營利組織。華格納經常在世界各國大型研討會中擔任主講人，曾經出版五本與教育相關的著作，主張用新的方式重新思考教育體系，以便找出在二十一世紀複雜的創新世界中，培育新公民的最佳做法。他兩本最近的著作是《教出競爭力》（*The Global Achievement Gap*）和《哈佛教育學院的一門青年創新課》（*Creating Innovators*），銷售量已經突破二十五萬本，不但廣泛獲得各界領導人的好評，也翻譯成十多種語言版本。

汀特史密斯（Ted Dintersmith）來自科技創新領域，從史丹佛大學（Stanford University）取得工程博士學位後創立一家晶片公司，推動數位革命，專注於創投領域發展的職業生涯。他是美國頂尖初募創投公司之一的查爾斯瑞佛（Charles River Ventures）資深合夥人，也帶領美國風險資本協會（National Venture Capital Association）董事會成員提升國家競爭力計畫，並獲選美國《商務2.0》雜誌（*Business 2.0*）最優秀創投企業家。

前幾年，汀特史密斯開始關注教育。身為兩位學齡兒童的父親，他目睹學校教育愈來愈跟不上不斷創新的全球環境，不禁讓他憂心忡忡。他認為，日新月異的創新發展將使經濟體系中的傳統職業消失於無形，只能處理例行工作的員工將成為瀕臨絕種的生物。企業希望招募可以用創意解決問題的人才，幫助組織找出新的做法，提升附加價值，但企業界發現應屆畢業生缺少這樣的人才。汀特史密斯發現，他參訪過的學校似乎刻意消磨學生的創造力，剔除學生進入職場後必須賴以維生的技能，這一點更令他憂慮。

有鑒於此，汀特史密斯開始拜訪教育專家，希望能更加了解個中原因。這些會晤大幅拓展汀特史密斯的視野，而且受訪者往往會以「嗯，我想你應該會一會華格納」這句話作為結尾。於是汀特史密斯讀完華格納的著作後便寄信給他，詢問華格納是否願意在波士頓碰面吃早餐。華格納不但答應了，而且早餐會談時間從預計的一個鐘頭延長三小時，雙方對於落伍的教育體系會嚴重阻礙創造力（當前經濟環境中成功的關鍵因素），達成充分的共識。

雖然我們兩人的成長背景截然不同，但是早餐會談結束後就彙整出以下彼此深信不疑的觀點：

（一）日新月異的創新發展，會終結經濟環境中僵化的例行工作，將導致數百萬年輕世代無所適從；

（二）處在創新頻繁的二十一世紀，年輕世代必須用於職涯發展、成為有責任感公民的必備技能，卻讓學校教育加以抹煞；

（三）僵化的教育政策不僅傷害莘莘學子，也讓學校老師對教育的理想幻滅；

（四）雖然文憑可以用來評量學生能力，但是文憑既傷人自尊，取得成本又過於昂貴，而且與人的素質無關；

（五）除非徹底重新思考學校教育，否則任憑資源分配問題繼續惡化，可能造成社會撕裂；

（六）所以我們兩人有義務針對這些問題大聲疾呼，因為我們清楚知道該如何改造教育體系，讓學生都有為自己人生奮力一搏的機會。

初次碰面的三小時早餐會談，逐漸發展成日復一日的密切合作，我們也和獲獎無數的紀錄片導演懷特雷（Greg Whitelev）共同製作探討教育問題的影片《*Most Likely to Succeed*》，並在二〇一五年一月選在頗負盛名的日舞影展（Sundance Film Festival）首映。這支紀錄片是我們想以恢弘、充滿企圖心的計畫，協助學校改善教育。總而言之，透過紀錄片、觸及層面廣泛的計畫和這本書，我們希望能以此建立一個重新檢視學校教育的思考模式。

你可能想知道

與人交談的時候，不難發現彼此在學校的經驗是經常被談論的話題，畢竟我們都曾經當過學生。我們認為，先交代本書作者的求學經驗與成長背景，應該是一個不錯的引言。

華格納很討厭學校，學力檢定（SAT）成績中等，先後讀過兩所名不見經傳的學校，最後在當時全美國最具實驗性的大學（雖然也是鮮為人知）取得學士學歷。之後他進入哈佛大學深造，取得教學碩士與教育博士學位，但是卻發現自己居然不知道教育是怎麼一回事。進入哈佛大學教育研究所後，華格納發覺主流教育理念幾乎漏洞百出，因此他跳脫課堂上傳授的知識自創一套論點。華格納本身就是一個從教育體系逃出，最後成為作家、演說家與顧問三種身分的例子，或許也是第一位承認哈佛大學博士文憑，有如奧茲大帝（Wizard of Oz）

效應：文憑之所以重要，是因為絕大部分人以為它很重要。

汀特史密斯天生就有迅速理解簡單數學的能力，雖然這種能力在現實生活的效用不大，卻是他讀書時最重要的助力，讓他在標準化數學測驗（standardized math test）拿到滿分，在校的數學與物理成績更是不在話下。但汀特史密斯進入史丹佛大學研究所就讀後才明白，想成為偉大的物理學家，與成為優秀的物理所學生是兩碼子事。幸運的是，這並不影響他的事業發展，在史丹佛大學取得應用物理碩士與工程博士學位之後，他把物理相關知識轉化成科技創新，取得受人矚目的成就。汀特史密斯現在是推廣教育的活躍人士，不惜出錢出力協助深具潛力、想推動二十一世紀教育改革的組織。

兩位作者就學於六〇至七〇年代，當時教育環境和現今高度緊繃的學校不可同日而語。早年要進入大學就讀的競爭壓力遠遠比不上現在，壓根兒不需要煩惱準備入學測驗，孩子也不需要孜孜矻矻於一些讓大學入學申請表看起來更完美的事務。相反的，當年的孩子多的是時間去探索、體驗，去發揮創意、追尋熱情。不論教育程度高低，職場的入門工作都比現在來得簡單、有保障；對現在的小孩來說，早年的美好時光已經一去不復返了。

不論在餐桌閒聊或在大演講廳正襟危坐，我們都可以請與會者回想學生生涯，以此作為討論教育議題的開場保證萬無一失，如果要更切入主題，不妨再請他們描述求學過程中最深刻的體驗：課堂上或在校外遇見的老師、小導師，或教練。這些心得分享都能引起共鳴，可以帶動所有人認真思考：什麼才是教育真正的核心理念。

所以我們建議讀者花幾分鐘回想，求學過程中最大的轉變是什麼？這樣的經驗是否來自課堂？如果有需要，不妨在本書留白處寫下來。

我們對好幾千人提出這些問題，得到的回應包羅萬象。有些人說，是因為參與校外社團活動，有些人是因為擔任學生會幹部，另有些人是因為擬定、執行很有前景的計畫。也有人是受到熱切與人分享知識的老師所啟發，或聽某位信任他們的長輩所說的一席話，當然也有人是因為參加運動團隊，或從失敗中再次站起來的影響，但是從來沒有人告訴我們的答案是：「喔，是因為某次在課堂上學習如何作答選擇題，改變了我的想法。」

以下是本書兩位作者想向人生導師致謝的內容：

華格納：我是在高三的時候，學習上獲得改善，可惜已經不記得幫助我學習的那位老師的名字。我曾經試著要找出他的聯絡方式，但是我當年讀過的學校已經關門大吉了。

我的閱讀能力起步很慢，但是我很喜歡文章、故事中所呈現的美感，以及想傳達的思想。我在九年級的時候大量閱讀經典小說，也開始嘗試創作，希望將來能成為一位小說家。不幸的，高中時的英文老師無法給我什麼幫助，在課堂上能得到的寫作「指導」不外乎是文法練習——主、動詞的一致性，正確使用逗點，修飾子句的位置，複式不定詞的寫法。

老師指派的作業通常都是短文寫作，而練習的目的只是重複老師在課堂上和我們「討論」（這種討論，當然是以老師說的為準）、講解過的教材內容，而且老師花太多時間在我的作業上圈得到處都是紅字。當年班上同學就跟現在的學生一樣，只會稍微看一下得到幾分，不會把老師的訂正當一回事，下課後就順手把作業練習丟進垃圾桶。

高三轉學後，班上英文老師的教學法跟其他老師差不多，但有位一口溫文敦厚英格蘭口音的英文老師卻不一樣。我不知道自己是出於什麼理由，或許是病急亂投醫的心態吧，把自己對寫作的興趣告訴他，詢問他能否為我指點，他回答：「樂意之至。」之後，我們每個星期見面一次，每次見面他會鼓勵我嘗試不同的寫作類型和風格，有時候他會說：「要不要試試只用台詞詮釋一場舞台劇？」有時候他會說：「這星期來寫一則幽默的故事吧！」或是說：「試著寫一篇童年往事的回憶好了！」「最近有沒有看過哪部電影？要不要寫一篇影評？」

每次見面的時候，他都會詳讀我寫的作品。這位老師很少發表評論，只是會把他認為我作品中某些別有意義的用字遣詞和譬喻手法圈點出來，或告訴我哪一段的描寫很能引起共鳴或特別具有說服力。他也會建議我可能有興趣的閱讀清單，譬如可以讓我當成寫作參考範例的小說、短篇集、詩詞和散文。

「試著寫看看」真的是很有效果的用語，多年後我發覺這種每星期的寫作規劃，就像是畫家在練習素描一樣，是針對眼力觀察（以寫作來說，就是針對用字的拿捏）和釋放手感的訓練方式。老師的評論是為了讓我了解哪些地方寫得不錯，使我在無形中感受該朝哪個方向持續精進。

這對我的影響相當深遠，從此對寫作欲罷不能，一直延續到現在。我在沒有學分的寫作訓練課程，努力的程度比其他必修科目還要多。多年以後，我開始教高中生寫作，不論是公立矯正學校高風險的孩子，或是私立菁英學校養尊處優的學生用的都是同一種教法：讓他們每個星期都嘗試一種新的寫作技巧，然後用個別指導的方式一起閱讀他們的作品，鼓勵他們在特別有感受的部分精益求精。

汀特史密斯：我高中時的西班牙文老師是卡納凡（Jim Canavan），他充滿魅力、善於啟迪學生，對西班牙文充滿熱情。卡納凡老師教西班牙文的方式並不常見，他把課堂的樂趣看得比什麼都重要，在他班上經常是一個接著一個讓人捧腹大笑的對話。在五十分鐘的課程中，我們都在交談，而且全程使用西班牙文，聊學校、聊時事、聊運動，或日常生活中令人發噱的事物。我記得他說，他那輛龐地克火鳥（Pontiac Firebird）在自家車庫失火的故事，好一個充滿諷刺意味的品牌名稱啊！

卡納凡老師不會站在講台上盯著我們，而是背對著我們，他會在黑板上寫滿詞彙和動詞變化。他的目的是透過引導對話的方式，帶領我們用西班牙語交談，又能讓課堂充滿活力。快下課時，他會對我們說：「*Vaya, y si usted quiere la clase de mañana sea aún más divertido, es posible que desee aprender algunas palabras del vocabulario y los verbos de esta noche en casa, y el uso de ellos mañana*」，意思是「嘿，如果想讓明天的課更有趣，你們今晚在家可以先多學一些字彙和動詞時態，明天就能派上用場。」班上同學都會照辦，而且樂此不疲。

上過卡納凡老師的課後，班上同學都能以西班牙語應答如流，學會一生受用的語言。我曾經到過許多西語系國家旅行，即使已經離開那堂課四十五年，我還是能在這些地方通行無阻，相較之下，我在大學讀過兩年的法文課，早在期末考結束後就忘記了。

語言教學採取填鴨、死記方式相當普遍（可以說相當失敗），但卡納凡老師的教法卻獨樹一格。我高中畢業沒多久，卡納凡老師就不再擔任教職了，我曾經試圖找尋他的下落，要向他說聲：「謝謝你！啟迪我們全班的語言能力，告訴我們有意義的學習和有樂趣的學習並非水火不容。」但是我無法得知老師現在究竟在何方，不論他在哪裡，我希望他能看到這本書，看到我在書裡向他獻上的感謝。

這兩則故事彰顯我們的教育體系有多麼諷刺。上個世紀，大多數學生的課堂經驗都跟老師講課、寫筆記、「背多分」式的測驗脫不了關係，社團、體育，或社交活動都被視為在繁重的學習過程外，用來忙裡偷閒的附加活動。不過我們長大後都知道，最需要老師講課的科目都稱不上是真正的學習，能產生持續性累積效果的學習，往往來自於將知識實際應用在處理新的狀況和問題，或學生為了重要議題進行深入研究，以及同儕之間在各種活動與專題研討的互動。相較於短期的記憶，學習的體驗才能幫助學生培養能力，引發學生邁向不同人生道路的動力。

學生必須怎麼做才能取得高中、大學文憑？但取得文憑是否就能在職場、公民責任與終身學習上獲得成功？之間的矛盾是本書要討論的重點。我們會指出，有什麼可以做、有哪些必須做的工作，才能完成二十一世紀的教育轉型，我們會以高中、大學的真實案例作為說明。我們強調要能實際帶來改變，而且此事有急迫感，接下來幾章包括：第一章，「教育體系的DNA」，以社會為何會如此過度評價文憑為主題，不但以文憑衡量所有人的能力，甚至至當作是所有人內在品行的指標。我們已經習慣把某些文憑當成超群絕倫的象徵，認為某些特殊的學習成效（例如熟悉拉丁文的動詞變化），遠比更基本的學習成果（例如弄懂機械運作原理）來得優越，使得文憑成為建構社會階級的骨幹。

社會如此看重文憑，讓我們一再陷入「文憑是成功之鑰」、「學校必須加強改革」的想法，但是卻很少人能回答一個根本問題：教育目的是什麼？很少人能界定什麼才是真正的學習，也沒有多少人能明確指出學校教育的改革方向，因此我們第二章的主題就是「教育目的」。

若是無法釐清教育體系真正的目的，後果恐怕非常嚴重。第三章「代價幾何？」將談論這樣的後果，不只會將千百萬的莘莘學子置於險境，甚至會危及社會結構。要是數千萬的年輕世代在教育體系中遭到排擠，將來就注定無法擺脫長期失業的問題，社會貧富差距的裂痕也因此擴大，而階級的撕裂將是公民社會難以迴避的棘手課題。

不顧一切追求大學文憑的結果，將對中、小學教育體系造成負面影響，第四章「十二年養成教育」將探討只看重大學學術表現與申請大學入學的高度競爭，會如何重挫中學教育（負面影響甚至擴及小學教育）。簡而言之，這會使整個教育體系的內容變得太過緊湊卻了無生趣，讓在校學生無法避免的走上失敗之路。

第五章「大學文憑成為騙局」將檢驗社會認定的金科玉律——大學文憑可以讓孩子掌握人生的成功之鑰——是否正確。儘管進入大學就讀所費不貲，但是從大學畢業的學生其實還沒準備好面對進入職場與身為公民的種種挑戰，反倒有太多例子顯示，大學畢業生會被沉重的助學貸款壓得喘不過氣，也很難說大學的課程能讓高中生脫胎換骨。

學力測驗是取得文憑的前提，只可惜這類型的測驗剛好和有意義的學習背道而馳。我們愈來愈依賴有缺陷的測驗方式評量學生的表現，老師也一樣，要面對「力爭上游」（Race to the Top，編案：美國總統歐巴馬於二〇〇九年推行的教育計畫）法案的評量。第六章「教與學的評鑑機制」，將檢視用來評量學生學習成效的通用量表，為了達到一體適用的目的，究竟犧牲多少的衡量準確度。

第七章「教育新方向」將提綱挈領指出，創造一套符合二十一世紀所需的教育體系，應該包含哪些系統性策略思考的關鍵因素，本章將提出同步運用由上而下及由下而上，兩種促成教育體系轉型的策略做法，還有一個具有高可靠度，可以篩選出最重要、最有效帶動教與學的系統框架，另外還會舉出教育界、社運界，與企業界領袖該用哪些方式通力合作，才能為教育體系的根本改變提出有力訴求。

很多人可能不知道，有很多學校、學區都有讓人嘆為觀止的事情不斷發生，我們把這些成果視為「創新教育的研發」，可以從根本改變我們的教育體系。因此，我們也將呈現這些成果，指出父母與社群成員可以用哪些方式帶來改變。

最後，我們會說明廣受讚揚的紀錄片《*Most Likely to Succeed*》已經帶動哪些讓人引頸企盼的計畫。這支由Ted贊助、懷特雷執導的紀錄片，是依據華格納的建議，聚焦在校園內可以取得哪些資源而促成有效的改變，同時告訴本書讀者該如何扮演關鍵角色，大力提升孩子的人生前景。

最重要的是，我們在職業生涯投入教育與創新領域，見證過許多活生生的案例後匯集一些想法，誠摯希望讀者能從這些想法中獲益。千萬不要認為，會有本書的想法，是因為兩位作者都取得全球頂尖大學文憑。我們可以在此向你保證，所謂的文憑已經逐漸成為一場騙局；我們希望這本書能對你有所幫助，而不是因為我們從哈佛與史丹佛大學取得五張高等教育文憑的緣故。如果這本書能有所幫助，希望是因為我們了解什麼是可以徹底重塑社會樣貌的動力，以及教育需要扮演什麼角色才能幫助學生邁向成功，畢竟這些見解是來自我們兩人在現實生活中累積多年的實務經驗。

我們想達成的最基本目標是，希望在逐漸僵化且不合時宜的教育體系下，還能拖著蹣跚的步伐向前，取得創新優勢。我們所處環境仍不斷強調文憑的重要性，完全不顧取得文憑不只要勞心勞力，還要付出高昂的費用，即使已經有很多資料顯示，大多數文憑背後幾乎不代表任何價值。數千萬人，就這樣在無涯學海中奮力求生，後果不可謂不嚴重。現在的年輕世代處在一個充滿機會的世界，有些人有創造力，有些人能發揮潛力，也有些人能充分利用世人渴望創新的動態發展趨勢，但是其他大多數人恐怕要自生自滅了。只知道如何在現行教育體系中表現優異的學生：考試取得高分、取得學位認證，將不再是最有機會功成名就的人。想在二十一世紀取得成功，靠的是真才實學，絕對不是一張徒具虛名的文憑。

在中學階段，對我人生發展帶來重大影響的老師是：＿＿＿＿＿，因為：＿＿＿＿＿。

第一篇

與新世代對話：傑柯布

與戴伊（Tamara Day）共同採訪——傑柯布（Jacob）

傑柯布出生於南加州的富裕社區，從小是受人歡迎、充滿好奇心與創造力的孩子，喜歡研究事物背後的運作原理。他形容自己是科技狂，把課外時間都花在各種嗜好：組裝電腦、玩電動、填詞譜曲，甚至在七年級以自學方式學會寫程式，和朋友經營網頁設計的生意；「當時網際網路是非常新穎的東西，我花很多時間打電動，也花很多時間上網找攻略，接著我就想，為什麼不自己架一個網站呢？我花了半年時間，用模組堆疊的方式建立自己的網站。之後我決定捨棄套用範本的模式，改用自由創作的方式從零開始。電腦程式就像是一種語言，雖然我從來沒上過一堂程式設計課程，但是自學的過程就是這麼自然，我問自己一個最簡單的問題：要怎樣才能解決問題？」

傑柯布之後進入住家附近的公立中學就讀，在校成績相當優異，考試不但難不倒他，還參加許多課外活動。學校提供十堂大學先修課程，除了兩門課外，傑柯布無一不與。進入大學是最重要的，不論是他本人還是他的父母都這麼認為，所以已經知道將來人生方向的傑柯布，就把先修課程當成邁向下一階段的第一步。

傑柯布頗具創業精神，用清楚、可預期的方式規劃未來：在高中用功讀書，進入好的大學攻讀財務金融，然後到銀行找一份工作。如果一切順利，他可望在職場有所表現，賺進大把鈔票，就各方面而言，這都算是美夢成真。財務金融是個安全的選項，前景可期，傑柯布相信這條路可以讓他功成名就，實現自己想的富裕人生，他引用高中最後一年某次的課堂練習，歸納出當時的想法：「高中最後一年的英文課，大家正在討論如何把文字精鍊成一句名言，有些文學作家就是用言簡意賅的一句話聞名於世。英文老師問班上同學，如果要把內心的信念濃縮成一句話，你們想說什麼？那時我才十七歲，很天真，大剌剌的在白板上寫著：花錢買得到幸福。」

高中用功讀書的傑柯布，在校平均成績（GPA）三．七，學力檢定（SAT）分數一三四〇，順利進入華盛頓大學（University of Washington）就讀，之前取得先修課程的學分讓他擁有贏在起跑點的優勢。傑柯布在二〇〇五年成為大一新鮮人時，他感覺自己距離心目中那個未來充滿光明的願景只剩下一步之遙，唯一的問題是，套用他自己的用詞，出在「這個世界再也不能用筆直的方式向前進了。」

傑柯布在二〇〇九年取得財務學士學位之時，剛好是金融海嘯過後的第一年，原本以為工作穩定的金融業突然間變得朝不保夕，人人自危。傑柯布說：「在金融海嘯發生前，我們曾經研究金融體系瀕臨崩潰的情況，沒想到崩潰真的發生了，我們的教授只能聳聳肩說：『呃，原本我們希望你們學到的知識在畢業後可以繼續用下去，但是現在顯然已經不行了。』結果不令人意外，職場的環境變得混沌不明，對於剛畢業的大學生而言，更是艱困的試煉。」

大學的就業輔導中心大多會安排畢業生前往鄰近的大型機構任職，像是微軟、波音、亞馬遜。傑柯布也自行前往就業博覽會，設法和銀行業或其他金融機構取得聯繫，還上網搜尋與自己專業科目相符的工作機會，結果一無所獲。

傑柯布不是輕言放棄的人，山不轉路轉，他決定前往洛杉磯，在娛樂產業找份工作。傑柯布的叔叔是娛樂圈的人，他告訴傑柯布，往娛樂圈發展還有點希望，所以傑柯布使用各種社群與就業網站，包括LinkedIn、Indeed，和Career Builder，寄發電子郵件給朋友、擴大人脈圈、尋求校友協助，整天在大型分類廣告網Craigslist的求職版找工作。他設想自己可以先找一份入門的工作，再順著職場發展一路向上，就像以前聽人說的，走上一條按部就班的職涯階梯。只是他的努力連找一份入門的工作都不容易，因為當時有兩家大型人力仲介公司合併，導致就業市場多出許多兼具才華與工作經驗的人一同競爭。傑柯布打算先回校園，等幾年後再投入職場，但是他的父母沒打算再花錢讓他回學校。為了避免舉債度日，傑柯布只好接受一份不支薪的實習工作，搬回家和父母住在一起。

所幸父母讓他在擔任實習生的時候不用承擔經濟壓力。經過九個月的實習後，傑柯布算是熬出頭了，在一家人力仲介公司派發傳單，時薪七美元——雖然這份工作根本不在他的規劃之內。原本以為是成功保證的大學文憑，現在看起來已淪為笑話。

大學畢業五年後，傑柯布總算從公司的收發室一路往上爬，現在是洛杉磯一家人力仲介的經理，做的有聲有色。他曾經換過幾次工作，在產業內的不同部門歷練，弄清楚產業運作的模式。就好像小時候學程式語言一樣，傑柯布從來沒有受過與工作相關的正規訓練，只是很自然的用嘗試錯誤的方式逐漸上手。他認為，現階段的成功得力於堅毅不拔與咬緊牙關，還有努力工作的堅定信念。根據他的觀察：「值得注意的是，這是我們父母第一次無法在職場上提供孩子有用的建議。或許他們沒有發現這一點，而且他們還是非常想幫助孩子，但是這個世界的樣貌已經大不如前了。這個世代就像是實驗室的白老鼠，而我們上一代所知的生活方式，是一個沒有網路的年代。」

我們問傑柯布，現在這份工作能讓他在大學所學派上用場嗎？「只有一次，為了替一部影片規劃集資，有用到以前所學。」大多數時間，他靠的是天生的創造力和創業精神。回想起大學生活，傑柯布告訴我們：「我花了很多錢才從一所不錯的大學取得學位，結果這張畢業證書只是裝飾品。若要在我的專業領域求職，根本不可能，所以我只好進入娛樂業，一個大學文憑毫無用武之地的領域。」

諷刺的是，大學時的傑柯布曾經考慮要選擇電影當成主修，結果聽了幾堂課後發現都只是講理論，沒辦法讓他學會該如何製作影片，他只好攻讀財務金融。傑柯布說：「如果能重新來過，我一定不會去念大學。」

這並不表示傑柯布認為念大學一無是處，特別是人際互動對他而言非常重要，他特別強調，自己還是會捐錢給學校，也不否認自己受過良好的教育，只是他的經歷讓自己懷疑，是否達到當初選擇念大學的目的。

我們問他，如何看待其他人的大學文憑，他說要視情況而定，「南加大（University of Southern California）是美國少數幾個設有影片製作碩士學位的大學，也就是人稱彼得．史塔克學程（Peter Stark Program）。這個學程頗具聲望，入學審核相當嚴格。對我而言，如果二十三歲、沒有工作經驗的年輕世代從這個學程畢業，代表著求職不順的訊號：大學畢業找不到工作，先去電影研究所待一下。這沒什麼不對，但是還有其他更好的方式可以學習製作影片，像是直接進入業界學習拍片。反過來說，像昨天我就碰到一位也是二十三歲，從該學程畢業的導演，負責管理三十位劇組人員的經費預算，對我而言，這個學位就能讓他大大加分。」

現在的傑柯布更相信「從做中學」的道理，一如早年他學習組裝電腦或創作音樂的方式。我們問他，如果可以給年輕世代一些建議：什麼是邁向成功的必勝方程式？他回答，已經不再相信有讓人邁向成功的勝利方程式，只會簡單的告訴自己：「在努力勤奮與社交互動間取得平衡，多一點社交活動也無妨，而且，人貴自知。」與其迫不及待進入職場大顯身手，現在的他更嚮往保留幾年空間，「往外拓展視野，像是旅行或擔任約聘志工之類。要能真正走進真實世界，設法找到自己的熱情。這是不可能放下一切、光用空想就能找到的答案，但是當你嘗試不同的事物，發現有些事情可以讓自己忘情投入好幾個小時，那就是你的熱情所在。大膽前進吧！」

傑柯布但願自己所受的正規教育能多些實務課程，比方說，財經實務、寫作技巧、電腦操作等等，他每天工作都用得到的內容。雖然傑柯布懷疑大學學位的價值，但很熱衷回饋母校，感念曾有過的大學生涯。他當然很清楚，父母能在財務上提供協助是多麼幸運，他有很多朋友就無法獲得家庭支持。

反思自己求學過程與人生體驗後，傑柯布相信是該做出改變的時候：「我們在財經領域學到的是，針對可以衡量的具體項目做出評等，但是當我們談到大學學位的價值時，通常會用的字眼卻是『邁向成功』或『掌握未來』抽象的概念，背後的弦外之音是指：你的未來值多少錢？這個問題的答案當然難以估算，所以我們願意不計代價爭取大學文憑。究竟大學學費要高到什麼程度，才會讓我們開始發覺文憑不再那麼值錢？至少我的母校還沒碰上這個問題，我還是願意捐獻校務基金，而且我也認為自己得到良好的教育，只是這確實是結構問題，大家都要面對的問題。」

第一章
教育體系的DNA

我們對於文憑的重要性深信不疑，這是一個看重學位高低的社會，生活中不時會碰上這些問題：這些人高中畢業了嗎？學力檢定考多少分？上過哪些大學先修課程？先修課程的成績優不優秀？是否擁有大學或更高教育的文憑？就讀的大學評價如何？在校平均成績如何？GMAT測驗得幾分？會有這些問題的原因，好像答案可以讓我們洞察一個人的內在價值。此外，我們為了取得文憑，愈來愈願意花大量時間與金錢：小學教育成本愈來愈多、不斷攀升的大學學費、待在學校的時間、家庭作業的負擔、聘請家教的費用、各式各樣的標準化測驗，以及為了幫學生考上好學校而不斷成長的新產業。

不過這些發展卻犯了嚴重錯誤。雖然我們對教育進行大量投資，但是現在大多數學生卻欠缺找到好工作的必備技能，也不足以成為掌握資訊的公民，就連要成為善良而快樂的人也很難達成。

數據已經亮起紅燈。近期一份蓋洛普（Gallup）民調顯示，只有百分之十一的企業領袖認為大學教育能讓學生做好進入職場前的充分準備，更令人觸目驚心的是，近年來過半數的大學畢業生不是處於失業狀態，就是工作內容貧乏到連高中畢業生都能輕易上手。雖然種種不合常理的現象擺在眼前，還是有高達百分之九十四的成年人認為，大學文憑是影響職涯前景的關鍵因素，顯然我們普遍的想法還沒跟上現實。

我們依賴現行的教育體系，認為可以將孩子培育成負責任且能掌握資訊的公民，不幸的是，就連這個目標也無法達成。非營利教育研究機構Just Facts前不久公布一份調查報告顯示，美國最踴躍投票的選民都有資訊掌握不足的現象，大多數「踴躍的選民」——也就是絕大多數選舉都會去投票的人——在二十個提示問題中（提問範圍包括政府開支、所得分配，和氣候變遷的議題），只能正確回答兩成多的題目，另外，美國國家教育進展評量（National Assessment of Educational Progress）最新一期「公民評鑑」（Civics Assessment）報告指出，在一九九八至二〇一〇年，高三學生的公民知識與運用能力都呈現下滑現象。年輕世代比較關注碧昂絲（Beyoncé）的動態，而不是眾議院議長博納（Boehner）的辭職，對NBA巨星詹皇（LeBron James）合約總值的在意程度，遠大於伊拉克戰爭的鉅額開銷，跟上《鴨子王朝》（*Duck Dynasty*）實境秀的進度，比知道國債的整體規模來得重要。

只要問父母對孩子有什麼期待，他們的回答幾乎無一例外：「只要他們過得快樂就好。」

但是我們看過太多例子，父母與學校都是採用毫無建設性的方式對待孩子。我們根據與生活技能無關的內容評鑑孩子的能力，通常還會告訴孩子，這是不容迴避的挑戰。我們會對孩子說，如果不能順利從高中畢業，將來一定會過著窮途潦倒的日子，但是我們卻沒辦法讓孩子在讀高中時接受有意義、有參與感的挑戰。我們讓孩子打從心裡相信，進入知名大學讀書是通往成功人生的致勝之鑰，但接到幾所大學回絕入學申請的通知後，卻又訝異孩子怎麼會覺得自己是個徹徹底底的魯蛇。別的不說，看看青少年自殺率的變化就好，從一九五〇年以降，美國大學學齡孩子自殺率成長一倍，高中學齡孩子的自殺率更是直接乘以三。

現在的經濟發展模式以創新為主，在這個新世界裡，要在職場上表現優異的技能，和成為一位知情達理的公民所需具備的技能相去不遠。在五十年前沒有網路的年代，學校以「照本宣科」的方式授課是合理的，但是在現代的世界，光是比身旁的人多知道一些事情已經不算是一項競爭優勢，因為知識已經成為人人滑動手指就能隨手取得的平凡事物。現代人需要懂得提出好問題、分析資訊抓重點、建立獨立思考的能力，並還要能有效溝通、促進團隊合作。不論是在職場發展或針對公民身分，上述都已經成為基本的技能。

這些技能就是現行教育體系無法顧及的項目。現行教育體系每年教出數千萬學生，但是只在有限的領域教給學生有限的知識，以應付考試，其實智慧型手機都能辦到，所以我們實際上是把學生推往失敗、不幸福、對社會不滿的方向，若說重話，就是現行教育體系正帶領國家走上亡國的不歸路。

快速回顧教育發展史

想了解文憑與能力的差距為何愈來愈大，我們得回到時光隧道找答案，而且要走很遠，一路回到印刷術發明以前，回到沒有輪子的世界，直到穴居原始人的年代。以下的簡短歷史，有助於說明為何文憑，而不是能力，會在今日社會取得主要地位。

很久、很久以前，人類就有發明、學習與調適的能力，也會彼此分享知識。穴居人最原始的教學型態，是父母教孩子如何生存：用團隊方式獵食、防衛威脅，還要設法度過嚴冬，穴居人的父母會教孩子怎樣與家庭和部落的人共處，雖然看起來都是基本的事務，但是穴居人清楚知道教育的核心目的：讓下一代學會生存和繁衍的必備知識。

隨著文明往前進展，有些人開始專注於工匠技藝的謀生方式，例如農夫、鐵匠、皮匠、裁縫師，比較有效的教育形式也孕育而生，就是讓有志於工匠技藝的人，在師父帶領下潛心鑽研的學徒制。學徒得從實作中學習，直到學有專精才可以出師。在原始社會的經濟型態中，學徒制幾千年以來都是教育體系的骨幹，讓各種社會所需的基本技能一代傳一代。

隨著社會逐漸從蠻荒建立起階級組織，在手藝高超的工匠之外誕生一群菁英統治階級。

工匠在師父帶領學徒的傳承模式下，儼然成為新興經濟的骨幹，而另一群人生來就是貴族，「超凡脫俗」不用為生計煩惱，只需由一位德高望重的老師精心安排合適的教育，讓他們浸淫在各種概念思考、精緻藝術，和學習辯答辭令——對統治階級而言，這些才是重要的技能。

以古希臘為例，有錢人家的男孩子需要學習閱讀、書寫、詩詞吟唱和樂器演奏，學習方式可以是觀摩老師發表演說，幫助長輩履行公共服務，或陪同老師出席講談會。家境最好的學生——不盡然是最優秀的學生——會一直跟著聲望卓著的老師在類似雅典萊錫姆（Lyceum of Athens，亞里斯多德於此創辦學府講座）的學苑學習，所以老師的名聲就等於學生能被肯定的文憑認證。

不管你是傳承師父手藝的學徒，或金枝玉葉的統治階級，從歷史上不難發現，教育一直以來都跟有意義的文憑認證脫不了關係，而你獲得的認證也都會跟你這輩子要做的事情息息相關。金枝玉葉的貴族在出生血統之外，還會依據老師名望的加持取得認證，工匠的認證則視自己跟隨的師父有多受人景仰而定。古代並沒有學成出師的授業年限，由於每個人得到的個別指導與被指派的工作不一樣，所以拜師學藝的進度有快有慢。相同道理，老師的名聲也會受門下弟子的成就所影響。這種誕生在好幾千年前的教育型態，雖然有效卻有一個致命的缺陷：教育普及的程度跟不上爆炸成長的人口。

現代化的學徒制

以一位手藝絕倫、專門生產高檔家具的工匠為例，需要的是一雙巧手，耐心和美感，再加上數學、化學與材料科學的專業知識。所以，要怎樣才能成為一位大師級的家具工匠呢？我們請教最頂尖家具工匠之一的菲爾布里克（Tim Philbrick），他的作品在知名的博物館陳列展示，包括波士頓美術館（Boston's Museum of Fine Arts）、史密森尼美國藝術博物館旗下的倫威克分館（Renwick at the Smithsonian）、羅德島設計學院（Rhode Island School of Design）和費城藝術博物館（Philadelphia Museum of Art）。菲爾布里克出生於擁有深厚學術素養的家庭，父親在布朗大學（Brown University）教授英文，認同以實作累積經驗的學習方式。高中畢業後，菲爾布里克開始學習製作精美的手工家具，所以七〇年代的他並沒有在大學耗費時光，而是找上諾桑普（Johnny Northup）規劃為期四年的學徒課程，菲爾布里克不但能跟著家具大師諾桑普學習生產世界第一流的家具，每星期還能實領八十美元薪資。菲爾布里克記得當年選擇不同於升大學的人生道路後，有些親戚驚訝於他怎麼會選擇一條被他們視為「藍領」的道路，另外有些親戚則是高度支持，菲爾布里克記得祖父說過的一番話：「你在這個領域得大量思考，才有辦法展現手藝。」

學界當然也有些教授家具技藝的課程，但是菲爾布里克認為：「以學徒身分跟著諾桑普從工作中學習，我覺得這個方式可以學得多更多。在傳統的課堂上，我可能要花一個學期重複做楔形接頭，然而實際操作的學徒制，卻能讓我面對更多更複雜、更需要隨機應變的挑戰。我在那段期間學會修理家具，學會釐清問題在哪，而且可以透過最好的回饋機制知道自己有沒有進步；只要看我完成的作品就知道了。」菲爾布里克不但掌握了讓自己精益求精的「大學課程」，還不花一毛學費。

經過四年學徒生涯後，菲爾布里克獲准成為波士頓大學（Boston University）的研究生（雖然他沒有大學文憑），深化自己的工匠技藝並取得木工家具設計（Wood Furniture Design）的碩士證書，他還上過美國學（American Studies），加強自己對於精緻家具沿革的掌握。為了取得碩士證書，菲爾布里克得完成一件大師級的作品，交由其他專業的家具設計師評鑑，套用菲爾布里克的說法，這個過程「是自中世紀基爾特（guild system，亦即同業公會）沿襲下來的實務經驗。」取得碩士證書後，接下來就沒有任何事情能阻礙菲爾布里克，成為世界頂級的家具工匠。

菲爾布里克從學徒做起的故事告訴我們，幾世紀以來，有發展潛力的年輕工匠如果想取得「認證」，需要跟著某一特定領域的專家工作，直到磨練出專業技術。歷史學家提到里維爾（Paul Revere）受人肯定的銀匠地位時，會同時提到他的師父柯尼（John Coney），其他像是畫家莫內（Claude Monet）師承自布丹（Eugène Boudin）、設計師萊特

（Frank Lloyd Wright）拜師在席爾斯比（Joseph Lyman Silsbee）門下、音樂家拉赫曼尼諾夫（Rachmaninoff）接受過茲維列夫（Zverev）的指導……都是相同的道理。重要的是他們向誰拜師學藝，而不是他們念過哪一間學校，更值得我們注意的是，這些對文明有顯著貢獻的人，幾乎毫無例外，都是學徒出身，而不是考試高手。

我們現行教育體制大約是在七世紀前，隨著教會抄錄《聖經》需求日盛而開始浮上檯面，一些教授拉丁文文法的學校，開始訓練修道士和神父完成繕寫《聖經》的高難度工作：要一字不漏正確抄寫每一個拉丁文字，使每一部新抄錄的《聖經》都和原版一模一樣。我們可以在這些文法學校觀察到四項教育的核心原則：標準化、高效率、失誤極小化，和不允許意外——否則就褻瀆上帝——也可以說，是用規範排除創造的空間。這看起來是不是有點眼熟？

隨著抄錄《聖經》工作逐漸與社會融為一體，拉丁文文法學校的運作模式也跟著擴散到社會各層面。早年英國寄宿學校的起源，可以追溯到《聖經》複製工廠式的職業學校，這種教育形式也從歐洲、美國不斷開枝散葉到世界各地，其教學指導原則直到今日還深深影響我們。

十八世紀，一個出人意料的源頭開啟教育的創新：普魯士。被拿破崙的軍隊橫掃過後，普魯士人開始推行以小學為起點、歷時八年，著重學生閱讀、書寫與算術能力的義務教育，除了創立年級、班級、科目的概念，也採取正規師資取代師父引領的教學模式。普魯士人把教育轉化成按部就班的授業模式，讓學生習得早期工業社會所需的技能，這種教育模式沒多久就推行到歐洲各國。

一八四三年，一位名叫曼恩（Horace Mann）的美國人訪問德國後，把這套普魯士教育體系帶回美國，想方設法讓麻州政府用稅收支應公立小學教育，為美國分級教育的新體系打下基礎。十九世紀末，美國農村有大量外移人口需要透過教育建立基本的公民意識，也要在成長中的工業經濟裡取得謀生能力，不過由於當時有注重作業流程的專家泰勒（Frederick Winslow Taylor）設計出高效率的生產方式，因此對生產線勞工所需專業知識的要求不高。當時的經濟體需要的是能完成單一工作、可以隨時替換的勞動者，手藝高超的工匠漸漸失去光彩。

因為政府需要透過學校教育，讓這群在新市鎮迅速增加的工廠作業員有基本能力完成工作——要能聽從指示，準時完成死板的工作——也希望這群即將受到正規訓練的員工，能擁有身為公民的基本識字能力（亦即上述閱讀、書寫與算術的能力），所以十九世紀師徒相傳、沒有校舍的教育，成為跟不上時代的教育模式。

可以處理極大量「生產線組裝式教育」在二十世紀初期蓬勃發展，而且能達成原本的設計宗旨：訓練好幾百萬年輕世代快速執行內涵有限、重複性質高的工作，並盡可能減少失誤。這套體系在二十世紀前半葉的成效相當可觀，這段期間的美國教育體系可以應付新興工業經濟體的各種需求，讓美國得以在全球經濟中取得主導地位。

二十世紀的巨輪繼續往前滾動，美國經濟的基礎也跟著有所調整。美國產業在二十世紀後期演變成以合約為基礎，將低薪、例行工作委託給其他國家。隨著製造業的工作機會失去成長動力，數以百萬的「知識工作者」（knowledge workers，杜拉克（Peter Drucker）在一九五九年首創的專有名詞）的新白領階級也因此孕育而生，除了推動美國經濟繼續往下一階段成長，也創造一批穩固的中產階級。此後，大型組織渴求中階知識工作者形生成資訊，加以去蕪存菁進行管理的模式，成為美國經濟的主要型態。

為了跟上這些變化，美國人愈來愈重視教育，除了延長學生的受教年限，還有數量急遽增加的高中和大學畢業生。除了一些焦慮的反應外（比方說，在公立高中設置大學先修計畫），這套從普魯士移植到美國的教育核心機制——由老師把基本的識字、算術能力，以及各學科知識傳授給學生——大致上還能有效讓學生做好準備，以應付知識工作者的挑戰，所以美國的教育體系還能推動經濟發展的生產力。

進入八〇年代，開始有一群人呼籲要多關注美國教育體系，他們引述資料質疑美國學生在國際的競爭力，特別是標準化測驗成績慘不忍睹。這群人認為，美國進展緩慢的教育體系不足以適應全球的快速變遷，其中一份三十多年前發表的《處於危險中的國家》（*A Nation at Risk*）報告，即頗有先見之明的指出：「倘若一股懷有敵意的外國力量，試圖將平庸的教育強加在美國身上，我們會視為戰爭行動。」

進入二十一世紀，美國面臨根本性的決斷，不是徹底重新設計整套教育體系（以一九八四年「基礎學校聯盟」（Coalition of Essential Schools）創辦人西瑟（Ted Sizer）為主要倡議者），就是設法鞭策現行教育體系勉力前進，並透過政策整合出一貫課程，以便適用於標準化測驗，再以學生的測驗成績作為評斷老師教學成效的依據。

結果搞得灰頭土臉，讓跟不上時代腳步的教育體系兩頭落空。問題從小布希總統和參議員甘迺迪（Ted Kennedy）在二〇〇二年聯手推行「不放棄任何孩子」（No Child Left Behind）法案開始惡化，學生面對標準化測驗的壓力升高。隨後則是二〇〇九年歐巴馬總統和時任教育部長的鄧肯（Arne Duncan）推出「力爭上游」法案，成功的讓各州政府同意用學生的標準化測驗成績，作為老師績效的評鑑標準。歐巴馬總統連任之後，「為應付考試而教」的模式，已經成為教育體系揮之不去的主軸。更糟糕的是，雖然美國投入大量資源，想讓學生在標準化測驗中更得心應手，但測驗成績卻不見起色。

一言以貫之，美國先是認錯教育目標，還把相關政策搞砸了。我們希望學生能跟上韓國、新加坡，在標準化測驗的表現（這兩個國家的學生，只要醒著就會拚死準備考試，相較於美國學生，這根本是一場不可能獲勝的競賽），卻忽略要教會孩子妥善面對創新世界的各種機會，這一點才是美國的強項。根據蓋洛普民意調查結果顯示，美國正在為這個錯誤的決定付出沉重代價，參與各級測驗的學生和老師，都已經被反覆準備考試的壓力壓得透不過氣，大約有百分之八十的五年級生會參與測驗，但是這個數字只要一進入中學就腰斬成百分之四十，引用蓋洛普教育事業執行長巴斯迪（Brandon Busteed）的說法：「不論是『工作上的意見能受到重視』，或『上司能提供一個開放又讓人信任的工作環境』，教師這個行業在這兩項的排名，都在蓋洛普調查所有行業中敬陪末座。」

就算世界發展停止不前，美國教育的豪賭已經是災情慘重，更何況地球轉動的速度從未停止。二十一世紀後，網路世界的爆發性成長已然深深改變我們所處社會，並對教育體系帶來更多挑戰。在網路時代以前，我們所處的是知識相對稀少的世界，取得資訊的最佳管道非學校或圖書館莫屬，進入網路時代後，無處不在的資訊連結使得知識變成任君取用的大宗物資，就像空氣與水，只要有一台可以連線上網的工具就可以，再也不需要透過老師或圖書館管理人將你帶入知識大門。

經過約十年時間，學科知識的地位一落千丈；既然每個人都能隨意取得資訊，學科知識在職場上就不再那麼吃香了。處在愈來愈依賴創新的經濟環境，重要的不是你知道什麼，而是你能運用自己的知識「做出什麼」。在高度複雜的世界，不論是擁有一份體面的生活，或成為一位明瞭事理又積極活躍的公民，我們需要具備的技能已經跟以往的歷史經驗大不相同。

簡單講，世界已經變得不一樣，可是學校卻還深陷在時光泥沼，連「知識工作者」一詞也跟不上時代，因為現在需要的是「智慧創做者」（smart creatives）——這是施密特（Eric

Schmidt）和羅森柏格（Jonathan Rosenberg）兩人在《Google模式》（*How Google Works*）書中描述Google想招募人才所需具備的特質。

在我們「處理」（fix）教育問題的過程，已經採取一連串做法，將年輕世代的創造力與自信心連根拔除，逼著他們一頭栽進毫無意義的瑣碎內容。譬如，要求學生死記「連根拔除」一詞的定義，以應付學力檢定的詞彙測驗，所以他們一次又一次，不管是在課堂還是放學後，都被要求每次練習時找出「標準的」正確答案，而不是鼓勵學生想出各種有創意的解題方法。當學生質疑：「這些標準答案要等到什麼時候才派上用場？」我們只會用「相信我，總有一天會用到」敷衍他們。問題是，這一天永遠不會來到，學生也心知肚明，所以孩子會把學校當成訓練跳火圈的馬戲團，而不是協助發展技能的場所，也不是提供資源完成夢想的地方。最難以置信的是，當這個世界疾呼「我們需要用創意解決問題的人才」時，我們的教育體系卻無動於衷，繼續把這些扼殺創業的做法當成最優先的工作。

學會騎腳踏車

假設要透過學校教孩子學會騎腳踏車。老師會在課堂上解說，然後要學生閱讀腳踏車教科書指定的作業，學生則會不眠不休苦讀，想辦法把腳踏車各種零組件的名稱背下來，否則

研究顯示，學習過程導致失去創意的結果
由蘭德（George Land）主持的NASA創意測驗

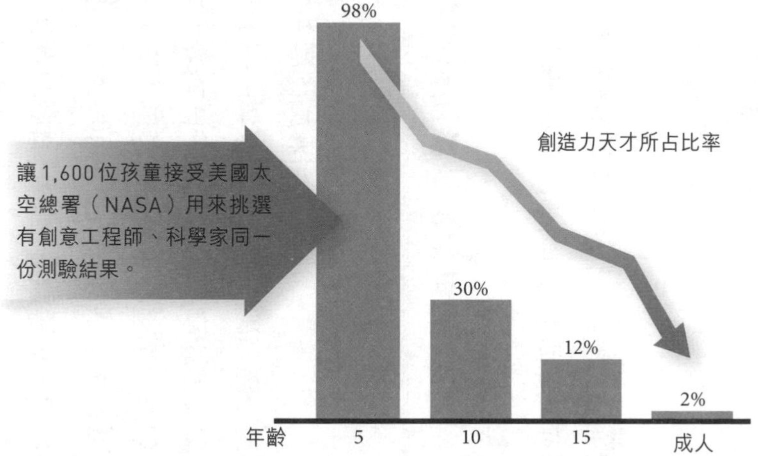

＊另有280,000成年人接受同一份測驗。
資料來源：*Breakpoint and Beyond: Mastering the Future Today* by George Land; A.T. Kearney analysis

不小心拼錯變速器（derailleur）這個單字，測驗成績就不好看了——還會因此喪失信心。雖然有些學生表現不錯，但是有些學生會適應不良，重點是：沒有學生能因此學會騎腳踏車。

我們要求學生接受標準化測驗選擇題，以證明他們具備腳踏車相關知識。因為這種類型的測驗多如牛毛，測驗成績對學生的前途又影響重大，所以這些測驗不但要便宜，還要客觀，而且測驗結果必須呈現完美的鐘型常態分布曲線，才有辦法用精確到小數點的排序將每一位小孩做好排名，才能衡量他們彼此之間的腳踏車「適性能力」（aptitude）究竟孰優孰劣。

此外，我們會不斷提醒高中生，光是在高中所學並不足以讓他們成為傑出的腳踏車車手，他們還需要再取得頂尖腳踏車大學入學許可，其中關鍵就在於他們「腳踏車適應能力測驗」（Bicycle Aptitude Test, BAT）的成績。因此，學生就會不捨晝夜、不分寒暑，全力為了至關重大的「腳踏車適應能力測驗」做好準備。有錢人家會不惜耗費鉅資替孩子做好應試準備，有些教育工作者可能因此得到相當優渥的待遇——雖然不是因為他們能帶給學生充滿樂趣的學習——專業的「腳踏車適應能力測驗」家教老師，甚至可以在富裕的社區將鐘點費拉高到每小時五百美元以上。

腳踏車適應能力測驗試題

（一）如果一輛腳踏車有三種不同的前檔檔位、九種不同的後檔檔位，則這輛腳踏車最多可以做出幾段變速？

(1) 6
(2) 12
(3) 18

(4) 27

(5) 以上皆非

（二）腳踏車的哪個零組件／配件，最能讓人的坐骨髖關節感到舒適？

(1) 踏板

(2) 龍頭橫桿

(3) 車框架高度

(4) 坐墊

(5) 安全帽

（三）焊接在龍頭橫桿終端，讓你換檔時不用把手移開橫桿的變速器，名稱叫做什麼？

(1) 流線型變速器

(2) 麥克斯變速器

(3) 橫把變速器

(4) 手撥操控變速器

(5) 渦輪增壓變速器

（四）腳踏車公司Campognolo是哪一年創立？

(1) 一七四五

(2) 一八六七

(3) 一八九六

(4) 一九一七

(5) 一九三三

（五）正規競速腳踏車的前傳動齒輪總共有幾齒？

(1) 7

(2) 9

(3) 13

(4) 39

(5) 53

為了維持崇高學術地位，腳踏車學院董事會決議增列「腳踏車先修班能力檢定」（Bicycle Advanced Placement Test, B-AP test）作為附加考科，要求學生背誦單輪車、腳踏車、三輪車各零組件的英文與拉丁文名稱。這項充滿挑戰的先修認證，除了可以展現學生對各種類型腳踏車的基本認知，同時也受到入學申請評審委員的高度評價，對於每年坐擁數十億美元資金的非營利大學董事會而言，當然是一筆不容小覷的財源。

為了擠進菁英腳踏車學院，入學申請的競爭達到瘋狂地步，數百萬莘莘學子把青春歲月都花在準備入學申請資料，期望能如願進入聲望卓著的腳踏車大學。他們認為，自己人生前程就繫於能否順利取得大學文憑，而且像他們父母相信的，只要能順利完成學業，就夠資格成為高竿的腳踏車車手。

儘管美國中、小學教育體系不時亮起落人於後的紅燈，但是其他國家仍對美國一流的腳踏車大學很羨慕，使得學生不大可能擺脫窮極無聊的「腳踏車適應能力測驗」，甚至為了準備考試都成為難以承擔的負荷。眼看新加坡、南韓出類拔萃的測驗成績，讓美國人羞愧抬不起頭，決定痛定思痛認清一件事：如果沒辦法縮減美國和其他國家的「腳踏車成效落差」，美國恐怕無法逃過淪為二等國家的命運。

為了回應腳踏車教育的危機，推動美國教育的主要領導人推出多項教育改革方案，並獲得許多企業領袖的大力支持。他們提出的腳踏車教育改革方針如下：

（一）延長每學年授課時間，以免學生一放暑假就忘記先前學過的內容；

（二）每週進行一次腳踏車標準化測驗；

（三）高中生必須達到一定的測驗標準才能畢業；

（四）以指導學生腳踏車測驗成績的進度，作為老師績效的考核依據；
（五）減少選修課，讓學生全心全意投入腳踏車測驗的準備。

學校會協助弱勢學生，讓他們的測驗成績能逐年維持一定的提升。政客會責怪老師不夠努力，譴責他們擁工會自恃，卻絕口不提有二二％的孩童出生貧困家庭，也忽略大多數內城貧民區長大的孩子，連一輛破舊腳踏車都買不起。不排除內城貧民區的孩子也有機會學會騎腳踏車，是這個國家的基本假設。

這些力求向上提升的政策，能達成什麼效果？

如果孩子是初學者，他們一定很討厭騎腳踏車，老師也不想上班，有機會就另謀高就。學會騎腳踏車的樂趣，將在學校教育體制下被碾壓得蕩然無存。如果這些孩子有機會進入大學，會發現更惹人厭的老調重彈：課堂講課、死記硬背、著重記憶的反覆測驗，畢業以後，大多數人很難找到理想的工作，因為職場並不重視那麼瑣碎的腳踏車專業知識。當最優秀的畢業生開始上班，他們的老闆會抱怨：「花那麼多時間與金錢取得令人稱羨的文憑，沒想到這些新進人員居然不曉得怎樣騎腳踏車！實在太離譜了。」於是，舉國上下為了解決這個嚴重問題，再次提出一連串行不通的方案，當然也不可能看見實質的改善效果。

慶幸的是，我們並不是真的依靠學校教育讓孩子學會騎腳踏車，而是讓他們實際上路，努力熟練騎腳踏車所需的技能，所以即使他們打滑、摔跤，還是有起身再來的動力，堅持到底，直到能學會怎麼騎腳踏車。此外，就算孩子有一段時間沒騎腳踏車，他們再次騎上路後能很快進入狀況，踩踏板時絕對很穩健。我們可以從觀察中評估騎腳踏車的孩子，到底是初學者還是駕馭自如的能手，但是我們不會採取選擇題的測驗方式，在兩百到八百之間挑一個精確的數字，證明這個成績和孩子騎腳踏車的能力有多大關連。

美國教育體系之所以失敗，問題在於採取大規模的測驗作為評量標準，每年讓好幾百萬、千萬的學生一起受測，不論是時間、金錢或機會成本，都是費用高昂，而且為了在這麼多受測學生之間做出排序，勢必將問題簡化成選擇題，即使我們知道考題與能力之間毫然無關。

回到騎腳踏車的例子就能發現，用來評估學習成果的方式與真正會騎腳踏車，沒有一點關係，只有教育博士提出論文證明，正確拼出「變速器」這個單字，和騎腳踏車的能力具有高度相關性。他們極力主張，所謂「標準化測驗」可以衡量一定的因果關係，但是卻沒多少人注意，我們只是讓學生把時間都花在背誦無關緊要的內容（而且很快就忘記），而不是真正學會騎腳踏車，尤其他們以下的想法更是匪夷所思：只要所有人都做同樣一件事，這件事就一定有意義。

現代化的世襲制度

透過這一章的歷史回顧，希望能清楚說明為什麼，我們會讓國家的教育體系陷入混亂，請試著回想以下狀況：人類社會用千年的時間形成各種教育方式，需要實作、從做中學習的教育方式，都和貿易有關（適用中下階層），以抽象概念為教育核心的方式，則保留給特殊階級（就是上流社會）。如果你不相信這是根深柢固的偏見，請比較以下兩種職業，你會給哪一種職業較高評價：

職業類別一：	職業類別二：
普林斯頓大學博士畢業的物理學家	專業的電工師傅
哈佛大學碩士畢業的化學家	知名餐廳的主廚
史丹佛大學博士畢業的英文教授	一流的中學英文名師

以上職業類別的薪資待遇相差有限，意味著職業類別一並不比職業類別二來得吃香，但

是如果你和大多數人一樣，就會對職業類別一的人另眼相待。

望子成龍是父母的必然心態，所以社會普遍高度期待孩子要取得菁英式、白領階級的教育水準，教學以抽象、象徵為主，目的就是希望獲得令人稱羨的文憑。我們的行為和價值觀不時透露這些預設立場，所以大幅刪除中、小學教育中的實作科目。例如，幾乎所有美國高中生都會接受「步上大學」（college track）計畫的資助，但是卻沒有一所高中會善用學校福利社，這個可以讓學生很快學會運用數學的地方。在中產階級或上流社會家庭的父母眼中，技職教育只是降低青少年犯罪的管道，所以會要求小孩花幾年時間學會法文的變音符號、北達科他州首府的地名（有些學校會問肯亞的首都地名）、亞佛加厥常數（Avogadro constant）是多少、如何分解多項式、動名詞的各種變型，但學生成年後會發現，不是忘了就是用不到。

華格納和汀特史密斯都曾經造訪芬蘭——大多數人認為是教育體系最優秀的國家——並發表演說，他們兩人從中學到一件事：芬蘭的中學生可以在高一的時候選擇學術領域，或技職教育（career/technical education, CTE），高中畢業後能確保有工作。有百分之四十五的芬蘭學生會選擇技職教育。前不久，華格納在美國一所中、上階級的公立學校，和五十位高三學生聊到芬蘭的教育體系，詢問他們有多少人想進入大學，在座的學生全部高舉雙手，再追

問有多少人願意接受該校「進入技職」（CTE track）計畫的資助，結果有半數學生表示願意。

美國教育體系的DNA是什麼？美國是高度競爭的社會，看重數字和排名，但是在大約一百多年前，企業界與教育界就共同設計教育體系，培養符合製造業需求的勞工。我們已經不自覺的認定，透過教育讓學生記住庫侖定律（Coulomb's law）和拉丁文的動詞變化，會比讓他們弄懂家庭電路系統，或透過小說《哈利波特》讓他們愛上閱讀來得重要；我們太重視哪些人穿名校制服，卻看不見他們用盡心思的結果到底能取得什麼成就。

第二章 教育目的

教育目的是什麼？

乍看之下，答案好像顯而易見，但是有主見的人在討論這個問題時，往往會有不同意見，甚至會陷入激烈爭辯。雖然這是相當重要的問題，但是卻少有機會用有意義的方式進行討論，而是潛藏在教育體系內部，在各個層面催生出相關的政策與執行方案。如果回顧各校的教學使命、校方領導人的辦學理念，或其他相關的書籍、文章，會發現這個問題的爭論點都圍繞以下的先後順序。關於目的性的問題，教育的整體目標是：

（一）提升學生理解與社會化的能力；

（二）讓學生成為能負責任、對社會有貢獻的公民；

（三）建立學生的人格；

（四）在學生發現自我的過程中提供協助；
（五）研讀偉大的人文作品，以啟發學生；
（六）協助學生做好準備，在職場上發揮生產力。

在大多數情況，我們需要對問題的背景資訊有更多掌握，才有辦法做出回應。比方說，大多數人都會同意幼稚園與研究所的教育目的不一樣。多數教育工作者認為以上幾個目標都很重要，所以會竭盡所能在各個面向協助學生，只有少數學校會採取重點強化的營運方式，而讓全校教職員在何為重點達成共識的學校更是少之又少。如果你想見識老師吵得不可開交，只要在校務會議提出「應該由英文系還是電腦科學系聘請下一位老師？」、「本校是否該設立工作技能培訓課程？」、「要不要將外語課程納入畢業前的必修項目？」之類的問題就夠了，有經驗的校務人士會告訴你，這一類的話題會成為教職員接下來幾星期的日常對話，甚至會延燒幾個月。

在進入本章主題之前，建議你花幾分鐘思考下列幾個問題：

（一）如果有機會替一所高中設定教育方針，你希望該校的目標是：
(1)提升學生理解與社會化的能力；

(2)讓學生成為能負責任、對社會有貢獻的公民；
(3)建立學生的人格；
(4)在學生發現自我的過程中提供協助；
(5)研讀偉大的人文作品，以啟發學生；
(6)協助學生做好準備，在職場上發揮生產力。

（二）如果有機會替一所大學設定教育方針，你希望該校的目標是：

(1)提升學生理解與社會化的能力；
(2)讓學生成為能負責任、對社會有貢獻的公民；
(3)建立學生的人格；
(4)在學生發現自我的過程中提供協助；
(5)研讀偉大的人文作品，以啟發學生；
(6)協助學生做好準備，在職場上發揮生產力。

不同層級的教育體系都要面對這些問題，強調其中一個面向（比如提升學生的理解能力）就等同於弱化其他重點（比如建立學生的人格）。任何人都很難接受用這種無可避免的替代關係，決定一所學校該做什麼，對於校方高層更是如此，但不論用堂而皇之或心照不宣的方式，我們每天都必須做出取捨。

即使訂出明確的目標，但是如何讓課堂的經驗符合教育的方針，並評鑑進步的幅度，對很多學校而言仍然是充滿挑戰的課題。「你認為你的學校應該要＿＿＿＿＿嗎？」（你可以挑選上述六個教育方針的其中一個），校方人士一定會表示毫無異議，接著問：「你到底會採取什麼方式達成目標？又怎麼知道正朝向目標前進？」很多學校恐怕答不出第二個問題——實踐才是抵達真理唯一的道路。

我們有一位同事，多年來都是一所長春藤聯盟大學的董事會成員，她說校方會定期通知董事會成員，表示學校在批判性思考教學表現卓著，所以她多年來一直追問第二個無法迴避的問題：「我們怎麼知道校方所說是對的？」她也常收到相去不遠的回覆：「我們就是知道，因為這已經是我們校風的一部分。」我們發現每一所拜訪過的學校都採取類似說詞，有一位校長直截了當告訴我們，在她的教育方針中，非常重視幫學生發掘熱情所在的目標，但是當我們直接和學生接觸，學生卻說：「別開玩笑了！光是課業就夠我們忙了，哪有時間探索自己的熱情所在呢？」這些學校還有另一個常見問題：推行的政策與宣示的目標會產生直接衝突（比方說，宣稱校方會在學生自我探索的過程中提供協助，但是能讓學生自主學習的空間卻少得可憐，因為他們不可能刪除必修科目的修業標準）。

德雷謝維奇（William Deresiewicz）在二〇一四年七月《新共和》（*New Republic*）雜

誌發表一篇名為〈別把孩子送去長春藤聯盟名校〉（Don’t Send Your Kids to an Ivy League College）的文章，重點摘錄他的大作《優秀的綿羊》（*Excellent Sheep*）一書的內容，並提到教育目的這個話題可以爭論到什麼程度。他認為，大學教育的主要目的應該是幫助學生「活得有靈魂」，這篇文章吸引超過兩百萬次的線上點閱數，也創下《新共和》雜誌百年來最多讀者瀏覽、得到最多則評論，但也是最爭議的文章。《紐約時報》（*New York Times*）專欄作家布魯克斯（David Brooks）也被捲入這場爭辯，他在專欄中表示，大學教育過於重視理解能力與就業導向，所以道德教育「舉目盡是瘡痍」。這篇專欄文章吸引超過六百則讀者回應，反應熱烈的程度堪比槍枝管制，看不出討論的重點其實是教育議題。

這些爭論經常沒有觸及一件事實，那就是很多學校在談到整體目標的時候，經常顯得茫然又不知所措。假設今天有一所幼稚園打算取消戲劇公演，以便讓校內的六歲孩童有更多時間為將來的大學與職場生涯做好準備：

艾爾伍公立學校

斯科多園長／貝斯雷米代理校長

二〇一四年八月二十五日

各位親愛的家長：

希望這封信能幫助你們更了解學校教育，在面對二十一世紀的需求時該做什麼改變，更明確的說，就是釐清幼稚園戲劇公演所挾雜的似是而非概念，而最需要謹記在心的重點是，這並不是針對艾爾伍公立學校的個別問題。雖然我們在全國新聞版面看到呼籲，採取更嚴格學習標準的主張已經推行十年，但是教育面貌的改變讓某些人感到不安。我們該教哪些內容，必須跟上時代潮流才行。

刪除幼稚園戲劇公演的原因非常簡單。不論是就學或就業，我們都有責任讓孩子做好準備，讓他們習得終身受用的寶貴技能。

我們認為，達成這個目標的最佳做法就是讓孩子在閱讀、寫作、團隊合作與解決問題，都成為優秀的人才，因此請體諒我們基於專業做出的判斷。我們知道，這個決定不可能讓每位家長都滿意，但是請相信我們，是為了孩子好才做出這樣的決定。

順頌時綏。

這個「事實比虛構還離奇」的例子，呈現學校推行的方案有時會反應校方對教育方針亂無章法的窘境。

期望與現實

愛因斯坦（Albert Einstein）也有無法適應學校教育的經歷，他說過：「正確詮釋問題，往往比找到正確答案來得重要。」當學校行政單位、教職員、董事會和學生家長會，為了學校的教育方針辯論得不可開交之時，他們通常會針對本章第一個問題，排出各種不同目標的先後順序，然後用精確的文字陳述他們認定的教育使命，不過在過程中往往忽略更基本的問題：現有的教學方法，真的能讓學生產生學習成效嗎？如果愛因斯坦能參與討論，他可能會主張對很多學校而言，教育目的所涉及的取捨問題根本是紙上談兵，因為這些學校的教學方法問題重重。用比較貼近事實的問題，探討各校如何決定教育方針的說法應該是，關於使命陳述的問題，學校優先的整體目標是：

（一）涵蓋學科知識；

（二）幫助學生找到熱情與使命；

（三）幫助學生發展理解與社會化的能力；

（四）協助學生建立人格，成為一位負責任的公民。

我們多次拜訪學校與班級觀摩，發現經常出現的模式：雖然校方高層陳述的使命反應後三者的結合，卻很少提及第一優先的目標。就學生實際的受教與評量方式來看，校方絲毫不掩飾致力於特定學科知識才是真正的優先目標，不論是班級安排或成績單格式，都是以學科作為分類基礎，考試也是以記憶學科知識為主。孩子每天為了在考試時能回想學科內容而不斷惡補（如果是標準化學習評量（SOL）、學力檢定（SAT）或先修檢定（AP）重大的測驗，時間還可以拉長到幾個月），而這些內容很快就會忘得一乾二淨。

把上課重點放在學科知識不令人驚訝，第一章已經說明，我們教育體系原本的設計就是為了涵蓋不同學科。以哈佛大學校長艾略特（Charles Eliot）為首的中學課程十人委員會

（Committee of Ten），早在一八九三年就把知識區分成五大類別，分別是數學、科學、英文、歷史與外文，經過一百多年後，我們的教學方法只把五大類別再細分的微小改變（像是把科學區分成生物、物理和化學三門學科），並設定各科目在不同年級的教學進度。很難相信，二〇一五年一位普通學生的上課作息，會和二十世紀初期相去無幾。

不知是什麼緣故，社會大眾都認為接受十二年養成教育的學生，如果不曉得某些學科的重要內容（比如十九世紀的克里米亞戰爭）就會終生遺憾。如果這還不嚴重，想想當一位學生從內布拉斯加州搬家到伊利諾州，一定會重複上過兩次克里米亞戰爭，顯然教育體系一定有很大的問題。現在推行「共同核心科目」（Common Core）目的，是更大程度把教學內容標準化，以便讓學生依照相同的順序學習，如此就能讓學生準備好進入大學了。

如果學校教育是為了死記、硬背學科內容，本章的第一個問題就沒有討論價值了，因為我們並沒有妥善詮釋真正的問題。如果學生在死記、硬背的過程中學不到什麼，就沒有意義為了他們很快就會忘記的內容爭論優先順序——不論他們求學階段花多少時間記了又忘柏拉圖的靈魂三分說、銷貨成本的定義、美國憲法起草的時間點、帶動美索不達米亞商業運作的河流名稱、合成二溴丁烷的化學方程式，或二次方程式的定義，其實學生都沒有真正學到什麼東西。

換個方式說，假設你前往國外參訪幾百所大學、中學、小學與幼稚園，發現該國的學生不論是在課堂或下課後都在背電話簿。有些學校希望學生做好進入職場的準備，所以要求學生記住電話簿的號碼，有些學校為了確保學生充分受教，成為負責任的公民，因此要求他們背誦政府公務員的電話號碼，另外有些學校希望推行全人教育，讓學生浸淫在古典氣息中，因此要求學生記住雅典與羅馬兩地的電話簿——不消說，當然是用希臘文與古拉丁文背誦。不管是上述的哪種情況，該國學生顯然會整天過著不知所云的日子，只為了記住內容貧乏的資訊。

假設這些學生學習評量的方式，是在限定時間內準確回想背誦條目的測驗，記得愈多愈好，則記憶力好、能快速回想夠多條目的學生，就會被視為在學術表現有天賦，就此踏上成功的捷徑，而其他學生不論多麼有才能或特質，都會被貼上平凡、中庸的標籤，甚至揹上「有待加強」的劣評，一輩子都會在社會異樣的眼光下處處碰壁。

或許可以安慰自己，背誦教科書當然比死記電話簿來得有用。只是，如果我們要求學生背誦僵化的內容，不論這些內容來自生物教科書、先修檢定題庫，或是電話簿，都已經無關緊要了。無效的教育方式就是不會有效，無關乎原本要學習的內容是什麼。

勞倫斯威爾（Lawrenceville）高中被評為美國最好的私立菁英高中，他們在十年前和上過核心科學課程的學生進行相當有趣的實驗，讓暑假後回到學校的學生重新再考一次三個月前剛完成的期末考。考量學生不大可能幾個月後還記得那麼多細節，所以這份考題是刪除瑣碎問題的簡化版本。實驗結果讓人吃驚，學生在六月的期末考平均可以拿到八十七分，而九月簡化版的考卷卻只能得到五十八分，而且沒有一位學生能掌握課程的核心概念。有了這項實驗結果，勞倫斯威爾高中徹底檢討既有的教學方式，刪除近半數授課內容，轉為強調更深入的學習效果。隔年他們又重複進行類似實驗，得到的結果令人滿意。

學校都應該參考勞倫斯威爾高中的做法。如果學生在六月可以拿高分，在九月卻什麼也沒記住，那麼他們到底學會什麼？更何況，如果沒有一貫制的科目（意思是，在不同學年間，從生物跳到化學再跳到物理，從代數轉到幾何再轉到微積分，從美國史換成古代史再換成公民教育，諸如此類），讓某一年學到的內容「完全沒有」複習的必要，則該年度學過的內容到底能帶給學生什麼？這就是為什麼，很多人被問到什麼是求學過程中改變人生的轉折點時，提到的都是課堂以外的經驗或受某些老師的影響——難道日常上課的內容一點也不重要？

如果這種情況在學校裡不斷反覆出現（我們相信確實如此），就表示上課內容大部分只是為了學生在考試中拿到好成績，而必須在短時間內記住資訊的空洞教學。如果學校能讓學生用更有意義的方式學習，即使間隔幾個月，學生也應該記住大部分上課內容（就像是學會騎腳踏車、知道怎樣寫字，和懂得進行科學研究），而不是忘得一乾二淨，讓一切回歸原點（就像是死記電話簿）。

我們需要釐清什麼是教育的基本目標，而且這些目標要能回應周遭世界不斷更迭的現實狀況，讓每個孩子能有機會面對生命中的挑戰。如果只是因為和一百二十五年前的設定不同，而排斥全面思考該如何設定教育目的，不但不務實，也很不道德。

重新定義教育目的的起點

每所學校所屬學區，都是背景環境各異、獨一無二的社群，因此該校的教育目的也會受到執行目標、預期成果、師生的才能，與學區周遭環境而產生不同的影響。如果我們希望教育體系能保持創新活力，就必須尊重每所學校所屬學區的特質，相信並支持校方在綜合考量後，透過最適當的方法達成教育方針與目標。我們應該認同、鼓勵，而不是設法消除，校方採取因地制宜的方式教育孩子。換句話說，我們需要釐清的是不受地域環境影響的整體目標，讓學生都能站穩追尋成功人生的基礎。

歷史可以告訴我們，最初設定教育核心目標的起點。將時間拉回到一八九三年，現行教育體系初創的年代，那時候的教育工作者和產業界人士都很清楚教育的目標：提供年輕世代的教育內容著重於例行工作，降低失誤並排除創意所導致的歧異，讓學生完成進入製造業前的準備工作。在二十世紀大多數時間，這是一個相當完美的目標，也相當符合美國需要，中學課程十人委員會說得再清楚不過：「教育目的，是教導學生初階的理解能力，訓練學生在不發生失誤的情況下，快速執行重複的工作，並排除自成一格、標新立異的可能。」

這個目標在二十世紀曾經做出調整，後來不光是私立學校，就連公立學校也都被要求，要讓學生更符合白領工作與知識經濟的需求，大學教育更應該讓學生完成兩方面的訓練。不幸的是，我們目睹很多接受大學教育的學生，並未做好準備面對二十多年來逐漸發展成形的創新經濟。

世界已經變得不一樣了，例行工作不斷被自動化的機械取代，學科知識也變得垂手可得，即使屬於知識經濟的工作——蒐集、傳送和處理資訊的工作——也愈來愈依靠電腦了。白領工作已經不如以往穩定，以執業律師為例，很多父母曾經期盼孩子能取得這份白領工作——安穩又沒有風險，可是好景不常，現在律師事務所大幅刪減聘用新進人員，只因為原本屬於資淺律師的例行工作，現在已經能透過自動化、外包，或直接交由律師助理。

如果想擁有美好人生，也就是想成功的話，年輕世代需要讓自己成為創意十足，成為能以新穎做法解決問題的人才。我們的孩子將生活在創新愈來愈無處不在的世界，中學課程十人委員會在一八九三年設定的教育目的，已經變得窒礙難行，後續各種修補動作，像是在高中推動大學先修班，或現行的共同核心科目，都不算是以顛覆做法推出學生真正需求的教育方式。

若思考「教育目的是什麼？」我們認為，教育體系應該幫助年輕世代發揮熱情及懷有抱負，並培養能讓他們追求成功人生的關鍵技能，還要日復一日激發他們的優秀表現，將來能成為積極主動又能掌握資訊的公民。如果不能達成這些基本成果，學校教育只會落得欲振乏力的窘境。

一八九三年教育模式：	**二十一世紀教育模式：**
學生依照指令跳圈圈	找出學生的熱情與抱負
教授各學科內容	設法培育關鍵技能
優勝劣敗，不適者淘汰	啟發學生的潛力

如果中學課程十人委員會再次開會，希望他們能重新思考如何陳述教育目的，至少不要像以下的陳述：「教育目的是發掘學生的熱情所在，營造他們對未來的抱負，教會他們進入職場與身為公民所需的關鍵技能，啟發他們盡力讓世界變得更美好。」

綜觀二十一世紀教育目標，很難將學科的教學方式列為優先項目。可以預期對這個想法的反對意見，像是：「怎麼可以讓受過教育的小孩不知道誰是林肯、莎士比亞，什麼是牛頓力學？」或是：「如果教育目標沒辦法讓每個學生學會書寫和算數，還有比這個更荒謬的嗎？」

我們同意，學生必須熟習基礎學科，但不認為要用僵化的方式，把整個過程整合成孩子的學習經驗。我們當然希望逐漸成年的孩子都能愛上閱讀，掌握（在沒有計算機的輔助下）基本的算數能力（像是除法、分數運算、估計值和讀懂財務數字），並能有效的溝通。熟習這些基本能力當然需要反覆練習，問題的關鍵在於該如何讓孩子熟習關鍵技能的同時，達到真正有效的學習而不是過目即忘。

個案研究：挑戰NBA數學

富勒（Khalil Fuller）是一位不平凡的年輕世代，從小在洛杉磯龍蛇雜處的環境中長大，之後獲得布朗大學（Brown University）獎學金，還沒畢業就開始從事令人稱奇的非營利事業。富勒樂於幫助小孩發展對核心數學運算能力的掌握，包括：加、減、乘、除、小數點、百分比、分數和機率。他領導的團隊開發一套名為「NBA數學挑戰」（NBA Math Hoops）的桌遊，旨在透過虛擬的籃球遊戲啟發孩子的數學能力（現在已經推出智慧型手機

App版本）。在二〇一三到一四學年，內城貧民區共有三萬五千位學童玩過這套遊戲，數學能力也取得長足進展。重點在於，富勒知道學習核心技能的關鍵不是讓學生想辦法消化課堂內容，而是讓孩子找到主動學習的理由和動力。

我們完全同意讓年輕世代熟悉重要的概念與歷史人物與事件，像是薩斯坎德（Ron Suskind）在《黑黯中的希望》（*A Hope in the Unseen*）書中提到，一位內城貧民區長大的孩子進入布朗大學就讀，某次和同學共進晚餐時，有人提到佛洛伊德和愛因斯坦，但他卻跟不上話題。其實，從來沒有人能清楚指出哪些是基礎學科。舉個具體例子，說明教學方法與學習成效之間錯綜複雜的關係：有一份調查顯示，百分之七十的成年人不知道美國憲法內容。這些受訪對象在學校都學過美國憲法，考試時也回答過美國憲法的細則與運作機制。儘管教學時，涵蓋了能讓學生成為掌握資訊公民的關鍵內容，不過大多數人早就把這些內容拋諸腦後。

華格納最近兩本作品：《教出競爭力》和《哈佛教育學院的一門青年創新課》，都獲得廣大迴響。《教出競爭力》指出「七大生存技能」（Seven Survival Skills）——年輕世代在動態創新的世界不可或缺的核心技能，《哈佛教育學院的一門青年創新課》則是探討父母和教育工作者如何運用冒險遊戲（play）、發揮熱情（passion）與懷有抱負（purpose），協助孩子發展創造力與創新能力。這兩本著作為本章不斷質問的主題奠定討論基礎：進入二十一世紀後，教育目的是什麼？

發揮熱情、懷有抱負

我們處在全球競爭的環境，優秀的人可以享有豐厚報酬，平庸的人則會陷入困境，如果讓年輕世代進入無法讓自己發揮熱情的行業，可以肯定他們要不是過得不開心，就是沒有成就感，甚至既不開心又沒成就感，因此不分層級的教育基本目標，應該讓學生盡可能接觸不同領域，幫助學生找到願意花時間與投入精神的事物。五歲的孩子對任何事物都會展現樂在其中的態度，學齡前的孩子不分地理位置或家庭背景都是以充滿熱情、好奇心、期待探索的心態面對這個世界，但是卻很少有即將畢業的高中生，會對自己所受的教育展現樂在其中的心態，這正是問題所在：剛完成學業的年輕世代淪為沒有學到什麼，也沒有培養什麼技能的一代。

如果你對這個論點感到不可置信，我們可以提供一支影片作為佐證。史凱斯岱爾（Scarsdale）高中是美國最知名的公立高中之一，將近百分之六十的畢業生都能順利取得美國最優秀的大學入學許可。史凱斯岱爾高中最近選擇做出重大改變，比方刪除大學先修課程，只是這些改變對渥爾芙（Rachel Wolfe）來說已經太晚了。渥爾芙是史凱斯岱爾高中十二年一貫教育的學生，二〇一四年畢業後進入哈弗福德學院（Haverford College）就讀。渥爾芙進入大學之前，以自己與其他學校同學在校經歷為主軸，拍了一支影片《我們迷失方向的這一班》（*Losing Ourselves*）。影片名稱充分傳達影片的主旨，記錄小學生成為高中生的過程，是如何逐漸失去抱負、熱情與好奇心，是深具說服力的影片。

父母和老師可以幫助孩子維繫熱情，或發掘對新事物的熱情，而且最重要的，協助他們將這股熱情轉化成發展關鍵技能的途徑。一位能在求學階段擁有使命感並全心投入的孩子，一定是能長期累積學習成效、記住所學知識的學生。學生在小時候感到熱情的事物，不論是動物或運動、做些小玩意兒、繪畫或唱歌，還是打破砂鍋問到底，這些興趣無法被成功引導成一生受用的能力，這也是為什麼需要教育工作者發揮關鍵角色的原因。孩子對於運動的熱情可以進一步發展成對統計數字的專業能力嗎？喜歡繪畫的孩子能否成為一位出色的建築師？愛玩樂高積木的孩子會不會因此愛上建築工程？喜歡問東問西的孩子能否立志成為一位老師？沉迷電動玩具的嗜好（這種說法常見於憂心匆匆的父母），會不會轉化為編寫電腦程式的專業技能？

培育關鍵技能

想像一下，如果孩子的成績不再以學科分類，而是以關鍵技能作為評分標準，結果會有什麼不同？這時候，學生會依照華格納在《教出競爭力》一書所描述的「七大生存技能」進行評量：

（一）批判性思考與問題解決能力；
（二）透過網絡合作並以身作則；
（三）機敏靈活，隨遇而安的調適力；
（四）積極主動的創業家精神；
（五）有效的口語、書面與多媒體溝通能力；
（六）掌握資訊進行研判的能力；
（七）好奇心與想像力。

再想像一下，如果學校明確制訂一套成就標準表，可以讓每位學生的每一項關鍵技能都達到一定程度的熟練，而最好的狀況是，學校依照學生能充分發揮的技能設定發展途徑，奠定學生一生受用的優勢，讓學生可以靈活運用於各種職業。假設學生進步的程度不但有定期的評量與檢定，也能以有建設性的回饋方式充分告知（而不是用簡化、無趣的選擇題作測驗），而且學科內容的安排也是以提升學生的關鍵技能為主：用循序漸進的方式，讓學生在適當時機吸收學科內容的重點，而不再是為了學科分類而分類。

這些想像的目標都太過理想而難以達成，不過我們已經在社經條件差異大的學校看見顯著成果，其中特別值得一提的案例收錄在本書第七章。這些學校最令人稱許的，在於他們的教育方針是以培育學生的關鍵技能為基礎，順著學生的熱情規劃引人投入的項目。雖然這些學校的學生比一般學校學到較少的學科內容，但是他們更能記住自己學過什麼，為將來的職場、公民參與，做好準備的教育內容：他們學會什麼才是正確的學習方式。我們不能因為學生的在校生涯充滿歡樂，就認定他們什麼都沒學到。事實上，學生會因為感受學習時的歡樂，而強化關鍵技能發展。

只要擁有這些生存技能，不論將來面對多險惡的生活環境或經濟條件，都不會影響年輕世代憑藉這些技能立足，而且我們可以做得更多，幫助孩子將熱情轉化成才能，讓他們更上一層樓。我們要協助孩子發展人生決定性的優勢——不但是他們的熱情所在，也是他們擅長的項目，可以讓他們為雇主或社區帶來更多獨特的附加價值。畢竟在現實世界裡，透過外包或自動化方案取代平凡無奇的勞工並不困難，若是學生離開學校時並未學到一技之長，就有可能淪為經濟弱勢而無法翻身。

個案研究：未來計畫

歐尼爾（Zaire O'Neil）是一位能在眾人面前滔滔不絕發表演說的年輕學生，可是現有的教育體系並沒有開設公眾演說課程，也很少鼓勵學生發展公眾演說技巧。在一般情況，歐尼爾發展一生中決定性技能（成為一位言之有物的公眾演說家）的潛力可能在求學階段被忽略了，所幸她就讀的是位於新澤西紐華克（Newark）的麥爾坎紀念高中（Malcolm X Shabazz High School），並受到布萊德雷（Divine Bradley）指導。布萊德雷是推動高中非營利改革方案：「未來計畫」（Future Project）的成員，也是歐尼爾在麥爾坎紀念高中的引夢人（Dream Director）。布萊德雷看出歐尼爾是非常有潛力的公眾演說家（附帶一提，歐尼爾還是高中女子籃球常勝軍的隊長），因此盡力幫助她發展公眾演說的技巧。現在的歐尼爾已經進入喬治亞理工學院（George Tech）就讀，將來會進入女子職籃WNBA或其他職業，猶未可知，但是我們可以肯定，演說能力會是她人生決定性優勢的其中一項。

啟迪人心

這是一個驚奇連連的世界，我們有幸住在充滿天然美景與人文成就的世界，但奇怪的是，學生少有機會接觸生活周遭諸多啟迪人心的事物。很多學生上過藝術或音樂賞析課程，最後卻淪為背誦藝術作品的課程，歷史課也不遑多讓，文明史上最重要的成就，卻淹沒在數不清的釋義說明。科學或數學的神奇發現，或震撼力十足的創新表現也不會出現在課堂，更不會在內容貧乏的試卷，大自然展現的美學就這樣被困在學生記憶裡，那座由化學方程式與生物學定義構築的迷宮。

教育的整體目標，應該包括讓學生浸淫在生活周遭的美感而深受感動，我們還在期待有一所學校開辦「欣賞宏偉地球」這堂課。我們可以大膽預期，這類型的課程如果能在教育不同階段反覆鑽研、漸次加強深度與嚴謹，相信會是健全學生人生發展的有力工具。

身陷泥沼

如果想幫助學生，在二十一世紀邁向成功的準備工作能有進展，學校教育必須深入了解學生的熱情所在，幫助他們培養關鍵技能和人生決定性的優勢，啟迪他們看待世界的眼光。

認真投入的學生和充滿幹勁的老師，有能力做出令人刮目相看的成績——不論是批判性思考或用創意提出問題的解決方案，不論是準備承擔公民責任，或學生的人格發展，替未來職場預作準備。不同學區的學校應該要有設定教育方針的自主權，透過有意義的決策規劃如何帶領學生向前進，一旦學校無法達成預設的辦學目標，該校學生就會成為受害者。不管我們讓學生進行多少次測驗，或是多麼信任老師的教學能力，都無法挽回。

《教出競爭力》在二〇〇八年出版之後，華格納擔任好幾百場演講的主講人，估計到目前為止大約接觸五萬名聽眾，沒有一位反對他對現行教育體系提出的針砭，或駁斥他在演說中期許教育改革將帶來的願景，倒是當他詢問聽眾，有誰認為現行教育改革方案可以有效回應二十一世紀的教育問題，頂多只有一、兩位聽眾舉手，可見現行的教育體制正在殘害下一代，這已經成為普遍共識。現行的教育改革無法妥善回應問題，學生在人生中真正需要的技能往往被忽略，甚至遭到學校教育體系踐踏。我們正透過教育走上自我毀滅的道路，要求教育體系正視新世紀現實環境，做出調整的改革步伐卻仍顯得舉步維艱。

學校教育改革成效不彰的主要原因，在於龐大官僚體系無法避免的惰性。美國教育體系包含十三萬所學校、四百萬名老師、一百萬名行政人員、八千三百萬名學生，再加上上億位家長，更不用提各種浩瀚無邊又揮之不去的教科書與測驗題庫。如此龐大又背負陳年積習的體系只能緩慢推動改革，這一點不讓人意外。

然而，組織惰性還不是拖累教育改革的關鍵因素，真正的問題出在我們身陷雜音充斥的泥沼中，理不出足以鼓舞人心的改革方向。雖然位居要津的領導階層——不論左派還是右派立場——不斷指出學校教育失能、亟需改革的問題，但是事實上更應該正視的是整個教育體系已經跟不上時代潮流，需要重新設定內涵的問題。制訂教育政策的領導階層和各級政府機關，一意孤行的汲汲於從現行落伍體制中榨出最後一點進展，並用空洞的指標突顯改善的程度。美國教育部創新獎勵計畫（Innovation Grant Initiative），選擇將資金挹注在改善現有硬體設備此一最保險的做法，所以用於教育研發的經費比不上採購釘書機的金額。政治人物措辭謹慎的推崇教育的重要性，但是卻沒有人擁有足夠的遠見和勇氣大聲說出：「我們的教育政策必須與國家的核心競爭力相互呼應，應該竭盡所能把創造力、創新與創業的能力教給孩子。我們應該停止追趕韓國、中國學生標準化測驗的腳步，集中注意力贏得創新的競賽就夠了，畢竟這才是接下來這個世紀唯一值得重視的競賽。」

許多企業領袖的看法反應出他們對數據的癡迷，以及對長聘制度、教師工會的強烈敵意。身價上億又熱心教育事業的富豪，願意花錢資助在現行教育體制內維持教師教學能力的計畫，或試圖引進自由市場的力量推動校務改革。這些富豪認為，現行教育體系的問題出在教育事業的獨占性，而且受長聘制度保護。在富豪眼中，是既懶惰又無能的師資陣容。可惜的是，包括富豪出資成立公辦民營的特許學校（charter school），很多相關計畫並沒有因此提升學生的學習成效，徒然替爭論不休的教育議題再掀波瀾罷了。

我們可以在網站上看到校方把使命陳述寫得洋洋灑灑，但是大多數學校真正的教育方針往往產生背道而馳的反效果。就大方向來看，拖垮美國學校教育體系的關鍵，其實不是本章開頭的題目做出錯誤選擇或排序，硬逼各級學校短視注重每一天都要達成，但是卻很難鼓舞人心的目標，才是真正摧毀學校教育體系的殺手鐧。想為年輕世代的人生做好準備的措施，被迫向每月的成績評量低頭，老師也被逼著要逐日按表操課，儘管他們心知肚明，這種做法根本不可行。學校教育已經沒有充分的空間去妥善回應本章開頭的題目，因為一條鞭式的教育政策和熱心教育事業的富豪，都促使學校用實際作為回應以下難以啟齒的問題：關於難堪真相的問題。雖然我們希望這不是真的，但是我們學校優先的整體目標是：

（一）全力拉抬標準化測驗的成績；
（二）讓學生按部就班取得足以畢業的成績；
（三）讓學生順利升大學，討家長的歡心；
（四）沒由來的按照鐘型曲線，安插學生的排名；
（五）以上皆是。

第三章

代價幾何？

大多數人都感到教育體系出了嚴重問題，大多數人也同意哈佛大學在二〇一一年的研究報告《邁向繁榮之路》（*Pathways to Prosperity*）的論點：「幫助年輕世代提高生產力與富足人生的體系已經運作不良。」我們都同意，教育體系出了問題，必定要付出高昂代價。

代價到底有多大？

經常可以聽見兩種評斷教育危機要付出代價的說法，只是這兩種說法不夠確切。其一，美國教育績效表現已經落後其他國家，逐漸淪為二流國家，比不上考試高手國家，例如南韓、新加坡，更令人害怕的是，輸給中國。第二種常見的說法認為，美國教育危機的癥結出在內城貧民區與鄉村學校低落的表現，只要大刀闊斧，大力推動教育改革，就可以提供經濟弱勢孩子日後所需的教育資源。

真正的問題出在落伍又不周詳的教育方針不符合年輕世代的憧憬，無關乎這些年輕世代的社經地位，而且美國的教育體系也戕害機會均等原則。年輕世代的教育問題正走在懸崖邊，如果不能幫助他們邁向有創造力、能創新的成功人生，就會讓教育體系繼續擔任深化貧富差距的火車頭角色。

迷思一：輸其他國家

美國相較於其他國家在國際標準化測驗（international standardized test）的表現不盡人意，在經濟合作發展組織（OECD）所推行的PISA（Programme for International Student Assessment，國際學生能力評量計畫）測驗表現尤其堪慮。只要美國學生在各種測驗的成績落後幾十個國家一大截就會拉警報，媒體會以即時新聞報導美國學生在國際評比表現有夠丟人，還會不懷好意補上一句：起碼贏過立陶宛和克羅埃西亞。報導還提到，如果成績繼續維持這種不上不下的水準，國家就會朝向覆滅的方向；如果美國沒辦法縮短和其他國家在國際評比上的差距，將來一定會被拿高分的亞洲國家打到抬不起頭。

事實上，美國在國際評比的表現一直都沒有好過。其他競爭國家是那麼嚴格督促孩子做好各種應試前的準備，使得他們的青少年自殺率居高不下。另外有證據顯示，很多國家都是故意選派成績表現比較好的學生參與競賽。至於所謂PISA測驗，雖然比其他名不見經傳的測驗來得像樣，但是只強調如何讓受過教育的學生做好準備，成為職場贏家，並不看重創造力、團隊合作、創意思考、勤奮不懈、臨機應變，和倫理道德。教育專家趙勇（Yong Zhao）批評PISA是「當今教育體系中，最不具建設性的其中一個環節。PISA營造資優的錯覺，刻意美化學習過程的痛苦，以滿足教育威權主義的虛榮心。最要不得的是，PISA將教育工作導向過去記憶，而非開創未來。」

這並不表示其他國家的教育方式不值得參考，以芬蘭為例，他們就是採用啟發式教育，讓孩子做好準備面對一個重視創新與創意的世界。芬蘭的學生幾乎不花時間準備測驗或寫家庭作業，而且要規劃自己的受教內容。每上完一小時課，就有十五分鐘休息，美術與工藝是學校生活的一部分。芬蘭的老師受人尊重，一部分原因是該國教育研究所的崇高地位，職業教育也是學生長大後贏得社會地位的管道。由華格納旁白、坎普頓（Bob Compton）製作的紀錄片《芬蘭現象》（*Finland Phenomenon*），有更多關於芬蘭教育可觀之處的說明，另外也可以參考薩爾博格（Pasi Sahlberg）的大作《芬蘭教育這樣改！》（*Finnish Lessons*）。雖然芬蘭的教育體系值得讚揚，不過請注意，如果因此以為芬蘭的經濟強過美國，讓美國孩子的未來黯淡無光，那可就大錯特錯了。

至於亞洲國家名聞遐邇的教育體系呢？他們的國家領導人可曾因此感到意氣風發嗎？其實並沒有。這些國家的領導人反而更在意教育體系培育出的人才，欠缺創造力與創意的問題。負責中國教育政策的高級官員經常前往美國取經，拜會美國教育界的重要人士，例如全球最優秀的十二年一貫制教育體系、高科技高中聯盟（High Tech High）的執行長羅森史塔克（Larry Rosenstock）。中國官員與其他國家教育政策負責人，亟於學習美國人已經達成的傑出教育成就，羅森史塔克說：「中國人會問自己一個問題：『為什麼我們只能從事其他國家創新成果的生產工作？是否可以在既有的學校教育中做些改變，將來才能生產自己創新的產品？』他們認同學校教育是推動改革的重要起點，所以開始限縮單方面的講課，或單純覆誦式的學習內容，尋找創新的教學方式，鼓勵學生朝向設計與創造新事物。」趙勇進一步說明：「西方世界是中國非常努力想找到靈感，推動新教育的方向，因為中國考試導向的教育根本不符合新世紀的需求。」

太在意學生在國際評比的成績，讓美國人無法正確理解教育體系的真正問題，誤將標準化測驗當成最重要的衡量機制，然後將美國的教育體系推入專為準備考試而存在的死胡同。也是因為基於這樣的錯誤認知，所以才會看見雜誌把推動改革失敗的教育工作者，例如李洋姬（Michelle Rhee），當成封面人物報導。簡單講，這就像是美國報名參加一場永遠不可能獲勝的競賽，而且美國也不應該在這場競賽中獲勝。趙勇說得好：「那些（對中國教育體系）投以欽羨眼光的人忽略一件事：中國的教育體系雖然是一部能把政府希望推動的教育內容，有效灌輸給學生學習的機器，但是卻無法關照個別學生的專長，無法培養多元的才華，也無法孕育創新必備的能力與信心。」

就讓新加坡、中國和南韓人繼續壓迫他們的孩子學習，把那些伴隨學生異常突出表現而來，如同機器人般複製、貼上的勞動力，留給他們自己就好。當全世界愈來愈重視美國擅長的關鍵創新能力時，還執著於全球標準化測驗競賽，簡直愚蠢。

迷思二：只需要處理績效不振的學校

第二個對教育危機的普遍看法認為，真正的關鍵出在最底層那些問題學校。很多人認為，運用企業管理的經驗不失為改善這些問題學校的良方，紀錄片《等待超人》（*Waiting for Superman*）為這種論點提供具說服力的影音資料。雖然我們相當欣賞這支紀錄片的拍攝手法，但是其背後隱含的觀點卻讓我們感到心灰意冷。這支紀錄片所持的論

	美國	中國	日本	印度	南韓
諾貝爾獎得主人數	353	8	21	11	1
名列百大創新企業家數	38	6	7	4	0
取得專利數（最近五年）	619,000	21,000	240,000	7,000	66,000

述如下：美國好幾百萬莘莘學子（以內城貧民區經濟弱勢的非裔學生為主）身陷失敗的學校教育中，跟懶惰、討人厭，卻受教師工會保護的老師處在一起，唯一的希望來自能用創意帶來優質教育的公辦民營特許學校，而且特許學校的確也撼動教師工會、公立學校官僚體系的反動結構。獲准設立的特許學校極有限，能進入特許學校就讀的孩子就像中了樂透，讓孩子的未來建立在碰運氣上。依照這支紀錄片的觀點，只要孩子都能進入特許學校，一切問題將迎刃而解。

事業有成的生意人生活在自由市場經濟中，因此會用除之而後快的心態看待教師工會。他們認為父母會主動選擇好學校，使壞學校因「流失客源」而關門大吉，難怪主張引進市場力量的改革者，會將自己的孩子送去昂貴的私立學校就讀，只是大多數家庭負擔不起私立學校的開銷。他們認為，起碼可以幫助弱勢家庭的孩子做一件事，就是釋放自由市場的力量，推動公立學校的改革。

出人意料之外，特許學校的整體表現並未勝過其他公立學校。史丹佛大學教育成效研究中心（Center for Research on Education Outcomes）不久前發表一份報告指出，特許學校在數學教學表現不如公立學校的比率（三一％），與優於公立學校的比率（二九％）相去不遠，在語言文字的表現略優，但是基本上，大多數特許學校相較於主要競爭對手的公立學校，沒有表現得比較好或比較差。雖然我們不是這類教學評量的支持者，因為他們採用標準化測驗進行評量，但是根據我們的經驗判斷，特許學校是好壞參半。史丹佛教育學院院長史提皮克（Deborah Stipek）表示：「特許學校的確有創新空間，但是他們的成績單還是依靠傳統方式評鑑，所以也有把精力放在應付考試的壓力，所以特許學校與其他學校一樣，很難讓學生進行有意義的學習，刺激學生追求智識的發展。很多在低所得社區被視為成功案例的特許學校，其實相當倚重像傳教士般犧牲奉獻的年輕老師，需要靠他們長時間工作，一直消耗到這些老師撐不下去為止。如果不可能無限量供應如此無私的師資，就不可能擴大特許學校的成功案例。」

有些特許學校會傳出讓學生跌破眾人眼鏡、順利進入頂尖大學就讀的故事，但是根據塔夫（Paul Tough）在《孩子如何成功》（*How Children Success*）書中累積多年的觀察，讓孩子進入大學就讀並不保證從此一帆風順。以最受推崇的特許學校體系KIPP（Knowledge Is Power Program，知識就是力量計畫）為例，雖然可以讓學生在大學先修課程中取得優異表現，但是他們也知道，只有極小部分學生能完成大學學業。為了提振聲譽，KIPP重新設計計畫，但是KIPP得到的教訓，以及我們應該從中注意的重點，就是不能以為讓孩子記住「堅毅」的筆畫和意思，就能讓他們成為堅毅的人，教會學生如何求解聯立方程式，並不表示他們就能克服人生複雜問題。

有太多孩子在難以想像的艱困環境中成長，很難相信在全世界最富裕的美國，居然高達二二%的孩童生活在貧窮線以下。相較於富裕社區的學校，低所得社區學校能運用的資源，低到讓人無法忍受。雖然有許多生活優渥的生意人願意大力推動慈善教育工作，但從過往記錄來看，的確有很多老師無法勝任創新與改善教育的工作，而且在聘用協定保障下，很難淘汰不適任老師。

但是，教育危機並不全然只是學校辦學績效不振，教師工會也不是主要的問題癥結。不難發現，在沒有教師工會或沒有特別保障教師工作權益的州，其辦學績效也沒有變得特別好。美國面臨一場全面性的教育危機，所有孩子都處於這場危機中。不論在課堂或放學後，都在上一些無聊的課程，學習一堆無關緊要的內容，做著莫名其妙的家庭作業，參與太多層次低落的標準化測驗，讓學校教育一點一滴榨乾孩子創新與創造的能力。應該注意的，不是讓孩子擁有進入不良教育體系的機會，而是重新推出一套新的教育制度，讓所有孩子都有機會為自己的人生奮鬥。

站在轉捩點

多年後的歷史學家會認為，現在的美國正站在轉捩點，會用他們的文筆記載全球經濟的結構，是如何在眨眼間產生天翻地覆的改變，創新所產生的創造力，終結了規模超乎想像的例行工作，讓大型官僚組織不再為所欲為。當不思考經濟因素的恐龍機關逐漸滅絕，將有數不清的機會留給創新、創意與靈活應變的人。與此同時，美國卻為了如何維持民主機制而傷透腦筋，民眾面對不可靠的新聞來源、更難理解的政策對話、公民（包括民選官員）欠缺基本技能以應付複雜局勢。若政府陷入僵局，將沒有進步力量足以解決美國人面對的問題。

歷史學家會接著寫，決定美國未來命運最重要的課題不是外交政策、租稅政策、醫療保險或恐怖主義，真正的關鍵就是教育。

或許美國有一天能振作起來，針對教育孩子的方式做出通盤而全面的改變，讓年輕世代能充分發揮創造力與創業精神，幫助他們發展必備的技能，實現有意義的職業生涯，同時給予他們成為負責任公民的工具。美國教育體系將在強化既有優勢上大步向前，營造活力十足的經濟環境，讓廣大的公民都有擁抱成功的可能。我們或許會更信任老師，並用更合理、更專業的方式進行教學評鑑。此時，數不清的年輕世代將創造強大、能繼續成長的經濟體，社會階級的流動變得更常見，中產階級重回欣欣向榮，美國將再次成為帶動全球創新的源頭。

然而這個美好的憧憬有可能是空中樓閣。美國有可能繼續陷在教育改革議題，像個喝醉酒的水手，左右搖擺不定。在美國對教育課題舉棋不定之時，每年繼續殘害數不清的學生，讓他們沒有真本領為自己的人生奮力一搏。我們有可能繼續偏重衡量無關緊要的項目，逐漸銷蝕年輕世代推動創新。美國最有天分的一小群學生，或許有機會躲過學校教育的戕害，繼續成功創立新公司，並帶來無法想像的龐大財富，而最富有的父母也會繼續設法讓小孩進入大學就讀，替他們安排妥善的實習機會，幫助含著金湯匙出生的孩子繼續高人一等，免於受到失敗教育制度的影響。其他人呢？只好繼續忍受痛苦的求學歲月，不再對職涯發展懷抱希望，對於身為公民的責任感，也和頑劣的「刁民」不相上下。年輕世代失業率居高不下，驕奢的有錢人和強烈感受被剝削族群之間的裂痕將日益擴大，最終造成社會撕裂。這無疑是失敗國家，而且是不勞他人動手就打垮自己的國家。

經濟代價

想了解失敗教育會付出什麼經濟代價，就要回頭檢視勞動市場有哪些變化。美國經濟在二十世紀絕大多數時間都飛快成長，呈現雨露均霑的繁榮景象。想求職的父母都能找到工作，除了足以養家活口，還能提升家庭的社會地位，也能見到孩子有更好的出路。美國夢在當時是普遍、可追求，並實現的願景。

二十世紀的經濟掌控在諸如AT&T、美國鋼鐵、通用汽車，這些大型金字塔的企業手中。在金字塔頂端只有少數職位需要高階技能，每個高階職位底下會有好幾千個中、低階的工作機會，只需要員工依照嚴謹規範的工作說明，進行制式的操作就能勝任愉快。除了藍領工作機會，還包含缺少新意的白領工作（像是處理客戶訂單與客訴，繕寫會議資料或備忘錄），這些工作只需要基本技能，當時的教育體系就可以達到職前訓練的要求。

二十世紀充斥入門等級的工作職位，只要有意願，不論是建築工或郵局櫃台，每個人都可以踏進職場循序漸進。需要職涯規劃？不，只要找一份工作摸熟相關規定，展現你的責任感，順勢一路往更高的職位爬就對了。最底層的工作從不拒人千里，通往更美好生活的大門也會為你敞開。

從很多角度看，當時典型的美式生活就像坐在輸送帶。這條輸送帶可以從國小一年級（當時幼稚園和私人家教不普遍）開始坐起，一路坐到六十年後屆齡退休，一路上很少有分叉點。高中畢業後，你可以選擇就業、服役，也可以選擇進入大學就讀，一般人通常會在十八到二十五歲之間選定一生職業，之後每十年或二十年換一家公司，但是卻不會因此離開所屬行業。這樣的經濟環境以穩定、有秩序、升遷明確而著稱。生產線組裝式教育，非常適用於這樣的經濟環境，可以讓不分階級的年輕人經由教育學會日後職場所需的工作技能：弄清楚工作情況，每天完成份內工作。那個年代的經濟需要大量勞工，教育體系也能為所當為。

美國人帶著勇氣和決心在上個世紀達成許多成就，其中很大部分要歸功於走過經濟大蕭條的世代，胼手胝足將美國打造成偉大國家。上個世紀的勞動力擅長發揮「把工作搞定」的能耐，這些人通常任職於私、公大型組織，將美國經濟、教育、軍事與民主素養，推上全球領先地位。

全球化的競爭在上個世紀末加劇，徹底改變美國的經濟環境。網際網路從原本少數實驗室用來聯繫的工具，搖身一變成為推動各層面重新塑造世界的強大力量。如今超過數十億人，以超乎二十世紀科幻片的想像，即時取得所需資源，記載這段戲劇性變化的書籍汗牛充棟，最著名的莫過於佛里曼（Thomas Friedman）的大作《世界是平的》（*The World Is Flat*）。

科技突飛猛進，不過三十多年，現在每人可以取得的資源超出那時最厲害的組織。這麼說不誇張，現在我們每人都有一台個人專屬的超級電腦，背後有好幾千家軟體開發商、好幾百萬研究助理，和各領域的專家聯合支援，可以在瞬間提供我們文章、書籍和影音資料。

科技改變生產力，也改變經濟結構。曾經支撐舊經濟的工作（組裝線上工作、辦公室庶務，以及資訊傳遞的工作），現在都在自動化或外包影響下逐漸式微，一流的科技專家認為日後創新的腳步會更快，讓機器人、人工智慧、奈米科技、基因工程陸續站上舞台。我們現在所處的世界有很多優秀的工程師和創業家，不斷推出各種令人炫目的創新成果，大幅提升企業的生產力，但是提升生產力的工具愈來愈普及，以往的制式工作也在這個過程中被一腳踢開。

汀特史密斯清楚記得，自己體會創新對經濟的影響有多麼大的那一天。一位在創投業的朋友把最近一筆投資計畫告訴汀特史密斯，投資對象是一家從設計、製造到銷售機器人，及附屬軟體一手包辦的公司，該公司生產的機器人可以取代計時工，負責在苗圃搬運植物。對汀特史密斯真是一語驚醒夢中人：在二十一世紀，再也沒有安逸的例行工作了。

科技讓經濟環境產生天翻地覆的改變，上個世紀龐大的金字塔組織如今已經被無數小型的倒金字塔組織所取代——小規模、反應快，幾乎都是由充滿創意的員工組成的公司。這些反應快速的公司，會在全球各地招募人才與搜尋合作對象，少數會聘用為數不多的低階員工，其他多數不會這麼做。這種公司增加的速度如雨後春筍，使得能用創業解決問題的人才變得炙手可熱，但是只會一個口令一個動作的員工不但不再吃香，工作機會也岌岌可危。

汀特史密斯在一家快速成長的新創公司 Xamarin 擔任董事，這家公司生產行動通訊應用軟體，公司職員分散在十二個國家，每人都習慣透過虛擬平台共同合作。員工人數上看三百人的公司，沒有一個職位是「例行公事」。

大型金字塔組織被拆解得七零八落，所以沒有多少升遷管道。就算有，也只有極少數大型組織願意提供新進員工基礎的操作訓練，使得入門等級的工作機會日漸減少，這個現象對於孩子大學畢業後回來同住的父母並不陌生。上世紀輸送帶的生活模式已經消失了，要在大型企業待一輩子愈來愈不可能，每個人一生都會不停換工作，甚至轉換不同職業。現在這個世界，如果沒辦法創造（或演繹）自己的工作機會和獨特能力，有可能長期失業。

在新的經濟環境，有些新公司會一飛沖天，改造社會與經濟樣貌，提供可觀財富的工作機會。主要差別在於，新世代公司的生產力會遠遠超出上世紀舊時代的公司，卻不會產生很多機會給能力有限的員工，例如上世紀大公司英特爾、IBM、基因科技（Genentech）的員工人數高達數十萬（絕大多數是中、低階職位），而二十一世紀新創公司Google、臉書、推特的員工人數就少很多，而且幾乎每人都是善用創意解決問題的高手。

如果要舉例子說明創新經濟如何顛覆傳統工作模式，不妨以Elance這家公司為例。

Elance是一家快速成長的線上服務公司，提供上百種賺錢管道給想創業的自由創作者，像是編輯、繪圖師、創意作家、軟體工程師或研究人員。想找人幫忙設計圖案嗎？去Elance就對了，想找人仔細分析一篇文章嗎？去Elance就對了。

Elance不能算是獨特的經營模式，透過各種線上微型經濟服務網站，例如Care.com、Freelance.com、eBay、oDesk、TaskRabbit、Uber、Airbnb、Lyft、Teachers Pay Teachers、iTunes、Kickstarter……賺錢的人多的是。這種交易模式象徵未來的新浪潮，可以讓每個人：

（一）快速接觸大宗客戶；
（二）透過客戶評價和參考範例，在網路建立口碑；
（三）在客戶不在意文憑和標準化測驗成績前提下，邁向成功；
（四）在重視真功夫（不分文科或理組）的經濟模式下致富。

現在軍隊也需要創新者。華格納在為《哈佛教育學院的一門青年創新課》擬定寫作大綱時，曾經專訪參謀聯席會（Joint Chiefs of Staff）主席、曾在二〇〇八到二〇一一年擔任美軍

訓練與教案司令部指揮官登普西（Martin Dempsey）上將。登普西上將那時站上第一線，徹底翻修美軍的訓練計畫，企圖讓每位士兵都成為創新者。他相信只要訓練得當，「相較於遠在喀布爾（Kabul，阿富汗首都）的四星上將，在阿富汗山區通道出勤的少尉，更能有效達成戰略目標。」登普西上將表示，以往西點軍校的畢業生習於「知道什麼是正確答案，什麼是上級長官預期目標」，現在則希望畢業生具有發揮戰略思考的能力。

將撼動勞動市場的創新成果：

（一）現在無人駕駛車的安全性，比小心翼翼的司機高出三倍；

（二）軟體應用程式可以自行吸收素材，撰寫新聞報導或企劃報告，讀起來與新聞記者或產業分析師無分軒輊；

（三）機器人正在醫院、療養院取代照護人力，未來有機會進駐私人住宅；

（四）專用機器和軟體，正在取代建築工人和建築師；

（五）自助平板點餐系統和移動式機器人，將取代餐廳侍者；

（六）機器人、線上銷售系統、自助結帳系統，將取代零售櫃員；

（七）無人偵察機和機器人，將大幅降低部隊人力需求；
（八）自助軟體正在取代銀行和保險業的勞力；
（九）華森電腦（Watson，新一代人工智慧電腦）將取代診所與專科醫師；
（十）機器人和無人操作的運輸載具，將取代處理廢棄物的勞工；
（十一）人工智慧和外包分工，將取代執業律師；
（十二）智慧型機器人將取代維護設施與場館的勞工。

附帶一提：如果你在教育界任職，而且認為這份工作就是授課、課後出選擇題考卷，那麼再過不久，你可能淪為冗員；反之，如果你能善用資訊引導學生，幫忙他們發展重要技能，你扮演的角色將無人可取代。

充滿官僚作風的大型組織逐漸退位，新的工作機會則來自「倒金字塔形」的有機組織——由許多創意十足的員工組成反應靈敏的小公司。所以，真正的教育問題應該是：「年輕世代如果想在新的經濟環境下有所成就，我們該如何幫他們做好準備？」如果我們可以回應這個問題（這需要通盤檢討、翻修現行的教育方針），未來將出現許多優質的公司與工作機

會，如果我們繼續讓莘莘學子一點一滴流失他們的創意與創造力，未來將有數不清缺乏基本技能的年輕世代，無法在新的經濟環境下立足，未來前景將一片黯淡。

年輕世代願意面對這樣的挑戰嗎？毫無疑問是肯定的，因為我們看過許多孩子發揮創意的例子。他們的年紀都小到讓人吃驚，但是他們卻能創造二十多年前想像不到的新事物。經常聽老師提到：「真想不到，只要有興趣的事，孩子學成專家等級的速度令人咋舌。」我們會反問：「你認為這與教育方式有關嗎？」一般的回應是：「嗯……這是好問題，讓我想想再告訴你。」

既然創新年代的種種與現行教育體系格格不入，有效推動改革就顯得更迫切了。我們現在做出何種選擇，將把國家帶往截然不同的未來世界。二十年後，貧富差距一定會創下歷史新高，占領華爾街運動只是社會結構大地震前的徵兆。然而，年輕世代一定有機會在走出校園之際，學會利用全球一體生產力的優勢去追尋夢想，享有快樂、富裕又永續的生活品質。創新成果帶來的新工作機會，將會讓社會獲益，在縮減貧富差距的同時，減少生活在貧窮線以下的人口數。

對公民社會的影響

公民社會的模式，在美國歷史上大多能有效運作。在傳統社會，有限的資訊能順利傳遞給廣大群眾。雖然可以依靠有限的資訊吸引公民與民意代表注意，確保大家在共同認知的基礎上做出決策（通常是為了追求公益），卻也連帶使得理解、傳播非主流觀點的進入門檻相對拉高。我們選出有服務熱忱的公民作為代表參政，他們也答應要透過合作、妥協的方式，運用創意解決問題，所以民眾只要盡到公民義務就夠了。

公民社會與經濟環境在九〇年代末產生重大改變：網際網路無遠弗屆的影響既深且廣，使得公民社會的傳統模式被二十一世紀複雜的全新模式取代。舉凡收視戶好幾百萬人的有線電視新聞台，或不起眼的部落格、臉書訊息，現代社會可以從許多管道取得新聞資訊，形成新聞的主因也不再只是為了公民知的權利，而是為了追求收視率與點閱率，是為了抒發情緒而不是講道理，這一點可以從微軟國家廣播公司（MSNBC）和福斯新聞網（Fox News）大獲好評，而其他不同觀點的訊息卻慘遭冷落的情況思過半矣。現在的新聞著重娛樂效果，像是喧囂的雜訊，最經典的莫過於每則字數上限一百四十字的推特，根本無法發表詳盡調查過的深度報導。現在公民都有能力挑選自己想要的新聞，也會依照自身信仰價值，選擇讓自己感到自在又容易預測的訊息來源。

代議民主制度在幾年前是建立在兩黨政治人物互敬互重，維持情誼的基礎，政治人物都記得九〇年代，兩黨參、眾兩院的議員會一起用餐、一起運動，甚至不排斥一起出訪，那時的民意代表承諾要用合作、妥協的方式，將國家帶往更進步、更文明，一般民眾也信任、尊重他們，相信他們的所作所為會考量國家最大利益。

隨著網際網路的新聞資訊愈來愈小眾化，選民也變得愈來愈極端，摧毀了國會山莊維持和氣的可能。民選官員理解一般選民，不認為自己的選票在黨內初選的影響力會大於日後的大選，所以極端的政治狂熱份子和特殊利益團體，會利用選民的不表態主導初選結果，使得唯有最極端的候選人才能從初選中脫穎而出，成為大選的提名人。大多數選民未能察覺個中緣故，無法理解為何在大選中找不到自己的代言人，所以只好兩害相權取其輕，或對大選不聞不問。

現在民選官員的眼界、程度，已經低到令人目不忍睹，一般人不再相信他們所作所為會以國家利益為優先，但是政治人物只要安撫黨內利益團體，迎合政治狂熱份子的胃口，就能確保他們參選公職的管道不受影響，因為唯一喪失職位的最大威脅，只有在黨內初選不敵另一位更極端的候選人。二〇一四年，眾議院多數黨領袖坎特（Eric Cantor）初選落敗足以說明這個情況，根據美國保守派聯盟（American Conservative Union）評比，坎特從政生涯的表現名列前茅，所屬選區也有相當大的影響力，從各方面來看，坎特在保守選區取得一席眾議院席次是易如反掌，但儘管坎特募得政治獻金以二十六比一遙遙領先競爭對手，但是他卻在初選中敗給默默無聞、強烈抨擊他，許多言論都暗示移民政策溫和的極右派候選人。坎特中箭落馬的情況，在以往歷史從未發生。

如今公民社會組成的複雜程度，意味著我們迫切需要更多公民參與。如果我們還期待在民主體制下能用務實的方式調和政治行動與利益分配，參與其中的公民就更需要具備紮實的基本功：批判分析、相互溝通、團結合作，再加上以創意解決問題的能力，只是我們將在接下來兩章看見，只有少數接受過學校教育的畢業生能學會有效發揮公民精神的必備技能。

個案說明：氣候變遷

科學家大多同意氣候變遷的真實，具公信力的科研組織都表示，人類活動是造成氣候變遷的主因，也對地球未來發展帶來威脅。二〇〇六年，美國科學促進會（American Association for the Advancement of Science）發表總結報告，提出科學界的代表觀點：「科學證據已經很清楚：人類活動造成的全球氣候變遷是現在進行式，對人類社會造成愈來愈大威脅。」

蓋洛普公司調查美國成年人對全球暖化和氣候變遷的觀點，根據最近一次民意調查：「愈來愈多美國人相信，上世紀地球溫度上升的因素，來自人類活動汙染（五七％）大於自

共識：97%氣象學家都同意

溫度異常變化

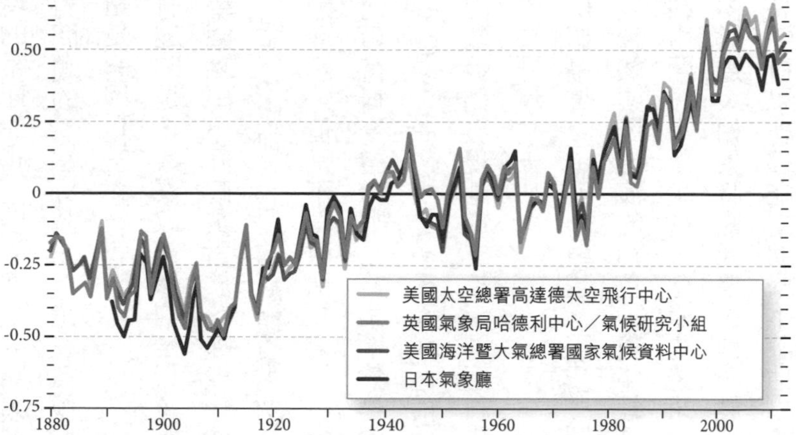

圖中所示為四個國際科學研究機構的溫度資料。不同機構的資料都指出，地球氣溫在過去幾十年快速上升，近十年創下有史以來最高溫記錄。

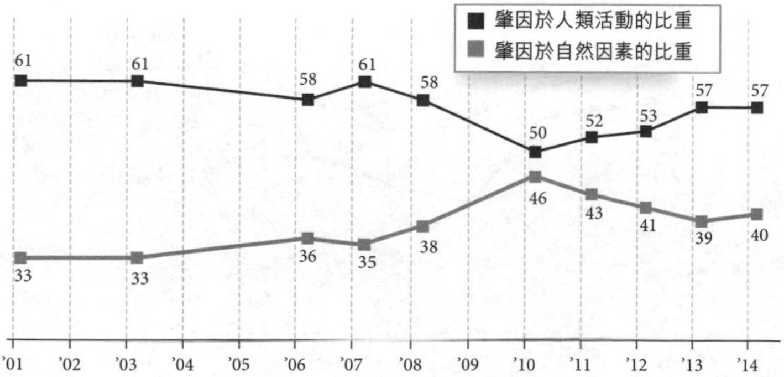

然環境的常態變化（四〇%）。」這表示社會大眾雖然對問題的看法分歧，但是在氣候變遷的議題上，還是認同科學家的結論。

有趣的是，觀察政黨傾向是否會影響如何看待科學觀點，不同政黨對於該採取什麼政策（如果有的話），處理氣候變遷議題會涇渭分明。這一點不難理解，但是不同政治立場是否會影響一個人如何看待科學證據呢？答案顯然是會，皮尤研究中心（Pew Research Center）就是抱持這樣的觀點，因為他們發現兩黨支持者同意科學界共識的比率差距維持在二比一。

換個場景，思考教育體系在協助公民分析氣候變遷議題所扮演的角色。對年輕公民而言，即使高中開設大學生物、化學先修班，也沒有提到氣候變遷，如果將範圍擴大到一般性的分析能力，高中科學課程在幫助學生評估事證、批判科

不同政治立場同意全球暖化的科學證據比率

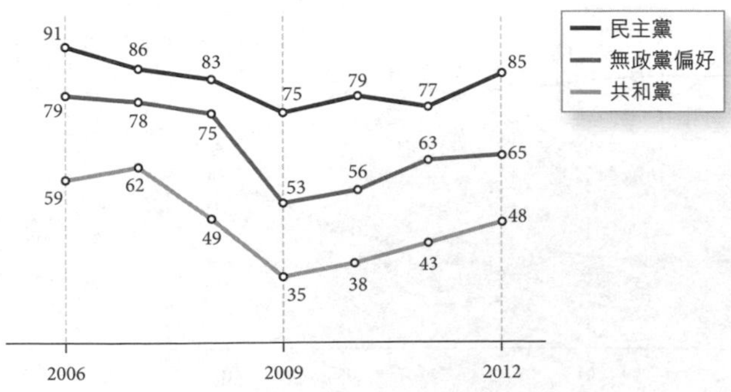

皮尤研究中心，2012/10/4-7

學研究，或針對複雜議題進行獨立思考，並提出自身觀點的表現一樣少得可憐，因為只有少數高中生修過統計學。難怪參議員在國會山莊空地弄了一棟冰屋，藉此主張全球暖化只是科幻故事的時候，大多數人居然不以為意。這表示民眾參與討論氣象學家視為致命威脅的熱度，衰退速度居然比南極冰層融化還快，而且認為這個現象有何不妥。

個案說明：長期財務可靠度

聯邦政府、各州政府，以及地方政府與民間部門，透過各種複雜體制累積規模龐大的共同基金，例如州政府與地方政府的退休基金，各種聯邦事業部門（包括社會安全網、醫療保險和發行國債而募集的資金），還有企業的退休基金，粗估全美國這類共同基金的總值逼近五十兆美元。

美國人會用冷嘲熱諷的方式質疑這些基金，能否維持長期永續的財務可靠度，因此成為高度爭議的話題。有些知名政治人物會直接用「龐氏騙局」（Ponzi schemes）稱呼，有些政治要角卻認為這些基金的財務狀況穩若泰山。真要分析一檔大型基金的財務可靠度，包括估算未來現金流的收支狀態，就得在數字上錙銖必較，因此判定一檔基金在什麼情況下不會收支短絀，不應該淪為不同政黨彼此傾軋的戰場，隨著政黨走向愈來愈極端，我們已觀察到不同政黨對於財務數字竟也能形成壁壘分明。

因為財務不健全就稱這些基金為「龐氏騙局」，這樣的用字略嫌過重，不過很多這類型基金的財務是一顆定時炸彈，這是不爭的事實。

儘管有太多證據顯示，我們將把棘手的財務問題交給未來世代，公民社會卻還陷在改革的泥沼中，動彈不得。一旦繼續拖延下去，只是讓這個無法迴避的難題變得愈來愈難處理。

年輕人是要接手這些爛攤子的世代，不論個人財務規劃或國家整體負債，他們大多數沒有基本技能理解相關議題，遑論深入議題的專業知識。絕大多數高中生被要求修習高深數學才能畢業，但是這些課程卻無助於他們理解日常生活經常聽聞的各種統計數

削減預算赤字在民主黨人心目中非重要的優先事項

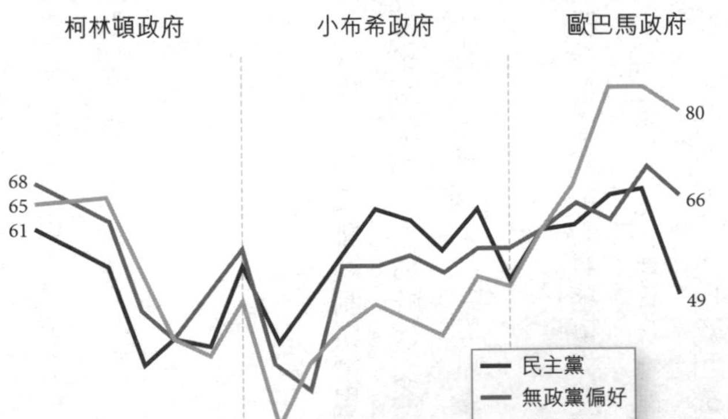

2014/01/15-19進行的調查，圖中數字表示將削減預算列為優先政策所占百分比。皮尤研究中心

字，也不能幫助他們認清申請大學助學貸款的條件，甚至不清楚單利、複利的差別。你可能會問：「怎麼會這樣？」當我們要求高中生一定要讀兩年代數才准畢業的同時，卻沒有教他們財經或統計學。

個案說明：適任的陪審團成員

華格納在二〇〇六年《教育週報》（*Education Week*）一則名為〈審判嚴謹度〉（Rigor on Trial）的評論中提到：「如果有一天，無辜的你被指控犯下多起重罪，不得不在法庭為自己的生命辯駁時，假設陪審團成員的智識能力只符合能進入大學就讀的標準，一如現實生活的情況，你有多大把握能獲得公平審判呢？他們知道怎樣記住選擇題和簡答題的資訊，但是會知道如何分析論證主張、判斷證據效力、看清認知偏誤（包括自己或他人），區分事實和觀點的差異，然後在可能彼此衝突的正義與寬恕原則中取得平衡嗎？他們有辦法運用批判思考與同理心聆聽法庭上的陳述，並清楚表達自己理解的內容嗎？他們知道如何透過團隊合作釐清真相嗎？」

我們看見多數高中生，包括上過新版共同核心科目的學生，畢業時並不夠格成為「適任陪審團成員」的例子。何解？因為上述評論提到的技能都不是高中考試與評量的項目，而現狀就是由考試科目主導教學內容。

我們並不是先知，要預告年輕世代的公民意識欠缺什麼。麥克阿瑟獎（MacArthur Award）得主、名列二十世紀偉大教育先驅之一的梅爾（Deborah Meier），曾經為文探討如何讓高中畢業生做好承擔公民意識的準備，她主張年輕世代必須嫻熟「五大心智習性」（Five Habits of Mind）——亦即提出正確問題的習慣。梅爾在二〇〇九年的論文〈岌岌可危的民主體制〉（Democracy at Risk），針對一般人會含混帶過「批評性思考」提出明確的定義：

（一）證據：怎麼知道自己知道？有證據可以證明嗎？

（二）觀點：有沒有其他不同觀點？

（三）因果與連結：可以看出既定模式嗎？可以找到前例嗎？可能產生什麼結果？

（四）申論：有其他可能嗎？如果其中一項因素改變，結果會變得不一樣嗎？

（五）重要性：這件事重要嗎？誰會受到影響？

不論採行什麼教育體系，都不會理所當然或不證自明，讓我們對什麼才是重要議題產生共識。複雜的社會當然存在不同觀點，如果大多數公民都有能力批判分析、相互溝通、團結合作，再加上創意解決問題的能力，我們的社會是否就能用不一樣的方式處理歧見？如此一來，討論氣候變遷議題的方式就會從「到底是真是假？」進展成「有沒有突破做法，讓我們在減少二氧化碳排放的同時刺激經濟成長？」辯論退休基金入不敷出的衝擊時，就能從「到底會不會造成財務問題？」進展成「我們該怎樣合作，盡快推動改善方案，確保基金長期財務的可靠度？」或許可能藉由參與投票的公民意識，選出一位能用客觀、務實觀點看待不同議題，並有能力承諾在民主體制內尋求各方妥協做法，推動國家往前發展的民意代表。

第二篇

與新世代對話：傑米

與戴伊（Tamara Day）共同採訪——傑米（Jamie）

傑米從小就知道自己總有一天能出人頭地。他小時候住在東洛杉磯一個龍蛇混雜、貧窮與暴力事件司空見慣的區域，雖然成長環境艱困，但是他的母親以身作則，立下看重教育與勤奮工作的楷模。傑米的母親是來自墨西哥的移民，原本的職業是教師，不過政府不承認她的學位，所以她兼了好幾份工作獨力撫養傑米和他的弟弟，還先後取得普通教育發展證書（General Educational Development, GED，相當高中學力認證）、學士學位和碩士學位。擁有如此成就的她，很自然的把勤奮與回饋的重要觀念灌輸在孩子身上，傑米告訴我們：「我永遠以媽媽為榮。」

傑米小時候夢想就讀加州大學洛杉磯分校（UCLA），畢業後入伍加入維和部隊，他希望能和媽媽一樣成為老師，深信教育的力量可以改變世界。在他成長的環境，進大學讀書並不是理所當然，所謂的成功，都會以實務角度加以定義，例如賺很多錢或擁有自己的事業。傑米說：「低收入社區代表有很多人無法進入大學讀書，社區的大多數人可能都沒機會繼續升學。」但是傑米把念大學當成未來發展的願景，「當然還是有許多老師全力支持我們進入大學就讀，我媽媽就是大學畢業生，所以我把念大學視為必經路程。對我而言，進大學讀書是應該去做、應該完成的任務，也是讓一個人能成功的因素之一。」

傑米進入公立高中就讀，受到學校老師特別栽培，全校超過二千四百名學生，他是被選為升學導向的少數學生之一。「你可以輕易記住哪些學生有升學的打算，畢竟校內這樣的學生並不多。我們這群學生互相認識，因為大家都是大學先修班和升學班的同學。總之，我們是人數非常少的一群孩子。」

傑米和他弟弟永遠都有功課要做，「我不記得是否有過可以無所事事的假期，因為我們一直都在學校，生活作息也與學校密不可分，因為這是媽媽避免我們去混幫派的方法。我們不需要請家教，正因為如此，媽媽鼓勵我們去擔任家教，如此她不但能達到讓我們品學兼優的目的，也能避免我們落入社區裡的危險處境。」傑米認同，環境因素的確與他學業成績表現的好壞息息相關，「我們是生逢其時。那時候是九〇年代尾聲，幫派暴力事件的嚴重性不若以往，充其量只能算是點到為止。社會上有許多反校園罷凌的運動，大家也愈來愈能接受像是性別意識之類的事情。總而言之，整個社會的氛圍都在改變。」只是，如果想在學校教育以外追尋有熱情、有創意的事，不光是能投入的時間有限，還有其他限制因素，「我們家的經濟不寬裕，所以我處在一個相對不利的出發點。如果可以，我希望能更深入開發對音樂的興趣，也希望能培養對其他藝術的興趣，但是我所面對的現實，是生活條件不允許我投入能啟發創意的課外活動。」

儘管面對學校以外的挑戰，傑米還是以優異的表現完成高中學業，在校平均成績超過四．〇，學力檢定也拿高分，當他得知取得加州大學洛杉磯分校的全額獎學金時，似乎所有夢想都能因此實現。

然而真正的大學生活卻和傑米預期的有一段落差。大一那年讓他過得相當掙扎，不只是因為學業壓力，也因為前程似錦的大學生活反倒讓人有透不過氣的感覺，讓他不但要努力適應新環境，還要應付身分認同的情感問題。課堂上的歡樂氣氛和現實生活要處理的瑣事天差地遠，讓傑米很難維持專注力，他說：「應該要做好準備再念大學，因為那表示要投入大量時間、心血和腦力。我在那一年得到要先做好準備的教訓，不過我更希望能多花點時間讓大學生活變得更有意義，可惜那一年我就是對課業提不起勁。」

一學期後，傑米的成績開始下滑，「我很珍惜校方的咨詢服務。我是提升學業計畫（Academic Advancement Program）的成員，那是專門服務加州地區社經地位弱勢學生的計畫。我非常感謝校方提供協助。」只是，光有額外的協助還不夠，傑米的成績持續探底，大一課程結束時，他已經無法再領取獎學金，只好痛苦決定休學一年，藉此重新釐清人生目標。

休學期間，傑米在長大的社區找到教育工作，這讓他感到興奮不已，熱愛與學生互動的他，再次點燃熱情。雖然這份工作讓傑米勝任愉快，但是不管是從他媽媽眼中，或從他心裡都感受到，如果無法完成大學學業，失敗的烙印將跟著他一輩子，「我想，每個媽媽都希望孩子成功，甚至希望孩子青出於藍。沒有人那麼高瞻遠矚，父母難免會將自己的期待投射到孩子身上，我媽媽最希望的是孩子能比她少吃一點苦。」

一年休學後，傑米回到加州大學洛杉磯分校，他已經失去領獎學金資格，只好向聯邦政府和民營機構申請高額的助學貸款。校方沒有告訴傑米有哪些貸款以外的替代選項，銀行也沒充分告知助學貸款的還款負擔，「以前在學校很少讀到與經濟有關的課題，我只記得在小學讀過，內容是簡要說明經商是怎麼一回事、什麼是錢？中學時讀過經濟大蕭條、小羅斯福總統的新政，還有關於股票市場的介紹。老實說，在學校的時候從來不曾提到真實世界的經濟活動，所學一切與理論脫不了關係，與實際情況八竿子打不著。」傑米沒有多想就申請助學貸款，因為他下定決心要完成大學學業，證明自己有能力辦到，不論代價有多高。

最後，傑米獲得英文學士學位從加州大學洛杉磯分校畢業，之後很順利加入維和部隊，實現另一個人生夢想。畢業後，傑米遞延聯邦政府助學貸款的還款期限，他的母親也幫忙結清民營機構的貸款。他以為事情都安排妥當了，派駐尼加拉瓜服役兩年應該沒有後顧之憂。

但結束兩年駐外軍旅生涯回到美國後，傑米發現自己多張信用卡已經被刷爆，各路債主紛紛上門。等他弄清楚是怎麼回事，才知道是因為母親根據一筆舊記錄替他償還貸款，因此每月少繳十八美元。傑米從未收到欠款持續累積的通知，最後在循環利息之下，總欠款金額飆高到難以想像的程度。

沉重的債務負擔讓傑米不得不在高中畢業後頭一次搬回家與母親同住。透過維和部隊志工幫忙，傑米在維和部隊找到招募人力的工作。雖然傑米認為教師的工作才是自己的使命，但是債務的壓力讓他無法實現。由於債主不同意調降傑米每月的還款金額，使得他每月大部分收入都要償債，傑米告訴我們：「我的助學貸款真是非常大的負擔，本來能力所及的事情到頭來只能徒呼負負。」

對於這樣的處境，傑米認為自己負有完全的責任，只是當初如果有人能事先教導他貸款、融資相關事宜，一起討論有無其他籌措大學學費的方式就好了。如果他能早一點深入了解貸款的代價或其他選項，也許當初就會做出不一樣的選擇。傑米認為，如果當初不要那麼急著進大學，或許就能準備更充分，更懂得如何運用手中資源。傑米十八歲時，其實還沒準備該如何應付這些問題。

傑米到現在仍希望自己的文憑能值回票價，他說：「我一點也不後悔，我真的相信教育就是一種投資，雖然耗費許多精力，還有非常多的金錢，但是無論成本有多高，教育仍是重要的事。」對傑米來說，教育，尤其是公立學校，是塑造他人生價值觀的中心思想，「進入公立學校讀書，推動免費或近乎免費的公立教育是我抱持的信仰。有教無類的精神應該付諸實現，不應該用能否付擔學費來決定一個人最高學歷是什麼。」

上次採訪傑米時，他告訴我們打算再次前往尼加拉瓜，「我評估過，雖然那邊賺錢會比我現在薪水低，但是生活花費也會大幅降低，這樣就有更多錢用來償債。」他已經提出申請應徵尼加拉瓜的工作，正在等待回應。

有什麼要給高中生建議嗎？「如果要提供建議給還沒做好準備的人，我不認為對方能聽進這些建議。不能只提供建議給高中生，至少要先弄清楚學生的目標是什麼，期待是什麼。高中生真的想進入大學就讀嗎？已經知道怎樣累積存款嗎？清楚聯邦政府有哪些補助計畫可以幫助完成大學學業嗎？」與其提供建議給高中生，傑米更想提供建議給高中生周遭的人：「想讓學生更有成就，需要的是一整個團隊，成員小到學生家長，大到整個社會都算在內。」

傑米告訴我們，他再也不相信天底下只有一種成功模式。談到媽媽的時候，他說：「只要是她想要的，就會盡全力朝目標前進。她追求的不只是金錢，而是她真的想實現理想，擔任老師就是她人生的目標。」傑米的弟弟在一家承包國防軍火的公司，擁有一份令人稱羨的工作，名下有一棟大房子和三輛車，有好幾個可愛孩子，還養了一隻狗，「對他而言，這就是成功的象徵，但是對我而言，這不是我心目中認定的成功，這也印證我認為成功有各種不同版本的想法。我所謂的成功，是要能從事自己熱愛的工作，而不是用一輩子時間為了溫飽而忙碌。我的目標不是成為全世界最富有的人，我喜歡身為中產階級的一份子，也樂見中產階級彼此沒有太大差異。對於我的學生，我會用關懷和尊重的方式對待他們。對我而言，這也是成功的象徵。」

第四章

十二年養成教育

除了美國政府每年要花上兆美元經費，學生也要花好幾十億小時在十二年養成教育（K-12），這些孩子成人後，要面對變化無常且冷酷無情的全球化競爭，處處是機會與挑戰。在理想狀態下，學校應該全力協助孩子為將來人生做好準備，幫助他們學習、發揮各項基本技能與人格特質，教學評量的設計應該強化學生熟練重要事務，大學入學申請應該將孩子的志向納入考量，也應該定期檢驗教育體系的實務經驗，這樣才能去蕪存菁並促成創新。

但我們的教育體系並非處於理想狀態，相反的，決定十二年養成教育該教導哪些內容，是根據以下幾點原則：以往的經驗、影響重大的考試科目、大學入學的審核內容。

至於對人生重要的教育內容，再怎樣也不會取得優先順位。在十二年養成教育體系，尤其是中學階段，人生規劃的順位不知道會滑落到什麼程度。舉凡教育工作者、企業界人士，還有相當多的家長都替學校教育設下空洞的目標，讓學校老師無所適從。基於測驗、資料、可靠度的考量，不乏高調聲浪主張維持現行教育模式，但是卻欠缺有力的訴求，主張重新設想教育內涵的優先順序，因此形成眼前的結果：孩子多年的養成教育都是為了應付考試，而不是為了人生做準備。

讓我們正視現實吧，現行教育體系已經因循怠惰到顢頇的地步。這樣的例子多到不勝枚舉，體制內的人如果不打算改變，改變就永遠不會成真。學校被愈來愈僵化的環境限制，公立學校必須兼顧地方政府、州政府，及聯邦政府的行政規範，而追求改變的私立學校反倒能享有成效卓越的好評。學校的未來是由許多現狀累積而成，現狀則是由課程規劃、教學計畫、課本選定、測驗方式，和現有師資等不同條件組成。就好像打字機上QWERTY這幾個字母的排列位置（一八七三年問世，目的是減緩打字速度以免機器卡住）總是一成不變，我們的教育模式也很難跳脫十九世紀留下的傳統框架。

美國超過十萬所推動十二年養成教育的學校，每所學校彼此不盡相同，而且也應該維持差異。每所學校都有專屬師資、學生、社區和追求理想，在血液中流動著創新的國家裡，每一所學校都應該用有創意的方式教育學生，和學生互動，幫助學生追尋人生夢想。我們訪問學校的過程，發現各所學校在很多方面都有顯著的差異，但是在兩個課題的相似度高到讓人吃驚：

相異之處：

- 地理位置與特性
- 硬體設施的品質
- 每位學生平均教育預算的花費
- 家長的經濟能力與參與程度
- 老師的專業能力與投入程度
- 對於學生生涯發展與大學入學落點的預測
- 學校大小與班級規模
- 學生的文化風氣
- 校譽
- 測驗成績
- 課外輔助計畫的良窳

相似之處：

- 教什麼給孩子
- 教學與測驗孩子的方式

我們將在這一章闡述：到底要教什麼？而且會聚焦在中學階段。為什麼著重中學呢？這些年，我們看過很多傑出的學前教育或優秀小學，會將最優秀的研究成果納為教學案例。從蒙特梭利（Maria Montessori）以降，教育工作者愈來愈了解一所卓越小學應該具有哪些特質，近來很多針對瑞吉歐方法（Reggio Emilia Approach）或華德福教育（Waldorf School）的研究，也替現行小學階段的教育模式增添許多豐富且多樣的內容。

《華爾街日報》曾報導幾位成功的創新者，包括：亞馬遜（Amazon）創辦人貝佐斯（Jeff Bezos）、Google創辦人佩吉（Larry Page）和布林（Sergey Brin）、名廚作家柴爾德（Julia Child）、維基百科創辦人威爾斯（Jimmy Wales），以及知名音樂創作人庫姆斯（Sean "P. Diddy" Combs）。文章提到，對這些深具影響力的成功人士而言，從小接受蒙特梭利的啟蒙是受教育過程中最重要的一部分，讓他們從此踏上充滿創造力與熱情的人生旅途，學會如何自我定位，因此能氣定神閒的面對失敗和不確定的未來。ABC電視台主播華特斯（Barbara Walters）對Google兩位創辦人進行專訪時提出一個問題，詢問大學教授和父母是否對他們的成就深具影響，結果兩人皆表示並非如此，佩吉解釋：「我們兩人都讀過蒙特梭利學校。對我們影響最深的，是不要在規則和指令框架內畫地自限的訓練。而且學會自我要求，勇於質疑世事萬物的運作邏輯，以及要用不一樣的方式做事。」

蒙特梭利的教育方式，很類似成年人在創新組織中的行為模式。蒙特梭利強調合作、溝通、自我定位，以及承擔風險。蒙特梭利沒有考試成績，而是由老師和其他同學給予學生回饋意見。不論是設定目標、探索熱情，或學習知識，蒙特梭利的孩子都擁有主控權。校內環境是由發現、探索，和長時間專注於某個課題所組成，沒有四十五分鐘就一定要上、下課的規定。校方鼓勵孩子去嘗試，就算失敗也沒關係，經由不斷在錯誤中學習，最終就會把重要的事情銘記在心。

當前小學教育的問題出在應付考試。這是顯而易見的現狀，即使小學中年級都在準備國家學習成效檢定（state accountability test）。雖然小學中、低年級的教師對於學校應該呈現什麼樣貌，都擁有豐富的知識和引人入勝的案例，但是為了讓孩子準備國家學習成效檢定，只好放棄正確的做法。

很多中學看起來跟五十年前沒什麼兩樣，「基礎學校聯盟」在一九八四年創立之前，我們很難在中學階段找到別具意義的教學試驗，其中一項主要的改變，就是花太多時間準備新的國家學習成效檢定，卻讓中學教育深受其害。假如你能用一枝魔法棒讓所有的考試、測驗都在一夕之間消失，則大多數中學課堂也不會產生太多變化。換句話說，當要決定在中學階段教授什麼內容時，大專院校的影響力就像無所不催的怪獸酷斯拉。

多數美國高中會心無旁鶩投入兩件事：準備進大學和準備參加國家檢定。受望子成龍的家長影響，資源充沛的明星學校數十年來也樂於把學生的考試成績、開設大學先修班，及銜接大學名校的預科班當成吸引學生的金字招牌，現在即使退學率高和畢業生進大學比率低的高中（很不幸的是，這種學校和低收入社區是同義詞）也被迫要和明星學校一較高下，因為「所有孩子都有讀大學的能力」（all kids, college ready）這句口號，已經成為美國的教育政策，導致申請進入大學就讀的審核標準從高中開始往下蔓延，連國中生也要為進入高中做好準備。

本章涵蓋中學課程十人委員會在一八九三年設定的五項核心課程，這種分類方式直到如今仍是中學階段安排日常課程的標準，本章最末會用一些篇幅說明藝術課程與跨科系課程的狀況。針對數學、英文、歷史、科學與外文，我們將探討：

（一）傳統的課程規劃；

（二）反思與改造的例子；

（三）學生需要在該領域掌握的技能。

我們以數學、英文作為切入點，剖析十二年養成教育五大課程分類的兩個理由，因為這兩門科目對於生涯的重要性，以及在標準化測驗中的重要性特別高的緣故。

如果年輕世代不能掌握閱讀、書寫和簡單數學運算能力，往後的命運將相當悲慘。這樣的人很難吸引雇主注意，會很難找到工作，就算勉強就業也待不久。最嚴重的是，他們會失去自我學習成長的能力。年輕世代就算不懂化學或法文還無傷大雅，要是連閱讀、書寫和基礎數學都不會，嚴重程度可說是萬劫不復。

還有第二個著重數學與語文能力的理由。數學和語文測驗成績構成大考的骨幹，通常被視為是評量學生、老師、學校、區域、州政府，及全國教育成效的標準。這兩門成績不斷出現在新聞媒體，不但會影響學校的預算、社會大眾對學校績效的評價，甚至會影響所在學區的房價。這兩門成績將決定學生能否順利畢業，因此可以說，我們是用數學和語文測驗的成績評鑑學生和學區，進而形塑他們的未來。

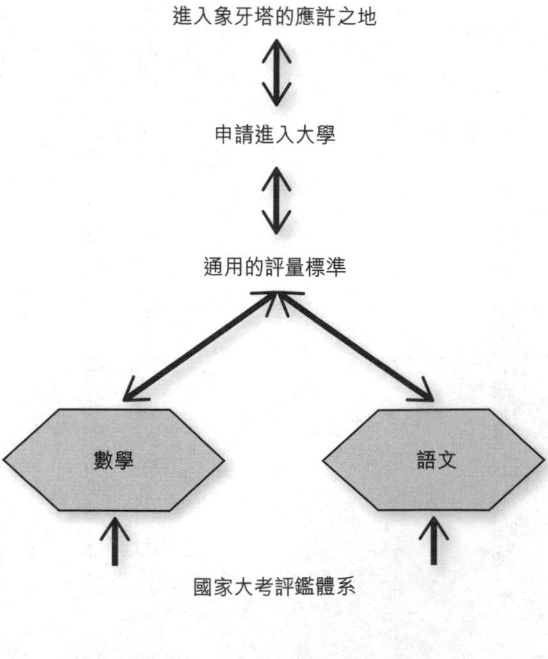

說明數學和英文的情況後，接下來將簡要說明其他核心科目，並探討現行教育方針的機會成本。再怎麼說，課程安排都是策略選擇的結果，在某方面多花時間，必然在另一方面有所犧牲。最後將舉例說明，落伍的教學課程規劃會讓我們付出嚴重的代價是什麼？就是孩子根本沒有時間好好學習。

一個數學家的嘆息

數學是邏輯思考的基礎，讓我們可以用提綱挈領的方式看待複雜世界，舉凡專業才能、公民生活和社會互動等領域，都需要能掌握基本的數學技能，因為數學是一項強而有力的工具，能以巧思洞見真實世界的現象。透過數學可以改變生活方式，奠定公司與產業轉型升級的基礎（比如電子產品、搜尋引擎和生物經濟學），也能形成科學界重大突破發展的基本概念。我們的日常生活脫離不了數學，欠缺財經數字概念可能會導致讓人痛不欲生的後果，即使受高等教育的人也不例外。

首先讓我們回顧，什麼樣的學生可以在十二年養成教育的數學科目中拿到優秀成績。從低年級開始，他們先被灌輸基礎的數學運算符號，例如加、減、乘、除、百分比、分數、小數點，相關的練習題諸如：

$4+9=$＿＿；$5\times7=$＿＿；$12\div4=$＿＿；$3\div11=$＿＿%。

我們以學生運算的正確與否和運算速度給分，能迅速完成運算並少有錯誤的學生會得到「天賦優異」的評語，熟練度較差的學生則會得到「差強人意」或「有待改進」的評語。

長大以後，學生開始接受符號與抽象的概念，例如變數函數、運算式、聯立方程式，相關的練習題從：

$2x+7=13$，求 $x=$＿＿，到因式分解 $x^3+7x^2-9x-62$。

我們再根據學生在有限時間內，完成運算的速度與正確程度給分。高中進階數學班的學生會開始上微積分，需要完成全積分之類的題目如下：

$\int 7x\sin^5 x^2\cos x^2 dx$。

要回答這種類型的題目，學生要學會分段求解（也就是分部積分），再利用家庭作業熟能生巧。如果考試時能認出該如何分解考題、記住解題步驟，逐一完成計算工作，學生就能得到優秀的成績。上面提到的積分運算看起來很難，所以自然會認為能把答案算出來的人，一定是學會重要的數學內容。

有時候，學生碰上的難題就連最厲害的數學（或電腦）高手，都無法在短短幾秒內完成作答。有些題目則比較像是文字遊戲，比如：小華和小明帶五十元去市場買玫瑰和百合花，買到一毛不剩。坦白說，大多數數學題目都是為了套用某種解題步驟，反而無法讓學生在觀念上產生重要且有意義的改變。

有些讀者可能在應試時無往不利，成為公認的數學大師，其他人可能被說是數學不好，但是我們離開校園後都能使用基礎數學（加、減、乘、除、分數、小數點和百分比），這是一生中相當受用的技能。對大多數人而言，中學階段花時間學數學，最終可能只是人生中的一道痕跡（除非需要幫小孩完成數學家庭作業的時候）。

從十九到二十世紀，學生所學技能都能適切符合時代所需，很多職業，像是研究調查員、家具製造工、建築師、商船船員、軍方人士、科學家、工程師，都派得上用場，這些都是對經濟發展與國家安全相當重要的工作，有時候能否在時間壓力下迅速無誤的完成低階數學運算，也真的會成為人命關天的事。

二十世紀的模式

邁向成功的數學技能：

- 記住低階的解題步驟
- 認出特定的數學規則
- 能完成計算工作
- 算得快
- 算得正確
- 在時間壓力下完成運算

現在的數學課程，是根據當年滑尺無往不利的基礎所制訂。四百年前，奧特雷德（Reverend William Oughtred）發明的滑尺上面刻滿密密麻麻的數字，可以讓人用手指游移的方式完成乘法、除法、指數、對數、三角函數的計算。需要花幾星期學滑尺操作，想成為運用自如的大師大概得花幾年。這個神奇的小玩意兒在三百五十年裡扮演理工科計算的工作，直到七〇年代還相當普遍。

雖然滑尺可以簡化繁雜的計算過程，但卻也不是一把無往不利的神兵利器。滑尺不能用來簡化複雜的多項式和三角函數，沒辦法算出聯立方程式的解，也不具有微積分的運算功能。碰上這些問題時，如果不能自己算出答案，就得求助兩位俄羅斯數學怪胎合力編撰的參考書《積分、級數乘積表》（*Tables of Integrals, Series, and Products*）。一旦你知道這個替代選項意味著，必須翻開厚達一千二百多頁的參考書時，學會用手計算就顯得值回票價了。

高中時的汀特史密斯是微積分鬼才，大學先修班的微積分測驗根本難不倒他，甚至運用微積分寫出一篇超水準的大學物理論文。他是從一大堆繁瑣、手算的積分式子中慢慢釐清比較嚴謹的呈現方式，再大量參考葛雷德斯迪恩（Gradshteyn）和萊奇克（Ryzhik）兩人彙編的厚重參考書，建立一個描述低能量原子碰撞的數學模型。到現在還可以在汀特史密斯的書桌上找到這本參考書，這會讓他想到現在能用電腦完成那麼多困難的積分運算，是多麼值得珍惜的事。

滑尺造就現代歷史。兩次世界大戰期間，轟炸作戰和航程規劃都必須用到滑尺，曼哈頓計畫團隊也和滑尺密不可分。不論是阿波羅任務中的太空人，還是艾諾拉．蓋（Enola Gay，在廣島投下原子彈的轟炸機）的機組人員，還是負責設計坦克、飛機、船隻和火箭的工程師，都需要用到滑尺。葛林（Alex Green）博士曾經在〈滑尺如何讓我們贏得戰爭〉（How Slide Rules Won a War）文章中提到，美國之所以能在二次世界大戰打敗德國和日本，滑尺扮演的關鍵角色實在功不可沒。認真說起來，滑尺（在使用者訓練有素，能在很大壓力下完成低階運算的前提下）不但挽救了自由世界，也把美國推上全球霸主地位。

美國的數學課程差不多有一世紀時間，都能符合現實世界的需求，數學老師也很清楚，年輕世代需要學會哪些技能才讓他們跟上科技腳步。數學老師會在明確教學目標的指引下，教導學生成為科學家、工程師、工匠、調查員與軍事將領。

十九世紀規劃數學課程的人，可能想不到自己的想法居然促成日後的標準化測驗。從一九二六年舉辦第一次學力檢定開始，數學測驗一直是簡短、低階又容易出題，這些問題都有明確的標準答案，用於檢視學生能否重新演繹學校教過的內容。透過這種低成本的測驗，普林斯頓大學的統計學家可以將測驗結果轉化成理想的鐘形曲線，只要測驗分數可以和其他相關因素掛勾（例如和大學在校平均成績），我們就會假定這些測驗能衡量某些重要的東西。自一九二六年開始，與測驗相關的產業成長幾十億、上百億美元規模，現在這些測驗也主導我們如何教育孩子，以及評斷他們表現是否傑出的標準。

但今日用這些來要求學生熟練技能的考試，已經落伍了。

前不久一份調查報告指出，百分之八十美國成年人使用到的數學，從沒超出小數點、分數和百分比的範圍。讓我們換個角度思考這個數據。每五位成年人當中就有四位從未使用超出國小程度的數學，所謂會使用較高階數學的人，很有可能是藍領工人，例如從事焊接、模具、建築、製圖和維修的工人，而不幸的是，有太多手藝類的課程（像是工藝、家政之類的課程）被排除在學校教育之外。可以說，學校教育排除了以自然方式學習重要的數學概念。

至於大學需要用到的數學呢？我們可以這麼說，先進的數學或許有助於申請入學，但卻不是完成學業的保證。美國國家教育及經濟中心（National Center of Education and Economy）在二〇一三年發表一份研究報告指出：「有助於大學課程的是國中數學而不是高中數學，特別是算術、比例、比率、運算式，和簡單的方程式。」

電子化的計算工具在五〇年代問世，就此改變了數學運算，現在的電腦可以在一瞬間完成低階的運算工作，這是任何人用手算都無法企及的境界。最初的電腦藏身在暗無天日的地下室，沒多久就進化成我們口袋裡的好幫手。惠普（HP）在一九七二年利用半導體製程推出HP-35口袋型電子計算機，讓運算工具從滑尺往前跨出一大步。儘管索價不菲（當年一台售價三百九十五美元，相當於現在的二千二百五十美元），這台機器卻炙手可熱，但短短幾年，滑尺就命中注定被送進科學博物館。

電子化的成就不僅止於此。八〇年代普及的個人電腦登場，現在智慧型手機的運算能力都比七〇年代，造價好幾百萬美元的超級電腦強上萬倍。或許再過不久，電腦的運算能力會讓二十世紀最有想像力的科幻作家想像不到，也會讓規劃課程的人想像不到。

從八〇年代起，進步的軟體搭配性能優異的硬體，市面上開始出現活用數學的套裝程式，像是WolframAlpha、MATLAB、Calca或PhotoMath，都是相當普遍又好用的軟體，只要下載這些應用程式到行動電話，能執行的數學運算多到讓你目不暇給。

因此，孩子的數學成績不論是天賦或有待加強，都不再需要熟練低階、繁瑣乏味的解題步驟，可以更專注在需要運用創意與想像力，挑戰更高的問題。當然，對所有人來說都是天大的好消息！

什麼？不是好消息，這話怎麼說？

因為標準化測驗無法衡量富有創意的解題方式，學習數學的學生若不再需要熟練二次方程式，教育事業就會分崩離析。即使WolframAlpha應用程式很好用，但是卻不允許學生在標準化測驗中使用，學校當然也不允許學生考試時使用，或用來寫作業，以免參加大考時無法調適而手忙腳亂。學生唯一可以在學力檢定或美國大學入學測驗（American College Test, ACT）使用的機器是TI-Nspire彩色繪圖計算機，一台要價一百五十美元，但在電子設備中形同雞肋，還需要練習才能摸熟如何使用。

負責大考的機構同意考生使用這種功能貧乏的計算機，也不忘表示會跟上科技發展腳步，又主張「電子計算機使用規則必須顧及所有考生的公平」。問題是，中、低收入戶的孩子根本買不起，測驗中心提供孩子的是霍布斯式的不情之選（Hobbesian choice）：花錢買一台怪裡怪氣的計算機，想辦法搞懂要怎麼用，不然就乖乖動手完成低階的運算。特別的是，只要完成最後一次標準化測驗，學生再也用不到那台計算機。

我們曾經訪問沃夫朗（Conrad Wolfram），他是世上最前衛的數學家之一，也是computerbasedmath.org網站創辦人。他指出，標準化的數學測驗只在意學生有沒有反覆計算的能力，不但不能算錯，而且要很快算好，他說：「這種測驗跟有創意的解題沒有關係，無法評鑑一個人在現實生活中如何活用數學，也就是如何利用最先進、最現代的計算工具發揮數學強項，解決真正困難的問題。現在只要出了學校大門，沒有人有機會處理積分和反矩陣的問題，他們多的是電腦、平板與手機。」聯合國兒童基金會（UNICEF）在二〇一三年舉辦一場探討未來高中數學教育的論壇，沃夫朗受邀擔任主講人，他一開場就以大學先修班的微積分問題對著行動電話下指令，幾秒鐘後，行動電話很快算出正確無誤的答案，沃夫朗接著說：「我很喜歡對著iPhone手機內建的Siri問問題：『算出x三次方加兩個x再加一等於零的答案』，Siri透過WolframAlpha算出答案的速度比我還快。事實上，很多學生上過那麼多年的數學課，可能都還不知道該從何算起，我們要學生和電腦一較高下的愚昧程度也好不到哪裡去，何不讓他們利用計算工具大步向前呢。讓他們去處理現實生活中愈來愈艱困的問題吧（每一個都足以讓人想破頭），讓他們使用電腦的數學輔助工具找答案吧。」沃夫朗在TED以「讓孩子透過電腦看見真正的數學問題」（Teaching Kids Real Math with Computers）為題發表演說，這支影片現在已經累積超過一百萬次的點閱數，不過負責課程規劃與測驗題庫設計的人，看過的人少之又少。

還要求孩子學會使用滑尺嗎？上了年紀的滑尺專家一定可以提出充分理由，主張滑尺應該成為主流數學教育的一環，他們會說：要充分理解基礎數學才能懂得如何使用滑尺，這樣可以讓孩子學會思考，而且要不斷磨練才會熟能生巧。而且，使用滑尺的熟練度與大學在校平均成績、職業生涯發展，與薪資所得水準都有高度關連。

套用這位滑尺專家的邏輯，數學老師也會捍衛無止境鑽研低階、死記解題步驟的價值。他們認為孩子真的非常需要熟練這一套機制，畢竟這是深入理解數學概念的基礎。有很多學生告訴我們，問數學老師「學這些到底什麼時候會用到？」老師的回應總是不切實際，一旦孩子發現老師沒辦法給滿意的答案，他們就會質疑上課的意義。

專精多項式分解，的確可以讓你成為多項式分解的高手，但也僅如此而已。學會積分卻不知道如何應用，這項技能對你就毫無用處。低階的解題步驟，反倒成為永遠達不到教學目標的手段，沒辦法讓學生理解問題的真正意涵。如果數學課只是玩弄一些符號和低階解題，不如讓孩子玩數讀（Sudoku）。

上世紀的青少年為了取得駕照，得花好幾小時學習手排換檔和路邊停車，這些了無新意的技能曾經是學會開車的基本科目，隨著現代汽車進展到自動換檔，監理站就刪除手動排檔測驗。現在的新車款已導入路邊自動停車技術，有些監理站也刪除這項考照科目。如果讓數學老師負責考照測驗，青少年恐怕要記住如何操控福特T型車的手搖曲柄。難道要求數學課程設計要和監理站一樣跟上創新腳步，這會強人所難嗎？

請別誤會，我們並不是認為沒必要學會低階的數學運算。年輕世代都需要了解基礎的數學運算符號（加、減、乘、除、百分比、分數、小數點），也要有信心處理量化的資訊。既然我們知道什麼是年輕世代日常生活用得到的基礎運算，當然也會知道他們不需要學習二次方程式。

對孩子有利的事，當然不利於研發測驗題的人員、印製教科書的商人，或輔導學生應試的機構。然而，數不完的測驗再加上提升成績的渴望，會擠壓孩子發揮創意、合作克服數學挑戰的時間。史丹佛大學教育學院院長史提佩克（Deborah Stipek）說：「研發測驗題的人員、印製教科書的商人，或輔導學生應試的機構都是跟隨者，不是創新者。他們的產出只能符合政府要求，但老師會因此而不知道還有其他教學方法。」

還有一股強大勢力要求數學課程維持現狀，那就是大學入學申請。大專院校非常看重申請學生在標準化測驗的成績，數學的權重高達百分之五十，我們將在下一章探討，學力檢定在美國新聞媒體及全球大學排名的重要性。既然大學要求測驗成績愈高愈好，高中就會有維持現行數學課程的壓力，好讓學生充分準備應試。負責入學申請審核的大學校務人員，尤其偏好在大學微積分先修班有好表現的學生：「想把數理工科當成主修的學生，當然都要學會微積分，不過我們更希望申請人都能檢附這一項資料。」

審核入學申請的校務人員真正在意的是，在相同基準上比較申請人的表現，至於申請人的資料有什麼重點，或有過什麼特殊表現，就淪為次要項目了。但大多數大學課程用不到微積分，美國國家教育及經濟中心二〇一三年研究報告指出，只有百分之五的人會經常使用微積分。也許這些少數人就是微積分老師。

我們與一位家長聊過，對方說自己的女兒在頂尖私立寄宿學校表現優異，為了熱愛的舞蹈，她挑選以舞蹈科為強項的大學遞出入學申請，但是沒有獲得任何一所學校許可。中斷一年學業後，隔年她再次送出入學申請，結果還是一樣沒有通過審核。父母打聽後才知道原因：沒有修過微積分。後來這位女孩順利進入自己挑選的學校就讀，有多采多姿的大學生活。不過令人好奇，微積分與主修舞蹈之間到底有什麼關係？

微積分的觀念或許有其妙用，但是計算的工作還是交給智慧型手機吧。如果只是讓學生埋首在艱澀的解題技巧（分部積分、雙曲線餘弦轉換、連鎖律……），即使成績最好的學生也說不出積分與導數代表什麼意思。與其讓孩子花好幾個月學習積分計算的技巧，不如帶他們去遊樂園逛逛，更有助於理解積分與導數是什麼。（如下圖）

審核入學申請的校務人員鼓勵孩子要上大學先修班的數學課，但為什麼不挑統計學呢？若能將統計學運用自如，不論從

平緩的地方，斜率，也就是導數，為零
陡升坡的地方，導數是數值相當大的正數
陡降坡的地方，導數是數值相當大的負數
軌道下方整個區域就是積分

事什麼職業（經商、非營利組織、學術、法律或醫藥）都能獲益，想成為掌握資訊又負責任的公民更要掌握統計學概念。進入政壇或擔任記者、受矚目的部落客都要掌握資料，闡揚自己的立場或鼓勵追隨者支持自己的立場，如果要成為有成效、有能力檢定假設的科學家，統計學的專業知識更不可或缺。儘管如此，上過大學統計學先修班的高中生人數，卻以不成比例的差距遙遙落後微積分先修班人數。有些高中生告訴我們，在選擇要修統計學還是修微積分時總是天人交戰，因為諮商人員會警告他們，不修微積分對日後申請進入大學會有不利影響。

統計學的用途顯然比微積分廣，而現行數學課程需要修改的範圍絕不僅於此。假設我們可以把數學課程、教科書、測驗考試、教學計畫，和家庭作業通通打散重排，而且學生都能像成年人一樣擁有豐富的資源，包括筆記型電腦和Khan Academy、WolframAlpha應用軟體，則新版的高中數學課程將會變成什麼樣子？

（一）前期準備階段：透過學生的智慧型手機，教他們學會各種工具進行數學運算，讓他們知道指數、方程式的運算是怎麼一回事。確認所有學生都能理解基本的數學運算，並使用圖像讓這些運算方式一目了然。

（二）後期準備階段：導入代數、幾何、三角函數和微積分的概念，讓學生透過團隊合作的方式，想出有創意的方法處理問題。

（三）高一階段：導入機率、統計、決策分析，和倫理／價值的觀念。

（四）高二階段：導入估算、數學模型、設計演算法，和資料分析的課程。

（五）高三階段：自主進行跨領域研究，運用數學概念提出高階研究計畫，學習如何找出適當的數學觀念解決問題，在實作中達到學習效果。

用幾個例子說明，學生在新版數學課程裡會遇到的挑戰：

（一）學生以個人或小組方式，挑選自己關注的組織，替該組織架設網站或臉書專頁，用自己想到的方法聲援該組織。學生要提出一套以高成本效益運用社群媒體的計畫，衝高網站或專頁的流量，轉化成對該組織的支持。他們將學到有關社群媒體預算使用最佳化的數學知識，並利用統計學原理建立一套評鑑機制，檢視聲援活動能否有效傳達。

（二）學生以個人或小組方式，隨意選擇任何工具，想出一種或多種預測二一〇〇年全球總人口數的方法。他們要準備簡報向班上同學說明自己採取的預測方法，在建設性的對話中分析各種方法的優缺點。他們將學到極少數學系學生才能明白的道理：真正的數學通常不會有正確的標準答案，當他們探討、辯駁各種方法隱含意義的預測時，就是成人後要面臨的世界。

（三）學生以個人或小組方式，選定幾個成年後打算定居的地方，估算三十歲時住在這些區域的生活開銷，如果要達到收支兩平，起碼要獲得的最低薪資是多少。接下來假設，那時候要承擔一萬到二十五萬美元的負債，而且要在一定期限內清償債務，然後再次估算生活費與還款額度都算在內，需要賺取的年薪是多少。

（四）學生以個人或小組方式，找出一項自己喜歡的運動或休閒活動，然後創造一種或多種可以有效預測結果的統計方法，再用不同方式評估這些新創統計資料的實用價值。最後再向班上同學簡報說明自己新創的統計方法，與同學互相切磋。

這一類挑戰十足的課程需要搭配思考與創意，配合許多創新的做法，讓孩子體會數學真正的威力。認為自己數學不好的孩子在這些安排下，有重頭認識自己數學潛能的機會，有創造力或不拘小節的孩子會發現數學值得玩味，甚至會發現自己的長處確實符合優秀數學家的特質。高中數學課程會引發孩子成為科學家或工程師的夢想，而不是被無關緊要的篩選機制貼上能力不足的標籤。

規劃新課程後，程式設計不再是一門孤伶伶的學科，而是會與其他學科形成「積體」（就像積體電路），如果老師無法發揮高效能晶片般的整合效果，學生會學著自己找出路。如果一切順利，科學之母的數學會廣泛融入其他領域，物理是運用微積分的最佳領域，與化學結合的代數會找到實用價值，導入動態系統分析的生物課，將不再只是死記學名和解剖青蛙，統計學也會成為社會研究的最佳幫手。

橫亙在上述新課程與現行課程之間的那座高牆是什麼？就是影響學生甚鉅的大考。如果有一隊學生想出預測全球人口的絕妙方法，我們可以從各方面評估他們的表現，例如原創性、分析邏輯和估算瑕疵，也能在他們向班上同學簡報、論證自己想法時給予回饋意見，但是我們沒辦法把他們置於好幾百萬學生中，依照鐘形曲線分布評定他們的名次。

二十一世紀的模式

邁向成功的數學技能：

- 深入了解問題的成因
- 分析問題本質並轉換成抽象符號的表示方法
- 有創意的解題方式
- 認出特定的數學規則，適用哪種類型的數學工具
- 善於運用手邊各種計算工具

- 以批判角度看待初步可行的解答
- 學會估算、統計和決策分析
- 嘗試冒險，再不斷精益求精以臻完美
- 提出全面而整體解決方案
- 有能力說明複雜的量化資訊進行溝通
- 團隊合作的精神
- 有能力針對複雜的量化資訊提出質疑

我們如何看待數學將影響未來世代好幾百萬人的命運。這是一個資訊爆炸的年代，現代社會的各種組織被爆量資訊圍繞，必須窮於應付數不清的機會與挑戰，如果年輕世代具備統計、資料分析、推估技巧、構思演算法與建立數學模型的技能，再搭配網路能力，就能對組織和社區做出貢獻，也會有能力跳脫既定框架，掌握自己的人生。

領略數學妙用就好像於春天駕駛跑車在鄉間道路馳騁一樣愜意，要是我們只知道不斷要求孩子反覆練習手排換檔和路邊停車，他們當然永遠無法體會駕駛的樂趣。拉克哈特（Paul Lockhart）在發人深省的《一個數學家的嘆息》（*A Mathematician's Lament*）著作提到：「如果要我設計一套機制，目的是摧毀孩子天生的好奇心，讓他們不再熱愛建構模型，我想我很難做得比現行體制還要好。我真的沒有那種想像力，可以像現行數學教育體制一樣提出那麼多味同嚼蠟、抽去靈魂的想法。」

語文教育

一八九三年制訂英文課程綱要時，目的是讓學生能適應工業化的經濟發展，取得基本的閱讀和寫作技能以便進入就業市場，同時成為一位能完整理解內容有限、描述表象新聞資訊的公民。人們可以透過英文課閱讀偉大文學作品，培養對藝術的喜好，在學校教育以落實閱讀、書寫與算術能力為目標的年代，英文課肩負其中兩項，而且成效卓著。

一個世紀以前的書籍相當昂貴，所以校方和學生家長得審慎挑選制式教材。不單老師是引導班級閱讀的唯一管道，班上同學的作業也都依據同一份教材出題。由於作業都是手寫，筆跡工整就成為最基本的要求。當時並沒有影印機和電腦，批改學生作業自然成為老師責無旁貸的工作。如果有學生在大學畢業後需要寫作給更多人看，多半指的就是在學術期刊發表嚴謹研究與註腳索引的文章。

二十世紀的模式

邁向成功的語言技能：

- 清楚的筆跡
- 正確的拼字與文法
- 擁有充分的字彙
- 閱讀書面資料的能力（小說、詩篇和劇作）
- 寫出完整句子的能力

多年後，上述某些技能漸漸失去原本的價值與重要性，部分原因是科技進步。儘管有些人批評學生的字跡愈來愈潦草，但是現代的學生除了簽名之外已經鮮有動筆寫字的必要，要求學生練習帕爾默式（Palmer method）字體評分的年代已經一去不復返。

與現實脫節的問題不僅於此。現在學生真正需要掌握的文字能力是什麼？學校在這方面的表現如何？我們該如何判斷？

前兩個問題的答案很簡單：現在學生得能寫能說，要有相當的演說技巧，還要能精確表達想法展現說服力，這些技能的重要性毋庸置疑。至於第三個問題的答案就是：學校教授學生這些關鍵技能的績效真的很差勁。

在撰寫《教出競爭力》時，華格納針對哪些是當今社會最重要的技能，遍訪企業領袖及軍事將領的看法，受訪者表示高中、大學畢業生欠缺溝通技能，這是他們最擔憂的事。

華格納訪問校官退役的戈登（Rob Gordon）。戈登退伍後進入普林斯頓大學研究所深造，退役前的職務是西點軍校美國政策研究計畫主任。華格納詢問戈登會給現在的老師哪些建言，戈登一針見血的回答：「教會學生如何寫作！有效溝通是我們服役期間所有事情的關鍵。我們必須學會和部隊以外的社群建立有效溝通，即使剛入伍的士兵也都要學會透過電子郵件做好溝通工作。二〇〇四年一月我回到美國，回想在伊拉克服役的經驗，讓我深刻體認這一點的重要性。那時我們問一位旅長帶兵之道，他提到：可以理解螢幕即時戰鬥畫面，並清楚傳達自己觀察到的重點給他人知曉的士兵很重要。」

曾任戴爾電腦全球人力資源管理部副總裁桑默斯（Mike Summers），對於這個議題曾說：「我們驚訝年輕世代這麼不善於溝通，不論是口語表達、書寫能力或簡報技巧，通通都出問題。他們做不到清楚扼要的表達方式，很難針對自己想強調的重點提出生動、有活力又吸引人的說帖，沒辦法有效表達自己的想法。當你在企業主管面前進行簡報時，如果沒辦法在一開始的六十秒內就清楚交代簡報的重點，企業主管的第一個問題會是：你希望我在這次會議結束後記住什麼？結果他們多半不知道該如何回答。」

思科高階主管尼爾（Annmarie Neal）第一次接受華格納訪問時表示，溝通能力太差是該公司的重大議題。華格納在二〇一四年十二月再次詢問尼爾，有沒有注意思科年輕管理階層在溝通技能上有進步，尼爾回答：「他們溝通能力的問題，呃……請容我這麼說，比起我們七年前提到的狀況更加嚴重。溝通問題的惡化來自兩方面，首先，學校為了讓學生準備參加標準化測驗，因而不重視批判性思考和寫作表現的課程；第二，社會流行的科技讓使用者習於不經縝密思考，就把想法講出來。我到現在還是認為在創新導向的經濟發展中，批判性思考（對於問題本質、外在環境、市場分析或經營的想法）和與之相隨的溝通能力（不論是溝通想法、建議還是後續的規劃）是最重要的兩項技能。溝通時不但要經過深思熟慮展現說服力，還要讓其他人願意採取行動才算數。」

寫作能力

說話和寫作的說服力是一體兩面，能在大眾面前用一貫思維闡述的人，多半會用寫作方式磨練自己的演說技能。在高中、大學、研究所教授寫作超過十五年的華格納發現，學習寫作的困難之處，在於有無適當的題材讓學生練習。

首先，學生要能維持寫作的習慣。提升寫作能力就跟其他技能一樣，需要花很多時間練習才能熟能生巧。其次，學生寫作的訴求對象必須是真正的閱聽人，這樣才能給學生定期的回饋意見。現在的學生除了會注意作文分數之外，並不在意老師給予的評語，如果讓學生用寫作的方式對一群閱聽人發表意見，或進行簡報，並要求這群人給予學生回饋意見（這群閱聽人可以是班上同學，也可以是校外人士）學生往往會更在意自己的表現，不但希望得到回饋意見，也會把這些意見當一回事。對閱聽人寫作，而且是寫自己掌握或在意的事，才是讓學生從中培養正式發聲、表達意見的關鍵因素，也就是桑默斯強調要在溝通時「提出生動、有活力又吸引人的說帖」。

支持這種教育方式的代表人物，有自五〇年代開始在飛利普艾克瑟特學院（Phillips Exeter Academy）執教的墨菲特（James Moffett），以及加州大學柏克萊分校的教授葛雷（James Gray）。葛雷在一九七四年創立海灣區寫作計畫（Bay Area Writing Project），目的是推廣以學生為導向，並以上述理念為骨幹的新式寫作教學法。此外，近年還有艾特威爾（Nancie Atwell），她這幾年在自己於緬因州艾吉康柏（Edgecomb）創辦的學校「教學中心」（Center for Teaching and Learning）教學生寫作，目前在哥倫比亞大學任教的卡爾金斯（Lucy Calkins）也支持採用「作家工坊」（writers' workshop）的方法教導寫作。認同這種教學方式的研究成果非常豐富，教育工作者可以在「國家寫作計畫」（National Writing Project）網站取得更多補充資料。

了解寫作的重要性，知道多年來有許多改善寫作教學方法的研究成果，又看過那麼多線上補充資料後，你或許會聯想一件事：學校的寫作課程時間一定很長，你可能會認為，前面提到的各種教學方式一定會經常、廣泛運用在寫作課。

這麼想就錯了。對美國學生而言，國家教育進展評測〔National Assessment of Educational Progress, NAEP，另一個較為人熟知的名稱是國家教育報告卡（Nation's Report Card）〕是除了PISA以外最具挑戰的測驗。國家教育進展評測只針對某些學生進行測驗，可以讓研究人員投入更多資源改善、調整評量成效，雖然這不是卓越的測驗（之後我們會再分析），但已經是目前可以取得的最佳測驗標準。

二〇一一年評鑑寫作能力的時候，高三學生要回答每星期的英文課到底寫了多少東西，左圖是彙整的結果。

只要知道學生實際用於寫作的時間有多少，再看高三生在國家教育報告卡上寫作成績，從一九九八年第一次實行國家教育進展評測以來僅有稍微進步，自然就沒什麼好驚訝了。

二〇一一年國家教育報告卡的寫作測驗採取電腦格式進行，與先前測驗截然不同，所以並未將該年度的成績放在圖中進行比較。不過我們可以從高三生寫作成績的彙整表得到相關資訊。

以下是國家教育進展評測，對各種成績分類的定義描述：

（一）基本程度：高三生寫作能力屬於基本程度者，應能有效回應寫作要求，並達成與他人溝通目的。文章的思路應具有一致性及完整結構，並能經由文字敘述充分表現想法。文章所使用的相關細節與舉例說明，應能支撐或擴展主要論點，其主張也應與溝通目的達到相輔相成。文章應適度包含簡單、複合與複雜句型，會根據文章主題、闡述理念，與閱聽者挑選適當的用字遣詞。可以明顯看出對於拼字、文法、慣用語、大小寫與標點符號有充分掌握，文字內容也許有些錯誤，但大致上

美國2011年高三學生英文／語言寫作課家庭作業篇幅的分配比率

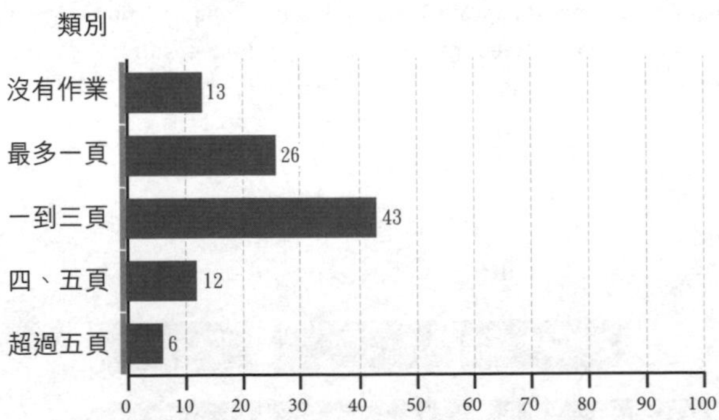

說明：受小數點位數影響，總和未必是百分之百，但是這些差異不必然具有統計學上的意義。

資料來源：U.S. Department of Education, Institute of Education Sciences, National Center for Education Statistics, National Assessment of Educational Progress (NAEP), 2011 Writing Assessment.

高三生的寫作成績。測驗年份為1998、2002和2007年，測驗範圍包含全美國。

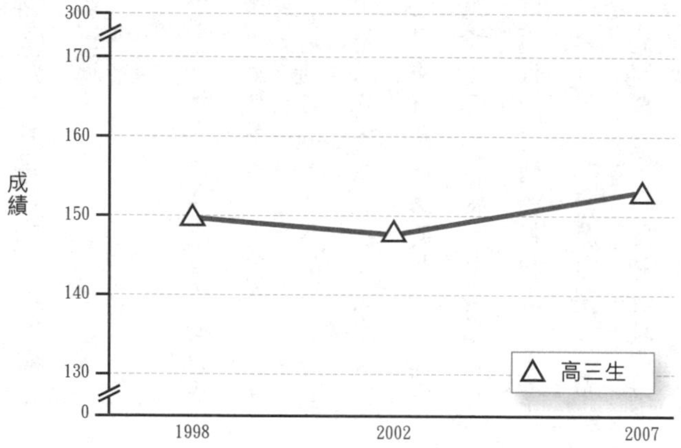

說明：國家教育進展評測寫作成績介於0到300，些微估算的差異並不具有統計學上的意義。
資料來源：U.S. Department of Education, Institute of Education Sciences, National Center for Education Statistics, National Assessment of Educational Progress (NAEP), 1998, 2002 and 2007 Writing Assessments.

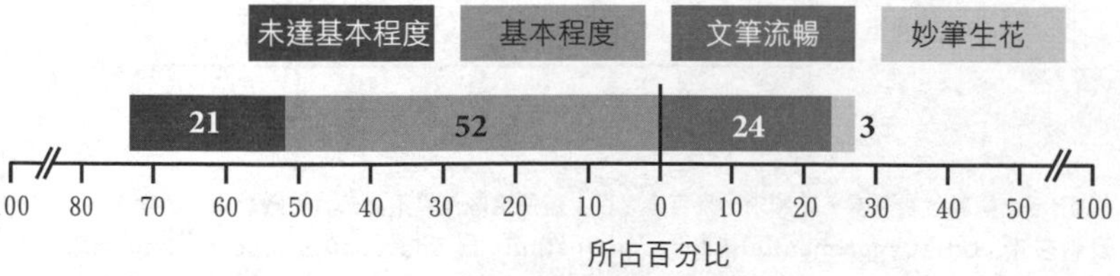

不阻礙意思表達。

（二）文筆流暢：高三生寫作能力屬於文筆流暢者，應能完成寫作要求，並達成與他人溝通目的。文章的思路應針對寫作主旨展現一致性及完整結構，包含刻意安排的語意連結和轉換，並可以用清楚、簡潔，具有邏輯的方式展現想法。文章所使用的相關細節與舉例說明，應能支撐或擴展主要論點並有助於溝通，其主張也應與寫作主旨環環相扣，並有助於溝通效果。為提升文章的溝通效果，文章應包含各種簡單、複合與複雜的句型，會為了文字鋪陳刻意挑選用字遣詞，以求加強文字呈現的效果。透過全文可以明顯看出對於拼字、文法、慣用語、大小寫與標點符號有紮實的訓練，文字內容也許有些錯誤，但大致上不阻礙意思表達。

（三）妙筆生花：高三生寫作能力屬於妙筆生花者，應有能力完成寫作，達成與他人溝通目的，同時在構思與傳達訊息上展現洗鍊的創意。文章的思路應具一致性及完整結構，包含精心布局的語意連結和轉換，展現強大的修辭能力，將想法以清楚、簡潔，具有邏輯的方式展現要言不繁的特質。文章使用的相關細節與舉例說明皆富有巧思，以期用畫龍點睛的方式支撐或擴展其主要論點，同時達到強化溝通與展現修辭功力的效果，字裡行間透露清晰的主張，也應同樣具有強化溝通與展現修辭功力的效果。為了強化溝通效果與展現修辭功力，文章應精心雕琢各種不同的句型結構，並針對溝通效果與修辭功力，精確挑選用字遣詞。透過兼具溝通效果與修辭功力的文章，可以明顯看出對於拼字、文法、慣用語、大小寫，與標點符號的使用達到爐火純青的境界，文字內容或容有一些失誤，但是嚴重性不應有礙意思表示。

不得不說，這樣的標準非常條理分明，會用「洗鍊的創意」及「清晰的主張」界定妙筆生花的寫作能力，更令人驚艷。如我們所知，這兩者可以說是在創新年代達成有效溝通的基本元素，但很可惜，只有百分之三的學生能達到這個標準。

那麼，該如何解釋令人不樂見的測驗成績呢？不妨先看二〇一一年高三生寫作測驗的提綱。以下兩個寫作主題，學生各有三十分鐘寫作：

（一）以你所使用的通訊科技，寫一篇短文作為大學入學申請文件。除了描述那是什麼科技之外，請說明該科技對你有何重要。盡可能在短文中詳細說明，讓審查委員了解該科技的價值。短文中可以使用圖示說明。

（二）寫一封信給地方政府委員會，表達你支持或反對在住家附近設立大型折扣商店的看法。可以藉由假定反方意見再加以反駁的方式，強化你論證的依據。

很難說這兩個主題能吸引人。如果是你在不計分的寫作測驗中作答，你真的會使用「洗鍊的創意」展現身為作家所秉持的「清晰的主張」嗎？特別是你之前並沒有在課堂上學習或練習過這些寫作技巧，而且你對於寫作測驗的主題沒有多大興趣時候。我們當然不會永遠只寫一些自己在意的事情，但是嬰兒在學習說話的時候，也不會只為了對著牆壁喃喃自語而說一些毫無意義的句子。嬰兒學習說話的原因當然是因為想說出一些事情，想跟在意他們、會傾聽他們的人傳達訊息，學習寫作也是一樣道理。這就是「作家工坊」教學法背後所隱含的理念，也說明為什麼這種教學方式會如此成功的緣故。

話說回來，現行寫作教學的問題就與本書不斷描述的情況類似。老師花太多時間教授作文的格式，包含語句、文法、拼字和標點符號，卻沒有讓學生產生「想」不受限制下筆就寫的動力，因為現行寫作教學早在一八九三年就已經定型。最近十年，老師用於指派或批改寫作作業的時間愈來愈少，因為他們得撥出時間指導學生應付毫無意義、完全無法衡量學生，有無具備重要技能的測驗。現在高中生有限的寫作時間，幾乎用在練習如何以簡答的方式回應測驗提綱，用在背誦標準化的五段短文寫作格式。據聞新版共同核心科目的測驗會提高寫作的比重，不過那意味著重複更多與現行做法類似的寫作內容罷了。

開始教高中英文寫作頭幾年，華格納花很多時間教學生學習著名寫作範本《瓦瑞納手冊》（*Warriner's Handbook*）的各種語句，可是卻發現學生的寫作能力沒什麼進步，其實他自己也很難記住書裡的各種語句，晚上備課時總要花時間複習。經過幾年失敗後，華格納認為要讓學生寫好作文而硬記各種語句，好像是為了行車安全而要求汽車駕駛背出引擎的各種零件。他也發現，有許多研究證明教授語句對於改善寫作沒有一點幫助。所以華格納把課堂上的大部分時間讓學生直接寫作，而不是研究動名詞的使用，結果成效好多了！直到今日，華格納還是沒辦法記住寫作範本的內容，但是就算沒記住動名詞的使用方式，也不會影響寫作，更何況現在只要Google一下就可以了。

時間有限

行筆至此，不得不提時間有限的問題。時間是英文課程稀少而珍貴的資源，這還不包括把時間浪費在準備考試。假設你是熱忱的高中英文老師，同意之前的分析，而你的班級規模是已開發國家中最大的（美國中學老師要帶五個班，少部分會分到六個班，平均班級人數二十七人，如果是教導弱勢學生，班級人數會更多），因此你為班級付出的時間也是已開發國家中最長的：在美國是一千一百小時，經濟合作發展組織各國平均值是八百小時，在芬蘭則小於六百小時。

假設你是熱忱的老師，每星期指派給五個班級學生的作業篇幅五頁，再假定你在程度不錯的郊區公立學校任教，所以每星期需要批改一百三十五份作業。最後假定你是一位專業行家，瀏覽、批改一份作業只需要花十分鐘，因此每星期批改學生作業要耗去二十二．五小時，不再有時間思考下星期要教什麼了。

若如上所言，一個月、一年下來，你願意為學生花幾個週末準備教案呢？既然你的績效是在於提升學生參與測驗的成績，而寫作在其中所占比重極低，甚至不列入測驗，你為什麼還要花這麼多時間教學生寫作呢？別忘了，你從來沒受過訓，學習如何引導學生把關心的事當成寫作題材，也不知道如何讓孩子體會寫作對於人生的重要性。

學生寫作能力不振的問題可以歸咎許多原因，但老師要負的責任最小。第七章將提到，有些學校的學生會在每堂課上寫作，而不僅只限於英文課，也會提到更有意義、更引人的數位寫作評鑑教學機制：讓學生捍衛自己發表文章的立場，再由成年人透過明確、客觀的評量標準進行評量。

口語表達與簡報技巧

這部分無須多加著墨，因為根本沒有相關課程。大多數學生直到高中畢業，都沒有在聽眾面前練習演說，我們參訪的班級有一項共通點，就是學生沒辦法清楚闡述自己的想法，而且嚴重狀況令人吃驚。當學生回應老師的問題時，幾乎聽不出他們想表達的內容，往往在低聲呢喃中夾雜不完整句子，大部分人都聽不到他們的聲音。學生即使使用PowerPoint進行簡報，但內容也都欠缺條理。

當這些孩子成人後需要進行簡報會發生什麼事？必須沉痛的說，有太多成年人過於依賴PowerPoint作為溝通平台，一旦沒有簡報軟體就不知所云，登普西上將擔任美軍訓練與教案司令部指揮官時也注意同樣問題，因此下令禁止幕僚使用投影片進行簡報，並要求他們在各級軍種授課時，也要減少或完全不再使用投影片。

要倚賴PowerPoint固定格式軟體才能構思論證，將帶來嚴重後果。請參考尼爾分享的經驗：「幾年前我在印度班加羅爾（Bangalore）替思科協作領導力中心（Cisco Center for Collaborative Leadership，思科為公司內最被看好年輕主管開設的創新培訓計畫，相關內容請參見《哈佛教育學院的一門青年創新課》書中記載）帶領一場企業主管研習營，參與的團隊都要報告計畫概念的演進過程。每個團隊都使用PowerPoint做簡報，可是那天碰巧斷電，沒辦法以投影片進行簡報（很難相信，有這麼多企業主管居然沒辦法說下去）。其中一個團隊克服問題，因為他們了解簡報內容，能清楚傳達訊息，顯然他們都經過必要的批判性思考訓練，就算不藉助輔助道具也不影響簡報。這個團隊暢所欲言，提出一些高明對策，不受停電影響。」

讓人回味無窮的辯論課是怎麼回事？本書兩位作者都認同辯論課的價值，學生起碼可以在課程中學會如何有效溝通，學會如何說得口齒清晰又有條理，學會怎樣舉例說明，點出明確論點。

但現在辯論課和辯論競賽的形式，和當年我們所熟知的類型天差地遠。現在參與辯論競賽的人要學會用平常兩倍以上，甚至更快的速度說話，才能在限定時間內陳述論點，可是講得這麼快會讓一般聽眾聽不懂，而且從題庫中抽出來要你在辯論時陳述的主題，通常也稀奇古怪。現在高中生的辯論就像是在聽兩台用三倍速度快轉的播客（podcast），等到時間終了就會有人告訴你哪一台播客講出的句子比較多。

拼音、字彙和閱讀

資訊科技已經改變英文課程，學生利用電腦撰寫或聽寫短文，都能得利於內建的拼音與文法檢查軟體。這些自動修訂的軟體當然有一套運作機制，但是當我們不需要手寫「receive」這個單字時，昔日「i寫在e之前，除非排在c後面，或讀音像是a的時候，例如neighbor或weigh」的口訣記憶法也跟著走入歷史。

為了閱讀障礙者便利，這些科技都值得推廣。閱讀障礙者的求學過程相當辛苦，他們需要大費周章才能讀出英文單字或拼音，在標準化測驗中自然落居下風。因為我們一再用相同的方式檢測學生能力，使得閱讀障礙者從小時就被認定能力低落，可是卻有資料顯示，閱讀障礙者的生活表現令人讚許，不愉快的求學過程並不影響他們日後精彩的職涯發展。

閱讀障礙者的故事（求學過程和日後人生兩階段），都和美國教育界的故事有異曲同工之妙。受到標準化測驗的禁錮，各級學校被迫把重心放在低階的能力（例如正確記住英文單字拼音），潛力十足的孩子（除了閱讀障礙者，還有鬼靈精怪、帶有叛逆色彩的孩子）往往被評定為「成績低落的學生」而任其自生自滅。自動化科技影響一件事：低階的工作（例如正確拼出「receive」這個單字）對人生發展其實很次要，但是只要教育模式繼續堅持過度放大這些無關緊要技能的重要性，則所有孩子和家長都要面臨一個進退不得的選擇：不是無所不用其極以死背方式提升測驗成績，就是大考成績很差，成果都無法讓人滿意。

很多統計學家喜歡研究一個人日後發展，和小時候擁有的字彙數量有什麼關係。有份研究指出，白領家庭的小孩平均每年會聽到一千一百萬個單字，藍領家庭的小孩只剩一半，而需要領取社會補助的家庭，小孩每年聽到的單字只剩下三百萬。要推論聽到較多單字的孩子日後較有前途並不困難，畢竟這兩個因素具有高度相關性，但是很多人會做出錯誤結論，認為幫助弱勢孩子的方法就是讓他們在三歲時聽到愈多單字愈好。所幸有些教育專家釐清這種錯誤想法，范德堡大學（Vanderbilt University）教育學教授迪金森（David Dickinson）呼籲大家要注意分辨，學齡前兒童認識單字的數量與其他因素之間，究竟是具有相關性還是因果關係，他提醒大家：「如果這種向字彙看齊的觀念錯上加錯，我們可能會要求幼童透過有圖像的閃卡記住上千個單字。幼童之所以能接觸較多字彙，通常是生活優勢條件的結果：受過教育的父母、比較寬裕的經濟條件、更親密的親子互動、衣食無缺且家庭和樂等等。這些廣泛的條件是讓社經地位占優勢的年輕世代，能平步青雲的關鍵。這可不是要一位五歲幼童記住更多單字，就可以改變的環境。」

字彙就像是低階的數學解題步驟，都是出題者的最愛。晦澀的單字可以方便他們在大考的語文測驗中提出一連串考題，如果安排巧妙，還可以讓成績分布形成理想的鐘型曲線（更多內容請參見第六章）。學生需要龐大的字彙才能拿高分，但是不妨算一下各層級測驗，到底有多少比重的單字不是日常生活用語，這些單字的出現，只是為了在統計學上讓優異的成績呈現適當的分布型態。

在中等學校，會發現迪金森最擔心的事發生了。期待孩子在學力檢定拿高分的父母，會讓孩子從小學中年級開始，每天花一小時練習學力檢定字彙測驗，但這是七年後才會登場的測驗科目。有的孩子整個暑假都在練習學力檢定測驗，甚至會去參加為期數天的學力檢定夏令營，有的家長則會要求孩子學拉丁文，只為了在字彙測驗中拿高分。

經濟學上有個重要的觀念叫做邊際報酬遞減，意思是：當你擁有某些東西時，再多增加一個對你而言會變得可有可無。穿上一雙舒適的鞋子當然勝過打赤腳，但是擁有五十一雙鞋子跟擁有五十雙鞋子就沒有多大差別了。字彙數量也是一樣道理，成年人需要夠豐富的字彙，甚至還能從中獲益，但是當知道的字彙到達一定數量後，能提升的效益就會開始衰退。一般人要知道「stubborn」這個單字的意思，知道一、兩個同義字更好（像「intransigent」和「recalcitrant」這兩個字），但是有多少人會因為不知道「obdurate」這個單字而導致人生困頓呢？

假設你在商務聚會或志工委員會中遇到一個人，開口用艱澀的字彙向你寒暄：「Salutations. Numinously resplendent to garner a new comate. The elements have been assuredly effulgent during this most proximate interregnum. Can I surmise you concur, given the canton in which you abide?」（大意是：您好，初次見面讓我感到十分榮幸，與閣下相會讓人感覺眼前一片光明，請容我假定從閣下的立場出發，也一樣能感同身受。）

你會搭理這樣的人嗎？擁有太豐富字彙會導致邊際報酬變成負數，甚至令人變得面目可憎（odious，這是學力檢定的慣用字！）

這一段「寒暄」的假設用字完全來自學力檢定的模擬測驗，這樣說話的人不會比減少艱澀字彙的人來得更成功，但是孩子卻得記住更多單字才能在學力檢定拿到高分。這種對高分的渴望，讓學校、家長不停逼迫孩子增加字彙，顯然已經超過邊際報酬遞減的臨界線了。

這種尊奉大考的做法，不但造成英文老師與學生困擾，還會嚴重打擊孩子對寫作的熱情。死氣沉沉的學習方式讓很多孩子得到一個結論，而且還言之成理：學習更多字彙只不過是應付大學入學申請的另個玩意兒。

標準化的英文課程會對學生帶來副作用。學生都要讀相同的教材，進行全國測驗時才能依據特定題材出題。現在孩子已經有能力接觸浩瀚無邊的書面資料，我們應該鼓勵他們順著自己熱愛的議題，盡可能大量閱讀，不論是自然、體育，還是小說《哈利波特》。如此，出題者不可能根據學生最感興趣、最常閱讀的題材完成標準化，所以又再次看見教育模式在相同的問題上打轉：能減輕出題者工作負擔的事，並不是對學生最有利的事。

試圖培育學生閱讀嗜好的計畫，也都把重心擺錯位置。很多學校採行的閱讀計畫是給不同書籍分配點數，要求學生在學年期間累積一定的閱讀點數。取得閱讀點數的方法是讀完一本書，透過選擇題證明自己記住書裡的內容，有些學校會公布學生的累積點數營造孩子因好勝心而競爭閱讀的習慣。有些精明的學生會想出贏得閱讀競賽最佳策略，因為只要讀一大堆內容簡單的書籍就可以讓分數爆量成長，反倒使得喜歡深入思考或樂於挑戰的孩子的閱讀分數落後。《動機，單純的力量》（*Drive*）一書作者品克（Daniel Pink）指出，行為科學經過五十年發展後開始質疑研究方法的可信度：「這種『如果／然後』的動機誘因，也就是『如果你這樣做，就能得到那個』，對於簡單、短期的例行公事很有效，但是對於透過創意與思考後才能形成的長期行為，還沒有證據能證明誘因的效果。」他說的沒錯，而且已經有證據證明，針對孩子已經樂在其中的事，如果再加上「如果／然後」的獎勵機制，反而會讓孩子對這些事更不感興趣。

大學先修班的英文測驗已經改變我們對英文的看法，高中名校現在都能在測驗中拿到五級（極為優異，Extremely Well Qualified）或四級（相當優異，Well Qualified）高分，名聲不那麼響亮的學校，也會希望資優學生能與之並駕齊驅。讓我們看看這些孩子需要閱讀、分析哪些書面資料，才能在大學先修班的英文測驗拿到好成績。左頁英文測驗範本是從大學校務委員會網站下載，完整的測驗範本不只這幾行而已，不過讀起來一樣深奧難懂。雖然範本文句的長度（最長一句八十一個單字）還不至於像喬伊斯（James Joyce）的小說《尤利西斯》（*Ulysses*）最後一章那麼充滿挑戰。這種文章無法被視為日常生活會看見的代表作品，不難發現，這份試卷背後有文學博士出題的色彩。對於百分之零點零一想取得文學博士學位的人而言，解析古英文的寫作內涵是重要的技能，但是對百分之九十九點九九的一般人來說，善

***Questions 1–11.* Read the following passage carefully before you choose your answers.**
This passage is excerpted from an essay written in nineteenth-century England.

It has been well said that the highest aim in education is analogous to the highest aim in mathematics, namely, to obtain not *results* but *powers*, not particular solutions, but the means by which endless solutions may be wrought. He is the most effective educator who aims less at perfecting specific acquirements than at producing that mental condition which renders acquirements easy, and leads to their useful application; who does not seek to make his pupils moral by enjoining particular courses of action, but by bringing into activity the feelings and sympathies that must issue in noble action. On the same ground it may be said that the most effective writer is not he who announces a particular discovery, who convinces men of a particular conclusion, who demonstrates that this measure is right and that measure wrong; but he who rouses in others the activities that must issue in discovery, who awakes men from their indifference to the right and the wrong, who nerves their energies to seek for the truth and live up to it at whatever cost. The influence of such a writer is dynamic. He does not teach men how to use sword and musket, but he inspires their souls with courage and sends a strong will into their muscles. He does not, perhaps, enrich your stock of data, but he clears away the film from your eyes that you may search for data to some purpose. He does not, perhaps, convince you, but he strikes you, undeceives you, animates you. You are not directly fed by his books, but you are braced as by a walk up to an alpine summit, and yet subdued to calm and reverence as by the sublime things to be seen from that summit.

於在時間壓力下讀懂連篇累牘的散文，並沒有多大意義。但是，為了讓學生準備參加大學先修班考試，學校只好繼續讓學生讀這些難以培養文學嗜好的測驗範本。

受到二十年來資訊爆炸的影響，太重視考試而忽略培養日常生活實用技能的現象，也愈來愈成為問題。現在有很多帶有偏見也缺乏可信度的訊息四處流竄，反觀上個世紀的成年人只需要讀懂書面資料就行了，不大需要擔心資料正確與否的問題。以往幾乎所有書面資料都會經過一定程度的查證與編排，現在我們卻需要用批判的角度質疑自己讀到的訊息。這表示學校應該幫助學生，學會提出試探性的問題進行查證，驗證訊息來源的可靠度。現代社會已經不能光是理解訊息的內容就夠了。

二十一世紀的模式

邁向成功的語言技能：

- 活用充分的字彙
- 閱讀多樣化的書面資料（小說、詩篇、劇作、散文、新聞）
- 能利用不同的媒介和不同的風格進行清楚的溝通
- 擁有獨立且經得起檢驗的有力觀點
- 提出深思熟慮的問題
- 參與有建設性的辯論

共同核心科目

共同核心科目的宗旨在於，把美國各地英文與數學課程教授內容標準化，提升這些科目教學成效的嚴謹度。我們撰寫本書時，這個議題是熱門話題，有可能是二〇一六年美國總統大選的重要議題。很多右派人士宣稱共同核心科目，代表聯邦政府透過這些課程建立全體國人休戚與共的努力，有些左派人士則擔心增加授課時數會用在考試，教育工作者則理所當然因欠缺優良教材和師資而悲鳴。在我們眼裡，真正意識問題所在的人少之又少。

麻州、明尼蘇達，和密西西比是否需要共同的學習標準？當然要！大多數已開發國家會有某種類似全國課程綱領，首先要釐清的問題應該是：我們採取的是不是正確的學習標準？

為了落實人人有資格上大學政策，共同核心科目設定的標準當然會向大學入學申請的審核標準看齊，當大學要求申請者要上過高級數學——起碼學過中級代數——就成為學生必須達到的數學標準。但是對於學生的這種要求，其實是成年人根本達不到的標準。在英文課程方面，我們假設在大學最常用的是短文寫作，所以就會根據這個標準要求高中生，至於說故事的能力，也就是成年人在生活中用來陳述個人觀點的方式，就不會列入課程範圍。

這樣的課程標準是不是太繁瑣了？當然是！「文字與數學能力標準」（Literacy and Math Standard）開頭前幾頁就表明廣義目標，如果撰稿人就此停筆就好了——就像芬蘭這個擁有全球最佳教育機制的國家一樣——可是撰稿人接下來用近兩百頁篇幅，把各年級應該教會學生的文字與數學能力逐一描述，使得落實每一項課程標準的要求變成不可能任務。

共同核心科目的測驗會不會大幅改善現行考試制度？當教育界的領袖人物推動共同核心科目時，承諾這套制度不但能有效改善標準化測驗的弊端，還能提升學生的學習成效，其他支持者表示這套制度將導入更多批判性思考的課程，也會增加更多寫作練習。

然而，負責開發新測驗的兩大集團都調降成果發表的重要性，也就是讓學生運用所學的機會，寧可採用比較容易計分的選擇測驗題，而且就算簡化到這種程度，教育人士仍然認為新測驗的成本難以負擔。只要持續每年都要對學生進行普測，而不是每隔幾年挑選少數學生作為受測樣本，我們就沒辦法負擔「大學和工作準備狀態評估」（College and Work Readiness Assessment）這種能衡量重要技能的評估模式。

此外，不列入測驗的項目也會成為另一個問題。就算一切順利，新版共同核心科目無法評估學生的軟實力，而軟實力不但是最重要的技能，也是最難教、最難學的技能。不單如此，因為共同核心科目的測驗只涵蓋語言和數學，分配給其他科目例如科學、歷史和藝術的授課時間勢必持續縮減。

紐約市立學校在二〇〇六到一三年，針對藝術課程的開銷下滑八四%，而二〇%學校甚至沒有正規或可以兼任的藝術老師，即使藝術導論已經是法定必上課程。只要無法改變現行考試優先的教學環境，老師就不得不設法東挪西移，把多出的時間花在指導學生的測驗科目。

還有一件值得注意的事，共同核心科目是否會產生讓學生只注重更困難或更常考的教科書，而不是花更多時間在自己興趣的領域。新的課程會讓學生更積極主動、更好學嗎？有一支廣為人知的影片，針對共同核心科目的授課老師提供教學建議，建議老師花八天時間向學生講授金恩博士（Martin Luther King）著名的〈來自伯明罕監獄的信〉（Letter from Birmingham Jail），只是影片中把所有課程時間都花在討論文本內容，沒有建議老師可以更進一步探討與學生有關的種族主義或其他相關議題，也就是建議老師在課堂討論時「針對文本論文本」就可以了。都會區的名師看過這支影片不禁哈哈大笑，其中一位告訴我們：「影片中這個傢伙在我班上連一天也撐不過去。」

我們同意有太多高中的課堂討論不夠嚴謹，但是只聚焦在文學討論，不讓學生有機會抒發情緒，發表個人經驗或針砭時事的做法，也只是在象牙塔內賣弄學問而已。現在老師最重要的工作之一，是幫學生了解為什麼有些東西值得去學，為什麼學生應該要有心於學，「因為考試的時候會考」和「因為你進大學以後可能用得到」，這顯然不是能讓學生感到滿意的答案。

學生的學習動機才是教育的關鍵課題，只是被忽略了。投入「遠征式學習」

（Expeditionary Learning）——分布在全美各地的學習組織，參與學生人數已經超過「知識就是力量」（Knowledge Is Power Program, KIPP）學習網——的朋友最在意有沒有提供學生「值得去做的事情」。遠征式學習所屬師資盡心設計的探索課程，都是為了提升學生的學習興趣，他們知道這樣才能促進優質學習。他們相信共同核心科目課程開頭幾頁，可以提醒我們記住語言和數學最重要的教學目標，但是他們也害怕各級學校在達到新標準的壓力下，會想出一套自我設限的簡化做法，以便交差了事。

遠征式學習的老師認為，共同核心科目的課程標準不是最終目標，反而是一個新起點，可以揉合出複雜、有意義且值得投入的新課程。這套標準不但不應該限制班級的活力，更應該促進學生發揮創意，打造一個充滿活力的課堂。

其他主修科目

先前關於數學和語言課程的討論在此仍適用：只在意瑣碎、機械式的內容並以考試為重，代價就是犧牲探索關鍵議題的機會，放棄對不同課題的思考，而且沒辦法把所學知識運用在真實世界。接下來的篇幅將分別探討歷史、科學和外文課程值得注意的部分。

歷史

我們看到的歷史課就像狄更斯《雙城記》（*A Tale of Two Cities*）那句名言的變形版本：我們看過最優秀的班級，也看過最糟糕的班級。

一八九三年的歷史課相較於現今歷史課，有一項很大優勢。當時發生的歷史事件比現在少得多，一般人能得知的事件又更少，所以當年歷史課的目標相當簡單：教會學生該思考的事情，而不是教他們該如何思考。

如今，歷史課要完成的目標已經不再是記住史實而已。我們現在面臨各種爆量資訊，有些資訊可信，但是大多數令人存疑，所以孩子需要有能力分析混沌的說法與觀點，並整合出屬於自己的看法。在面對無止境的社會問題時，他們也要能以史為鏡，讓自己的看法有穩固的支撐，進而負起身為公民的責任。

二十世紀的模式

邁向成功的歷史技能：

・學習重要的歷史事件及歷史人物

．有辦法記住重要的史實
．透過短文清楚說明歷史相關的資訊

二十一世紀的模式

邁向成功的歷史技能：
．謹慎分析歷史事件和資訊來源
．對於歷史動態發展與啟示有一套獨立的觀點
．寫出思路清晰、發人深省的歷史論述
．透過詰問進行有建設性的辯論
．將歷史發展過程與塑造我們所處世界的時事建立連結

中學課程十人委員會在一八九三年發表課程指導原則後過了一世紀，有些事情並未產生太多變化，像是學生取得資訊的主要來源是老師，昂貴的教科書不但用量不大還可以使

用好幾年，因為不同年級的學生都要讀用途有限的教材。《世界百科全書》（*World Book Encyclopedia*）要等到一九一七年才會問世，比中學課程十人委員會晚了二十多年。圖書館屈指可數，不過一八九三年也是卡內基（Andrew Carnegie）投入十二億美元開始為期三十年，在全美各地設立圖書館的頭一年。卡內基是中學課程十人委員會的成員，他的推廣計畫最終促成一千七百間圖書館落成，大多數座落在小鎮，是史上最能發揮轉型效果的慈善事業。

現在的歷史課程仍以時間與地理位置作為經緯，學生上高中前會讀一、二年包含五十州在內的美國歷史，一、二年學校所在州的歷史，高中畢業時，學生會上過美國歷史和世界歷史，或許還可以再加上一門古文明史，成績優秀的學生還會選修大學歷史先修班的課程。這樣井然有序的課程規劃可以確保學生不會漏掉重要的歷史發展，非常符合「不放棄任何歷史事件」（No Event Left Behind）的思維邏輯。

我們參訪過的學校，大多數歷史課的上課方式和本世紀沒什麼兩樣，歷史老師就站在教室面對學生講課，聽講的學生會寫筆記，不時跟著進度翻閱教科書和講義，整堂課摻雜許多歷史小常識之類的問答，考試範圍橫跨的時間軸距較大，當然也包含負擔更重的史料。接著，新劃分的歷史年份和事件也加進課程，連帶壓縮其他不屬於正式講課的時間。

到現在還是可以經常聽見，歷史課是要讓學生「學會該思考的事情」，還是「教他們該如何思考」的論戰。德州政府在二〇一二年設立教育討論平台，開宗明義宣稱：「我們反對教授以顛覆學生固有價值體系、瓦解家長權威為目的的高階思考技能（Higher Order Thinking Skills, HOTS，要求學生重新確立價值的教育模式），或其他以批判性思考為名的教學方法。」我們認為談話性節目《寇伯老實說》（*Stephen Colbert Report*）對這個立場的諷刺相當有道理。

雖然我們看到不少乏味的歷史課，但是也有些歷史課對學生產生重大影響。如果能發揮到極致，歷史課可以啟發孩子，幫助他們發展基本技能，塑造他們的世界觀。最有學習成效的班級多半具有類似的教學理念，這些班級會以學生為導向，在給定的事實基礎上刺激學生深入思考不同的可能。學生透過批判分析歷史文件的方式學習，建立自己獨立的觀點，參與有建設性的辯論。他們會把既成歷史和所處的現實世界相互連結，也會從數學、科學、藝術和文學中旁徵博引，不但能深入理解自己所學內容，也能充分表達自己所擁有的知識。另外不得不提的是，就算某些年代發生的歷史事件並非課堂原本的重點，他們也會比傳統老師單方面講課，讓學生擷取更多有用的資訊。

以下是我們看到形成鮮明對比的歷史課，充分說明何謂成效低落、何謂深具啟發的教學模式。

個案研究一

某位中學歷史課學生，用一星期時間背誦美國五十州的首府名稱（某些菁英學校學生可能還得記住非洲國家及其首都的名稱），學生設法背出「北達科他（North Dakota）的首府名稱是什麼」之類測驗題目的答案，有些人能答對，有些人會答錯，但是應該沒有什麼人會記住，而且就算答對的人長大後也不會從這種雞毛蒜皮的小事中有所收穫（抱歉了，北達科他州的民眾！）

另一個班級的學生彷彿走入時光隧道，查閱一八五〇年代以降的新聞、期刊和私人日記。不管你相不相信，那時候第一屆加州議會的所在地是在蒙特雷（Monterey）。這個班級的老師問學生（一開始採個別詢問，之後索性讓他們小組作答）：如果要挑出一個地方作為加州的首府，他們會選哪裡？為什麼？然後要學生把研究成果與班上同學分享，互相辯論各個選項的優缺點，最後再一起分析一八五四年確立加州首府所在地（沙加緬度）是否是正確選擇。

個案研究二

在某個傳統高中的歷史課，老師用兩堂課講述越戰歷史，學生忙著做筆記、背重點（像是第一支美軍部隊是在哪一年派駐越南），之後進行著重史實（更精確的說法或許是「貼近史實」）記憶的隨堂測驗。這堂課讓學生建立起對於越戰時空環境的基本認知，還有越戰的結果及其影響。

另一所高中的歷史課，學生閱讀從一九六四年開始相關的適量初級資料（新聞報導、短文、專欄評析節選和歷史文件），呈現在他們眼前的是美國參議院正要對東京灣決議案（Gulf of Tonkin Resolution）進行表決，而且只有兩位參議員持反對立場。這個班級的學生接著進行分組討論：「你認為東京灣決議案是基於什麼原因，取得壓倒性多數的支持？」每一組都要上台報告自己的想法，並接受其他同學的提問。學生可以運用手邊任何資源支撐自己的論述（我們看見負責這項任務的學生，會神通廣大的從世界各地找來幫手助拳，有些人還會把透過Skype進行的訪談記錄納入研究），最後再分析當年東京灣決議案的投票結果，能不能給二〇〇二年同樣以壓倒性多數，支持聯邦政府發動伊拉克戰爭的國會議員帶來一些教訓。

比較這個個案的兩個班級。前者花一星期記憶史實（這些史實可以輕易從網路查詢），後者花同樣時間深入議題，使得學生養成重要的技能。第一個班級擺脫不了無聊、無關和死記硬背的特質，第二個班級的教學方式（例如史丹佛大學「效法歷史學家閱讀」（Reading Like A Historian）的計畫就包含一百五十個可以深入研究的歷史事件）不但顯得充滿活力，能讓學生累積更多學習成效，老師和同學也能提供寶貴的回饋意見。後者讓學生審視自己的研究成果，還可以充分運用數位科技追求更完美的表現。

但是在第二種教學方式中，學生對於東京灣決議案的論述只有些微差異，很難用精確的分數評斷，更不可能以全國規模來排定學生的名次。套用影集《警探佛萊德》（*Joe Friday*）一句經典台詞，這就是為什麼歷史課會淪為「只要陳述事實就可以了」的緣故。

科學

一八九三年的時候還沒有基因科學，原子的基本構造還是個謎，人類也還沒建立化學鍵模型的方程式，跨領域的研究幾乎是零，其他諸多領域如環境生態、地質地理、經濟學、神經科學、材料科學、建築工程和心理學都還不成氣候，簡單來講，早在召開中學課程十人委員會的時候，科學的發展只不過是進入嬰兒學步階段而已。

當中學課程十人委員會確立科學是教育不可或缺時，他們把科學分成三個領域：物理、化學和生物。這三類課程的主要目標非常清楚：涵蓋各領域重要的定義、方程式和科學概念，再加上基本的實驗操作。由於科學發展還處在初期階段，科學課有充裕時間講述為數不多的科學概念，也由於不同學科交會處的知識尚未萌芽，將科學課區分成三大領域也能適切反應學術與職場發展的現實狀況。

現在高中科學課和一世紀以前的樣貌有許多共同點：大多數學生也選修物理、化學和生物三門課，一樣學習定義、方程式、科學概念和做實驗。如果只重表象，看過高中科學教科書的人會認為，學生所學都是重要內容。他們花時間學習困難問題與艱深的科學術語，也會對大學校務委員會的先修班進行測驗，還會研讀有助申請進入大學的科目。

但是別被表象騙了。學生學會的內容其實非常少，幾乎忽略了近代科學的重大發現，甚至忽視某些學科的存在，譬如環境生態學，對於人類能否繼續生存的重要性，遠高過其他必修的科學課。更重要的是，學生沒辦法內化科學課的核心理念：像科學家一樣，運用科學方法思考問題。

華勒斯（William Wallace）是生物化學博士，創立實驗室進行神經科學研究十二年，他前往華府喬治城戴伊學校（Georgetown Day School）任教之前，已經累積十四年教授大學生物先修班的資歷，而學生鮮少學到真正的科學這一點讓他感到挫折。喬治城戴伊學校鼓勵華勒斯採行自己設計的課程：學生要先提出假設，透過實驗驗證，然後分析結果。每學期開學後，華勒斯會先用幾星期時間講課，讓學生學會必要的知識和技能，然後就放手讓學生去

探索科學的奧祕，走進他的班級會以為置身實驗室，你可以看見學生獨自一人或團隊合作，埋頭在各種實驗。

有一次下課後我們請教華勒斯的教學方法，他解釋：「一定要讓學生親自體驗。我從沒見過哪位科學家只會寫選擇題，或有辦法預知實驗結果。教科學課最重要的是，讓學生能用更優秀科學方法進行思考。透過體驗的教學方式還有一項附加價值，就是讓學生更投入科學課。身為科學老師，我想強調科學絕對不只是著重知識的積累，科學是一種發現的方法，可以讓學生覺得刺激又有成長。」

二十世紀的模式

邁向成功的科學技能：

- 學習核心領域：物理、化學和生物
- 學習重要的定義、方程式與科學概念
- 熟悉實驗室裡的基本的操作流程

二十一世紀的模式

邁向成功的科學技能：

- 理解世上萬物運作的方式
- 有能力提出科學假設加以驗證
- 有能力看出深層的問題並設計實驗找答案
- 根據科學原理建立世界觀
- 將所學原理跨領域運用
- 發揮科學創意

我們以為高中生在科學課中「應該」學到的內容，與「實際」學到的內容有很大落差，為了釐清落差到底有多大，我們先檢視最頂尖的學生：哈佛物理系學生。這群學生不論是在高中物理、大學物理先修班，或大一物理成績都非常優異，雖然這樣的樣本不具普遍代表性，但是他們想必在多年的課程中學到不少本領，所以應該可以期待一般高中物理課的學生，可以向這群哈佛物理系學生看齊。

哈佛物理系馬佐（Eric Mazur）是舉世推崇的科學家，也熱衷於教育工作，在哈佛大學講課三十年。剛進入哈佛任教時，馬佐的教學方法跟以前一樣：先上向學生講課，涵蓋定義、方程式和科學概念，學生做實驗的目的是為了確保講課內容與真實世界可以互相對應。班上學生的考試成績都很優秀，也給馬佐很高評價，從表面看來，應該沒有比這種模式更成功的科學教育了。

但二十四年前一則軼事讓馬佐對教學的想法大幅改觀。那年他讀到亞利桑那理科學生參與的研究計畫報告，這項計畫目的在於測驗學生對於世界如何運轉的基本概念是否了解，學生先回答大學程度的科學問題，然後再進行第二次測驗，題目包括：

（一）兩顆冰塊漂在一杯水上，當冰塊融化後，這杯水的水面會如何？

(1) 更高

(2) 更低

(3) 維持不變

（二）大小一樣兩顆金屬球，一顆的重量是另一顆的兩倍，將兩顆球同時從一層樓高地方放手往下掉，則兩顆金屬球抵達地面的時間會多少？

(1)重球耗費時間是輕球的一半
(2)輕球耗費的時間是重球的一半
(3)兩顆球耗費時間一樣
(4)重球耗費時間少很多，但未必是輕球的一半
(5)輕球耗費時間少很多，但未必是重球的一半

亞利桑那兩位研究學者哈魯（Halloun）和賀斯丁（Hestenes），將這些看似簡單的科學概念交給學生作答，結果讓他們感到不可思議。開始上物理課以前，學生的測驗成績不會比隨便亂猜好到哪。值得注意的是，即使成績最好的學生在課程結束後重新測驗，他們對科學概念的理解也沒有明顯進步。這兩位學者認為學生雖然擅於記住方程式，算術能力也很強，但是卻沒有學會世上萬物背後運作的原理。

馬佐一向不以眼前的成就為滿足，所以讀到這份研究報告後，他打算讓自己班上的學生也接受他以ConcepTests為名、相同的科學概念測驗。他說：「這些測驗的成果令人吃驚：他們回答哈魯和賀斯丁式測驗的成績，不會比期中考的成績高明多少。哈魯和賀斯丁式的測驗都是簡單題目，但是我期中考題所涵蓋領域（轉動力學和慣性矩），在我眼中可困難多了。」

課程結束後，馬佐讓學生再考一次簡單測驗，那些上完他一整年哈佛物理學的學生，

包括班上成績最好的學生，成績並沒有進步。馬佐的結論是：「這個結果清楚顯示我班上有很多學生只在意學習祕訣，也就是教科書上的解題技巧，卻沒有認真看待題目背後的科學概念；他們認為考試時能立即作答才重要！」這次實驗讓他終於明白，為什麼學生經常犯下難以解釋的離譜錯誤，為什麼學生經常對物理學展現出無聊又受挫的反應。

馬佐的實驗結果跟本書前幾章內容遙相呼應：我們處在一個看重有條不紊、象徵意義的世界（也就是貴族所受的教育形式），看輕實際動手、從做中學的學習經驗（也就是勞動階級的技藝傳承），大學的知識體系更是立基於抽象推論，以此取得對高中課程的支配權。我們堅信學生在學校一定能好好學習，看到他們在大考中無往不利更令人安慰。出題者當然樂見學生按照一定程序依樣畫葫蘆，因為只要出錯就會一目了然，所以當我們測驗學生是否真的具有兩把刷子——像是亞爾朗（Arum）與羅克沙（Roksa）兩人研究出的大學和工作準備狀態評估，或哈魯和賀斯丁兩人首創的科學概念測驗——我們就會發現學生其實所學有限。

設想學生在高中或大學物理課讀到電力學的章節時，他們會記住庫倫定律（Coulomb's Law）：

$$F = \frac{kq_1q_2}{r^2}$$

接著規規矩矩練習如何帶入其中三個參數，以求得第四個參數的解，並冠上精準、正確的計量單位。如果學生能反覆練習不犯錯，一定是對電力學了然於心，要是解題不夠熟練，就不是有理工天分的孩子。大多數孩子，不論他的科學天賦如何，都會認為這些練習題無聊透頂，但是我們總認為能摸熟定律的孩子（通常就是高中數學優異的學生）是物理高手。

等到學生上完電力學課程，他們對家裡的電力系統卻沒有一點概念，不知道保險箱的用途，也不曉得保險絲為什麼會斷，不清楚一座城市或全國的電力網到底如何運作，不明瞭導致大規模停電的原因，更不用提輻射線對電力系統的衝擊，或太陽能、燃油和核能電廠怎樣發電。

為什麼科學課不能有更多實作，讓學生有機會練習組裝或分解電器，多點時間研究每天都看得到的現象呢？要回答這個問題，只要把自己當成大學物理先修班考試的出題委員，將心比心想一下就能理解。為了測試學生到底懂不懂電力學，庫倫定律無疑是天上掉下來的禮物，可以從中變化出各種類型的問題，每個都只能求出毫不含混的唯一答案。每個這類題型大概要花三十秒到一分鐘運算，所以我們可以用各種題型填滿考試時間，也能在刻意規劃下讓學生成績呈現完美的分布曲線。如此，你設計的題目就會像某位大學校務委員提供的大學物理先修班參考題型：

有兩團帶正電粒子在初始狀態下維持一定距離，當你將兩團粒子拉遠，它們之間相互作用力減少的程度會與變數 n 相關，下列何者可以表示它們之間相互作用靜電力的變化程度？

（一）1／n^2

（二）1／n

（三）n

（四）n^2

雖然這種題目非常適合標準化測驗，但是這些題目只能考出學生的記憶力，看出他們是否記得某些公式，會不會運用其中的符號運算，所以能否回答這些問題，與是否了解萬有引力或靜電力的作用沒有一點關係，一如馬佐等人已經證實的。

雖然我們是以物理學為例，但是就算套用到化學與生物學也毫無問題。問題的根源在於，看重計算過程的形式主義並不符合學生長遠發展的最佳利益，而且就算是對於將來能拿到理科博士的學生也不例外，因為當學生往更高深的科學領域發展，他們將無法運用直覺反應和洞察力建立思路清晰的科學概念。

假設科學課的目標是激發孩子對這個世界的好奇心，而且高中科學課程改從環境生態學開始教起——這是孩子感興趣的課題，對於他們將來如何在脆弱的地球上生存是很重要的。再假設，課程涵蓋範圍無所不包，從次原子粒子到原子、分子，再到材料學、地質地理，再講到銀河系和宇宙，而且包含實作課程：基本結構、電腦程式、電子電路、特殊材料……最後再假設，學生要獨立投入為期一年的專案研究計畫，讓他們以自己的方式運用科學知識，創造一個更美好的世界。

接下來還可以繼續想。你認為學生在高中畢業時，會因此更嚮往科學相關的就業市場？他們會不會變得更專心上課？會不會學得更多也記得更多？我想答案是肯定的。

外文

具有流利外文能力一輩子都受用，不但可以拓展視野，在人生旅途或職場發展也好處多多，不論是文化探訪、觀光旅遊、職場升遷，或更高等的研究工作，流利的外文能力意味著唯有跨越語言藩籬，才有資格進入另一種文化領域。

外文剛納入美國高中課程時，出國旅行的美國人並不多，電子通訊產品一應俱無，所以語言交談在其中的重要性遠不如翻譯書面資料，例如學術研究、歷史文獻，還有書信及文學作品。簡單來講，外文課的重心放在讀和寫，比較重要的外文包括拉丁文、希臘文、德文和法文，都是西方文化與科學領域使用的語言。

數十年後，外文教育涵蓋的語言類別有了更迭。由於德國科學界在愛因斯坦、波耳（Bohr）、海森堡（Heisenberg）之後變得後繼無人，所以只剩少數學校繼續教德文，希臘文則囿於古代歷史。學校開始增設西班牙文，少部分還增設漢語課程，但是教學重點擺在讀和寫，而不是開口說外語。

現在成年人為了工作需要學外語，才能理解他國文化、與外國人合作拓展業務。但現在的全球創新體系已經跨越文化和語言隔閡，跨國公司的客服高階主管會定期聚會（位於美國、新加坡和印度），使用的工具包括Skype和GoToMeeting，為了解決三地時差問題，會議時間就定在美國晚上九點。這三位高階主管來自不同的文化背景，他們該如何團隊合作？應該由誰帶頭討論？什麼時候可以表達不認同？又是多大的不認同？管理者和團隊成員必須注意，尊重文化差異才能確保大家朝著相同目標前進，所以除了要能用流利的外語對話，學生還需要了解當紅的全球競合力（global competence）。亞洲國家的十二年養成教育，對於外文教學方式有廣泛研究，並累積許多寶貴參考資料。

二十世紀的模式

邁向成功的外文技能：

・充分的字彙再加上對動詞變化與動詞時態的掌握

・讀懂書面資料的能力

・能用外文寫出簡短作文

・著重語言在科學與古代文化的應用

二十一世紀的模式

邁向成功的外文技能：

・能真正說一口流利外文

・了解文化差異，並能了解之間差異

・有能力進行跨文化團隊合作

・運用科技達到多語通的境界

若在學校學外文，可能會經歷以下階段：先從基本字彙開始，每星期增加一些新字，再學習基本動詞的現在式，過一段時間，再增加更多動詞和不同時態。上課時會重複老師的基本句型、閱讀外文作品、嘗試寫短文，偶爾會上台透過情境劇，開口練習之前背過的句子。老師會問問題，通常只需要簡短回答或重組句型就可以。進階班的課程則會以大學先修班，或其他語言的歷史與古文明為主。

近年，外文學習被整合成高中課程的一環，大多數高中會要求學生必須上兩、三年外文課才能畢業，只是我們發現，大多數即將完成外文課程、快要畢業的高中生，都沒辦法流利用外文對話。我們對一群成年人做過調查，問他們：「你們當中有多少人到現在會用到高中必修的外文？」結果比率低於百分之十五。這讓我們想起小說人物薩杜奇（Father Guido Sarducci）神父的五分鐘大學——他保證只用五分鐘，就能讓人學會大學畢業五年後還能記得的西班牙文。薩杜奇只要求學生學會問「Como está usted?」和回答「Muy bien」就夠了，因為「這就是在大學學過西班牙文，五年後還會記得的句子。」

雷希雅麥爾斯（Helene Rassias-Miles）是達特茅斯學院（Dartmouth College）雷希雅世

界語言與文化中心（Rassias Center for World Language and Culture, RC）的執行主任，該中心專責各種語言教學，同時替維和部隊、美國政府策略分支單位，和全球各類型組織培訓師資。雷希雅麥爾斯的父親約翰．雷希雅（John A. Rassias）是該中心的創辦人，亦即雷希雅教學法（Rassias Method）的祖師爺，他曾經說，學會第二外語（第三、第四……外語亦然）的關鍵在於「邊說邊學」（speak to learn）而不是「學著去說」（learn to speak），雷希雅麥爾斯補充：「我們教學理念的重點包括開口說、開口說，還有開口說更多。課程強調開口說以及活在異國文化的重要性，目的在搭配各種先進科技打造真實的學習環境，可以讓學生產生置身國外、融入外國環境的感受。我們的目的是讓每個班級的學生，都能輕鬆自在用語言去探險，當他們不會因為害怕講錯而畏縮時，自然可以看到他們的進步。還有一點，開始學習語言的年齡愈輕愈好，這是毋庸置疑的。」

如果高中時持續學習外文，在大學入學審查時會比較吃香，審查委員會注意申請人外文課程與大學先修班測驗的成績，其實這兩者都看不出申請人有沒有辦法說一口流利外文。由於大學先修班測驗成績已經被視為能評估高中學生外文能力，因此外文老師的教學重心就會擺在如何幫學生在測驗中拿到高分，只是這類測驗的範圍只涵蓋閱讀、寫作、字彙和文法，需要使用麥克風錄音的時間不超過兩分鐘。我們很想知道，在這項測驗拿到四、五級分的學生，究竟有沒有能力和外國人進行二十分鐘交談。

但面對未來挑戰，我們需要什麼樣的外文教學？自動翻譯軟體不但好用而且不時推陳出新，因此學生不需要查字典就能將外文翻譯成英文。很多高中生告訴我們完成寫作練習的方法：首先，寫下英文短文；第二，把這篇短文輸入翻譯軟體；最後，故意在完成翻譯的短文加上一些錯誤，以免讓人一眼看出他們利用翻譯軟體投機取巧。既然現實世界已經演進到這個地步，繼續花多年時間培養外文讀寫能力的價值就值得商榷了。

孩童也能和其他國家的小孩連線互動（通常是透過電玩的線上論壇），這實在是非常驚奇的事。這些小朋友就算沒學過外文也能想出方法，利用隨手可得的翻譯軟體和他人溝通。過程中，他們學會如何跨越國界與他人建立連結，也能一窺外國人的生活方式，這些孩子是真正將「外文」融合成自己一生受用技能的高手。

未來的世界，我們將會看見許多先進的即時語音翻譯軟體，如果你遇見其他不會說英文的人（不論對方說的是西班牙文、漢語，還是辛巴威話），只要透過智慧型手機幫忙翻譯，就能和對方聊得很開心，微軟前不久宣告要推出Skype Translator，作為不同語言使用者的即時影音溝通平台。我們當然不認為這些自動翻譯的媒介，能取代一個人流利使用外文的能力，當你可以熟練使用他人的母語時，你和對方的人際互動模式一定大不同，而這才是關鍵。對成年人而言，能真正流利說外文的能力非常寶貴，如果達不到這個目標，花在學習外文的努力都將付諸東流。

我們詢問校方高層如何看待外文科系，他們說：「在全球化年代，當然有必要讓學生學會另一種語言。」可是他們的學生並沒有學會開口說，所以他們改口說：「能了解外國文化也很重要。」可是他們的學生也沒有機會和國外的學生互動，而且教學重點老是擺在學習幾世紀前的生活型態，毫不在意現代社會的環境已經不同了。對了！為了增加說服力，教育工作者還會略帶心虛表示：「學習外文可以刺激不同大腦區塊的運作。」如果要他們提供證據，他們又難免支支吾吾。

沒有一位孩子會因為沒有在高中三年好好學習外文，而在成年後後悔莫名，如果我們的教育體系真的希望以熟練外文和全球競合力，帶給孩子一生受用的優勢，就應該做正確的事，早早讓孩子浸淫在外文環境，幫助他們習得真正能用、流利的對話能力。我們應該要找機會讓他們可以頻繁練習外文，如果可以，應該出國旅遊，不然就是透過Skype和國外學生交流，或安排前往鄰近的移民社區，從交談中學習其他國家的文化。而且最重要的是，要讓這些活動充滿樂趣。挑選學生真正感興趣的書籍，在課堂上用外文輕鬆自在談天說地，觀看外語發音的電影，透過Skype在國外找到學伴或組成姊妹班，學習外國真正的在地文化。怎樣發揮創意的做法都可以，就是別讓孩子不明就裡花好幾年在沒有長期價值的事情，只因為這是順利畢業的先決條件。

新型態的課程

我們透過前面的論述想表達，傳統學科教學內涵已經需要徹底翻轉，但是我們還沒談及跨科系學習的重要性。事實上，我們參觀過最優質高中的課程規劃，就是以一個複雜的問題為基礎，讓學生透過各種科別的角度深入分析與討論。

我們也還沒談到藝術教育。我們認為讓學生大量接觸藝術作品，一方面可以刺激他們理解、思考如何解決問題，另一方面讓他們學會如何表現自我，這是基本的學習，只可惜我們老是看到藝術作品被冷落在角落，只有認為自己具有藝術天分的學生才有勇氣走過去欣賞。我們不但希望看到藝術能和人文色彩的科目進行整合，更希望看到工程與設計的課程也能受到藝術薰陶。

請讀者想像一下：有一門新的高中必修課程叫做「什麼是美國人的意涵？」假設這門課一開始是用值得深思、無法簡答，甚至答案是對是錯都不是那麼黑白分明，譬如「美國人到底是什麼人？」、「什麼力量讓我們形成這個國家？」以及「我們國家未來將面對的挑戰是什麼？」

接下來一整年，學生被要求用不同科系的角度去深入思考相關問題，他們可能會從歷史角度界定身為美國人是什麼人，當然也可能從文學和藝術角度觀察。他們會學到從其他國家來到美國的移民，對美國文化有什麼貢獻，也會學到推動美國歷史演進的重要科技、為美國帶來財富與繁榮的數學及科學新知，以及將來可能對我們生命財產造成嚴重威脅的挑戰。

將想像往前跨一大步：學生採分組方式負責某些特定年代的研究，然後把研究心得分享給其他同學。他們可能會用影片或戲劇的方式講述某個歷史的重要時刻，有些人可能會把它寫成一首歌、一篇詩，或用一個簡短的故事加以說明。

這種課程的期末考會是什麼模樣？學生會把老師的考題帶回家，用一篇論說文表達心中對於什麼是美國人的看法。他們從上課第一天就知道期末考的考題是什麼，所以他們會在一年的課程中，透過討論與激辯形塑自己對這個議題的看法，老師也會鼓勵他們在這一年期間運用各種手邊有助於學習的資源，尤其是透過無遠弗屆的網路。

此外，因為期末考時會要求學生上台陳述自己的觀點，接受公開的檢驗，同時展現自己在公眾前演說的實力（就像博士論文的答辯），不論是家長或其他來賓都可以受邀與會，甚至發言提問。學生是否有能力引述佐證資料支撐自己的論點，將作為他們口語表達和書寫能力的評估標準。學生只需要在同儕間互相切磋，沒有限時測驗的問題，只要他們的表現能達到一定標準，就可以取得修業合格認證：老師頒發的美國研究獎章。

想想看，如果高中生的課程都能比照辦理，他們會不會更了解美國的過去、現在和未來？你是否認為他們更有團隊合作、批判性思考、溝通協調的能力，並可以成為一位有主見的現代公民？我們認為這是必然的結果。

或許你心裡想著：讓菁英學校的孩子接受這種教育真不錯，但社經地位處於弱勢的學生怎麼辦？面對新型態課程的挑戰，他們也能應付自如嗎？我們可以拍胸脯告訴你，這絕對是不用擔心的問題。前文提到，主張「五大心智習性」的梅爾在八〇年代的時候，擔任哈林區東中央公園中學（Central Park East Secondary School）的校長，當時想從這所學校畢業，學生不只各種表現都要符合一定標準，還要有能力公開展現自己的長處並接受挑戰，如今已經有上百所學校根據她和基礎學校聯盟首創的畢業規範，發展出各種演化版本，其中有很多學校座落在發展條件最不利的社區，此點留待第七章再深入說明。

提升孩子競爭力的十個關鍵

如果你是把推動國家擁有健康、競爭力經濟體系為己任的美國總統，在全國各地視察時發現運輸系統是篷布馬車，通訊系統仰仗電報，而且還在使用摩斯密碼，工廠充斥著大量的手工勞力。在記者會上有人問你，美國要如何和中國、印度，或其他虎視眈眈的經濟強權一較高下，你會不會這樣回答：「嗯，我想，我們完全沒有一丁點機會可以贏過這些國家，但是我認為面對不丹或查德，我們還是有勝算。」

發軔於工業化初始階段的美國教育體系沿用至今，所幸其他大多數國家的教育體系也跟不上時代。欠缺創新與真正投入研發的教育，已經讓美國在面對大舉投資、讓民眾跟上時代腳步的國家時，落居下風了。

教育工作者總會把愈來愈多標準強加在教育體系，增加新的法規，然後以口惠而不實的獎勵作為誘因，到頭來卻沒辦法營造有利於創新的條件，甚至摒棄過時的內涵都變成奢望。我們要求老師的講課內容愈來愈多，做更多測驗，不斷餵養大考這頭怪獸——永遠吃不飽的怪獸，當然沒辦法投入足夠時間和預算，重新改造過時的教育制度。

如果把求學階段全數投注在次要項目，孩子將永遠沒機會學會成人後所需的真本領與人格特質，最優秀的師資也將退出教育界。繼續奉標準化測驗為圭臬的結果，只會讓上學這件事落得一事無成。如果讓低階技能的測驗準備填滿學生的生活，我們會有什麼重要的工作來不及完成？會有什麼來不及教給學生呢？

這個選擇的結果會造成南轅北轍。我們可以繼續訓練孩子，讓他們把低層次的例行公事練到滾瓜爛熟，或要求他們記住一些將來用不到，也一定會忘記的內容。其實學校有很多功能都能「外包」給智慧型手機，讓孩子多出時間學習如何提升競爭力的十個關鍵：

（一）學會如何學習。若說這是學生可以學會的最重要技能也不為過，但是大多數學校的做法卻背道而馳，老師舉凡規劃教學內容、指派家庭作業，或設計試卷都是依照教科書。學生能拿到多少分數，要視他們是否遵照老師制訂的遊戲規則跳火圈。現在各種神奇的資源已經多到讓人目不暇給，我們更應該讓年輕世代學會怎樣才能有效「學會如何學習」。

（二）有效溝通。這是一項終生受用的技能，在成人世界每一天都占舉足輕重地位，除非他或她打算被終生監禁（聽起來像是玩笑話，卻是可以在孩子身上觀察到的危機之一。）中學的寫作教學表現非常糟糕，如前文所述，既是時間不夠，也是老師準備不充分的緣故。此外，孩子也需要學會公眾演說、製作影片、撰寫引人入勝的網路文章，善用溝通技能達成各種目標。

（三）和他人有效達成具有生產力的合作模式。這些基本技能不會在學生拿到畢業證書那天，就變成天上掉下來的禮物。教育工作者說：「我們透過分組方式讓孩子學習團隊合作，但是都行不通，最後總是只有一位孩子負責所有工作，而其他孩子只在旁邊看戲。」高中聯盟（New Tech High Network）等教育體系，已經試圖採用「三百六十度同儕整體評估」（360 peer review）方式教導學生負責任的參與團隊工作，讓他們在每一次個案學習中達到團隊合作。

（四）運用創意解決問題。企業主告訴我們，最期待新招募的人員具有創意解決問題的特質，我們也在社會新鮮人身上看見，這項特質在學校規訓下變得蕩然無存，無論他們是否擁有名校光環。在我們拜訪過的學校都能看見，學生普遍帶有「直接告訴我需要知道什麼，才能得到正確答案」的態度，而且有太多教職員會不由自主的追求標準答案。該是我們教導孩子，如何發揮創意並運用創意解決問題的時候了。

（五）化失敗為助力。現在的學校竭盡所能避開風險，不論是孩子或老師，無時無刻都沒有被鼓勵去嘗試可能行不通的做法。需要教導與學習的是，知道何時該承擔什麼風險、如何接受挫敗、如何處理其他人對自己的期待和批評。創新的過程，無可避免包含用健康的態度去承擔風險和失敗，而最創新的公司所抱持的座右銘，就是「早點失敗、經常失敗」。每一種創新都是經歷嘗試失敗後的結果，沒經歷嘗試失敗的過程就不會有真正的學習。可惜的是，不只學校教育沒教孩子面對風險的技能和態度，甚至還勸阻他們去承擔風險。

（六）推動組織和社會的改變。任何人只要能在現行機構或社區中成功推動改革，都會是最重要的貢獻，但是與教育體系交手過的人都知道，要促成改變是那麼困難。學校應該幫助孩子以最自然的方式學習正向改變，但是請校方描述學生可以用什麼方式帶動學校變革時，得到的回應都是一臉茫然。學校的走向由營運顧問、董事會成員（一群離開校園數十年的人）和校務人員主導，校務評鑑則交給教職人員，就連大多數社團和課後輔導也都由成年人主導，學生只能適度表示意見。讓學生有機會改善自己的學校與社區，難道不是一件有意義的事嗎？給學生諮詢和資源，協助他們學習如何有效做出建設性改變的同時，能夠培養他們的領導力，這難道不值得去做嗎？

（七）做出完善的決策。我們讓孩子太過疲於奔命，他們自然沒多少機會能自己做決定、實際體會抉擇的後果。我們總是理所當然認為孩子一定能學會如何做決定，但是他們如何能做好之前從未做過的事情呢？透過強力且重要的數學概念，以及在價值與倫理上的清晰思路，我們當然可以教導孩子如何做出有效的決策。

（八）規劃專案達成目標。想成功的話，知道如何設定目標並做好專案管理是不可或缺的基本功，但是我們實在想不透為什麼高中生需要熟練的技能，卻要等到進入大學後才能選修相關的課程。

（九）建立堅毅不拔的人格。塔夫（Paul Tough）的著作《孩子如何成功》（*How Children Succeed*）引述麥克阿瑟獎得主達克沃斯（Angela Duckworth）和其他人的研究成果指出，有些人格特質影響成年人是否能成功幸福的重要性高過了智商，這些特質說穿了，就是堅毅不拔，另外也有許多文獻記載，花一萬小時練習對一個人熟練某些技能的重要性，只是不管是達克沃斯還是品克的大作《動機，單純的力量》都沒有對使人堅毅的動機究竟從何而來多加著墨，難道學生需要一位虎媽在一旁嚴加看管嗎？當然不是！

華格納在撰寫《哈佛教育學院的一門青年創新課》時就從學生、老師和家長的訪談中領悟到，冒險遊戲、發揮熱情與懷有抱負這三者才是讓學生願意投入時間追求或學習某些價值的基本元素。

（十）發揮熱情和才能讓世界變得更好。大多數家長和教育工作者都會同意，我們能教導年輕世代最重要的一件事，就是他們可以發揮自己的熱情和才能，讓將來由他們所主導的世界變得更美好。學會找到自己的熱情所在，讓這股熱力帶來改變的力量，這些都不會是求學階段被動聽講就能學會的技能，這必須在真實世界裡不斷反覆練習才能有所成。

將上述各項技能和高中生的家庭作業相互比較，真的會有人認為我們的孩子需要花全部時間牢記法文單字的音符字母該怎麼寫，記住等腰三角形和等價化學鍵的定義嗎？這還只是他們家庭作業的一小部分。一旦你把青少年清醒時的每一分、每一秒都塞滿這些窮極無聊的東西，你就會把能辨正經事的時間消耗殆盡，結果只會得到一群渾渾噩噩、最擅長不動腦做事的孩子，反而不是培育他們擁有面對人生最大挑戰的必備技能。

第五章

大學文憑成為騙局

柯林頓總統：「我們將教育列為優先事項，尤其是讓更多公立學校達到應有的教育水準，並讓每一位美國人都有機會進入大學——藉由增加佩爾助學金（Pell Grant，美國聯邦政府提供的大學助學金）的規模，更優惠的助學貸款和建教合作，再加上HOPE獎學金（全名為Helping Outstanding Pupils Educationally，從喬治亞州開始的獎學金，之後推廣至全美國）和其他的減稅措施，這些都有助於一般家庭支應大學的學費。因為有了這些努力，愈來愈多年輕世代有機會發揮天賦的才能，讓他們在高科技的世界站穩腳步。」

小布希總統：「持續提升教育水準，獎勵老師善盡職責，加強數學和科學教育，持續擴增佩爾助學金的規模，確保每個人都有機會以大學文憑為起點展開職場生涯，這些工作都還有待我們繼續推動。」

歐巴馬總統：「你們或許聽說過我有時候會去參加國中生的畢業典禮，在那樣的盛會裡，興奮的畢業生和祝賀的鮮花隨處可見。我告訴自己，這只是畢業典禮而已，真正的挑戰還在後頭。他們接下來要從高中畢業，隨後再從大學畢業，或許將來會需要取得研究所文憑。」

比爾蓋茲（大學肄業）：「現有的資料顯示大學文憑的價值。美國現在有九千七百萬個需要具備高階技能的工作機會，但是卻只有四千五百萬美國人足以勝任這些工作，等到二〇一八年的時候，全美國將有六三％的工作會錄取擁有大學學歷的人。以一個成年人終其職業生涯估算，大學畢業生會比高中畢業生多賺將近一百萬美元，不僅如此，就連大學畢業生的失業率也只有高中畢業生失業率的一半。」〔比爾蓋茲在二〇一三年三月十三日接受《德州佬日報》（*Daily Texan*，德州大學學生負責發行的報紙）訪談內容。〕

根據上述幾位在美國執牛耳代表性人物的說法，想追求高生產力、受人敬重的職業發展，大學學位就是必須取得的基本文憑。這個前提不由分說的烙印在社會的ＤＮＡ裡，不管取得文憑要付出多少代價，也不管文憑在奠定職涯發展和公民意識上能發揮多少作用，總之，大學文憑的重要性不容置疑。

只是，這種說法有一個嚴重的問題：上述的前提已經完全不符合現實了。

對很多成年人來說，大學生涯是一段充滿驚喜的歲月，是個人尋求發展和新發現的時光。他們在這段時間接觸各種新的想法，經歷轉型和成長，很多人則是在大學期間離開溫暖的家庭，第一次體驗真正獨立在外的生活。如果一切順利，大學會是一個讓充滿熱情的教職員與學生共同激盪出偉大想法的地方，可以讓茫茫不知終日的青少年蛻變成專心致力的成年人，大學也是奠定一生重要羈絆的時刻。或許和校友、教職員，或整個大學所處的環境生態有關（校友分會、齊心協力的運動團隊、特立獨行的學生團體，還有基本的個人認同），所以作父母的，不管是讀過大學或錯失讀大學的機會，都會希望自己的孩子能擁有這段美妙時光。

我們能理解成年人對於大學無法忘懷的情愫，我們也知道這一章的內容將會讓人難以下嚥，因為這些內容和一般人對大學根深柢固的想法大相徑庭，但是我們還是希望讀者能保持開放的心態。你或許還記得自己或家庭的第一台音樂播放設備：一台黑膠唱片機、一台木質立體音響、車上的卡帶錄音機、CD播放機，或比較先進的隨身聽，這些令人愛不釋手的產品對你這一生會愛上哪些音樂都有關鍵影響，曾經帶給你很長一段歡樂時光，也是你用來發現新事物或學習的好幫手，但是如果現在有人打算用兩萬五千美元的價格銷售一台老古董的卡帶錄音機給你孩子，你可能會發覺事情有點不對勁。而且你應該有所警覺才對，不管你認為培養孩子的音樂鑑賞力有多麼重要。

大學文憑的直接成本

有誰知道大學花費相對於一般生活物價指數是什麼情況？用總和消費者物價指數來衡量的話，就可以看出大學學費大幅飆升的程度：大學學費在過去三十年成長速度是一般生活花費的三倍以上，相當於每年平均八％的成長率，連續成長三十年！一般人或許會說：「好啦，我知道讀大學真的變得愈來愈貴，但是其他費用也一樣大幅上漲啊！你怎麼不看看醫療照顧的費用呢？」事實上，根據既有的資料顯示，教育費用的飆漲反而襯托出醫療照顧體系是一個落實成本管控的傑出例子。

1978到2008年大學學雜費（以私立四年制大學為例）、醫療成本、生活花費與通貨膨脹

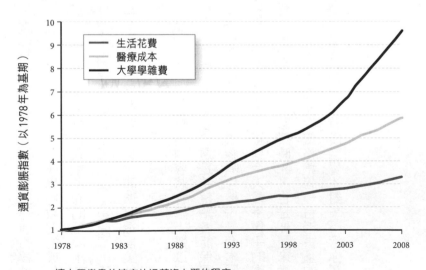

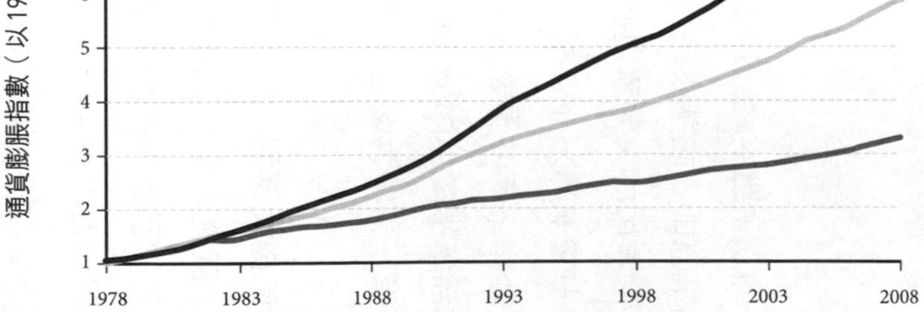

讀大學變貴的速度快過薪資上漲的程度。

不妨想一下，為什麼讀大學的成本相對於生活各項事物的花費成長這麼快。我們處在一個高度生產力的世界，讓我們生活中所有事物變得更好或更便宜，或兩者兼具，大學剛好是其中的一個例外。

進入大學參觀時，我們隨處可以看見大型營建機具。學校大手筆投資在健身中心、舒適的宿舍、氣派的學生中心和奢華的運動設施。不久前我們和霍拔威廉史密斯學院（Hobart & William Smith College）和三一學院（Trinity College）的前校長、《失去方向：省思美國高等教育》（*We're Losing Our Minds: Rethinking American Higher Education*）一書的共同作者、創立「大學生學習評量」（Collegiate Learning Assessment）的賀胥（Richard Hersh）談到高等教育的問題。賀胥告訴我們為什麼現在大學會變成這個樣子：「這是一場在美國各大專院校之間掀起的軍備競賽，背後根據的是不能說錯、卻不幸一再被強化的想法：硬體設施是吸引更多入投以關注眼光的關鍵因素。這一點完全套用商場企業的典範模式，各校想盡方法達到滿招的目標，試圖把學費撐到極限，用這種方式來定義經營績效。他們把提升學校在《美國新聞與世界報導》雜誌（*U.S. News & World Report*, USNWR）上的排名視為優先事項，好讓更多人來申請入學，讓更多通過審核的申請人願意入學，這是他們擦亮學校『招牌』的方法。另外，還要讓讀大學變成一件『好玩』的事情，至於如何提升或改善學生的學習成效，大概就沒什麼人在意了。」

當大學愈來愈像一門不好經營的事業，還被莫名其妙的《美國新聞與世界報導》雜誌評鑑下指導棋，結果大學還不斷增加各層級的行政庶務與官僚人員。受人敬重的教育經濟學家羅茲（Gary Rhoades）發現大專院校在過去三十年非教職人事「成為高等教育增加速度最快的人事科目」。擴編的人事主要負擔大學的營運項目，而非教育工作。曾經擔任多年哈佛大學校長、享有崇高聲望的伯克（Derek Bok）指出：「雖然（學界）大老們自己就能發揮一定程度的影響力，但是他們通常不願意在校內增聘更多師資，一方面是擔心會因此在同事之間形成對立態勢而破壞聲望，導致募款工作難以進行，甚至會害自己失去飯碗。畢竟很少人會因為有效提升學生學習成果受到獎勵，這項成果通常也很難攤在陽光下接受檢驗，遠不如有效提升學生學力檢定的成績，或募來更多資金興建新的實驗室和圖書館來得一目了然。」

還可以在基林（Richard Keeling）和賀胥兩人所著的《失去方向：省思美國高等教育》找到補充說法：「沉迷於雜誌評比和大專院校排名指南的多數大專院校，都不再把重心放在學習成效，這唯一真正重要的教學成果上。其他的事項：更高的排名、更多入學生、無往不利的競賽團隊、更大又更好的設施、從附屬事業開發更多財源、得到更多研究補助，都在進行決策時取代了學習成效這項最該被優先考量的因素。」

各種免費或低廉的線上課程，還有其他能學會一技之長的替代方案，都嚴重侵蝕大學的「生存命脈」。有鑑於大學珍貴的立足點已經發生根本性的敗壞，再加上很多大學的財務狀況如此嚴峻，商學大師克里斯汀生（Clayton Christensen）認為：「十五年後美國半數的大學會有破產的可能。」（相較於克里斯汀生，本書兩位作者反倒比較樂觀些，我們認為可以改建成無障礙住宅！）

我們在幾十年前進入大學就讀時，讀大學的整體成本（包括四年的學費、住宿及膳食費）大致上跟一般社會新鮮人第一份工作的待遇不相上下。汀特史密斯四年大學生涯總共花了八千美元，相當於今日物價水準的四萬美元（汀特史密斯一九七四年從一所州立大學畢業，除了享有在地生較低的學費，也比較能控制住宿跟膳食的花費），而他第一份工作（一家高科技公司入門層級的工作）的年薪則是三萬二千美元；換句話說，汀特史密斯的收入是讀大學花費的四倍。華格納選擇進入教育界而不是科技領域，但是即使他第一份工作的起薪低了許多，但是總共花一萬三千美元完成大學學業的華格納，畢業後第一年賺得一萬二千五百美元，幾乎可以支應他取得大學文憑的所有花費。

不幸的是，這樣的日子已經在很久、很久、很久以前就不復存在了。

現在如果你從大學畢業，取得文憑的平均成本大約十二萬美元，如果是從私立大學畢業，最高花費可能高達二十五萬美元。這個數字還不包括孩子準備入學申請的先期投入，粗估光是準備參加測驗和入學申請諮詢費用就要花上萬美元，如果你的孩子是在私立學校完成十二年養成教育，別忘了再加上十萬美元開銷。另一方面，根據企業雇主的資料顯示，大學剛畢業的社會新鮮人平均起薪是四萬五千美元，還要考慮近四成的大學畢業生可能找不到工作。

根據紐約聯邦銀行（Federal Bank of New York）在二〇一四年一月公布的報告：近年來有四四％大學畢業生，年齡介於二十二到二十七歲，所從事的工作技術並不需要學士學位。另一個更加嚴重的問題是，這些畢業生賺到的錢也比以前少許多：大約有二〇％的畢業生從事低薪的工作，每年能賺取的所得還不到兩萬五千美元。

公立四年制大學學雜費開銷，以及25～34歲大學畢業生擔任全職工作平均所得（以2000年為基期）

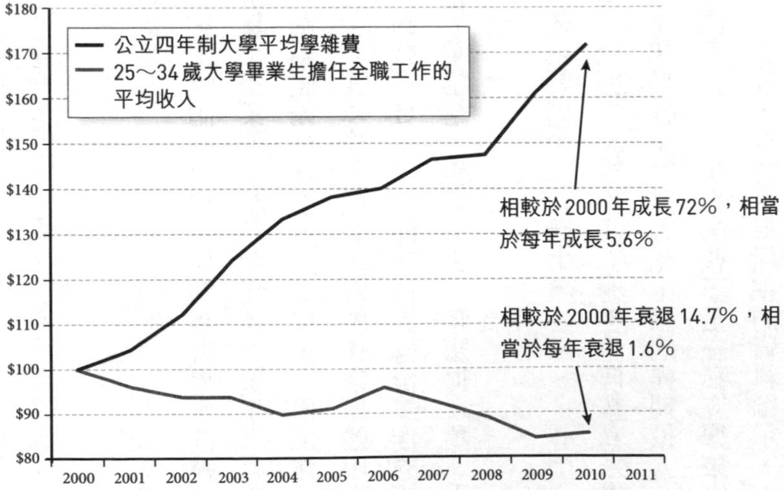

說明：學雜費開銷和工作所得都是以2010年的幣值計算，而學雜費開銷則是以註冊時的費用為基準。

債務和附帶損失

想縮短收入下滑和學費上漲的差距，借錢不失為一種解決方式。我們對於美國國債投以不少關注的眼神，但是更應該擔憂的是大學生的助學貸款。當這些大學生弄明白（通常已經太遲了）大學助學貸款跟其他型式的負債不同，無法以宣告破產的方式抵減的時候，勢必對他們造成相當大的心理負擔。而令人難過的是，高中沒有安排基本理財概念相關的課程，讓年輕世代沒辦法評估舉債讀大學的利弊得失。

根據二〇一四年學生債務研究（Project on Student Debt）的報告：「二〇一三年有六九％公、私立大學應屆畢業生都揹上助學貸款，貸款人的平均舉債金額是兩萬八千

校園的沉重負債

這十年申請助學貸款的規模成長四倍

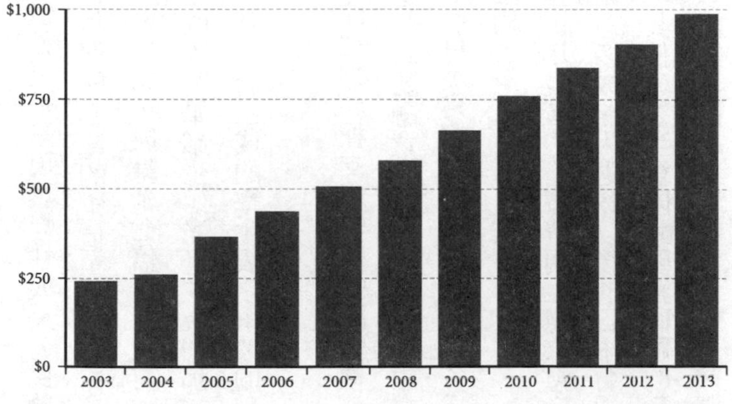

引自美國新聞機構Mother Jones，單位：10億美元

四百美元。」

政府擔保的助學貸款已經失控了，其他各種型式的債務更是呈現爆炸性成長。民營機構從一九九七到二〇〇七年撥出的助學貸款額度（以扣除通膨影響的定值美元（constant dollar）為計價單位）從二十五億美元攀升到一百七十六億美元，成長了七倍。而且有愈來愈多大學生需要透過信用卡借錢，自謀生路。二〇〇八年的應屆畢業生，光是在大四那一年平均就揹了四千一百美元的卡債。循環利息高達一五％，其中有三成的學生表示卡債的用途是為了支應學費。

在評估與大學相關的債務問題時，經濟學家通常沒注意到一種支應學費的隱藏債務來源，那就是有些父母預先提領日後的退休存款、把房產進行二胎融資，或以個人名義申請貸款去支應孩子的教育費。這些蝕老本的父母希望以後還會有足夠的存款支應退休後各種開銷，如果不幸出現財務缺口，或許他們的孩子可以照顧他們。

類似養兒防老的想法真的很危險。隨著壽命愈拉愈長，年長者的醫療費用也愈來愈多，再加上退休金給付方式面臨重整甚至是破產的局面，愈來愈多成年人退休以後的日子會很難過。如果大學生畢業後只有少數人有能力清償助學貸款，其他人多半會陷入財務問題的話，資助父母的想法根本就是天方夜譚。看看現實狀況就足以讓人清醒了，現在年滿六十歲還在償還助學貸款的美國人就超過兩百萬。別忘了，他們申請助學貸款的那個年代，一般大學的學費還沒漲到離譜的程度。

既然有這麼多年輕世代深陷負債之苦，他們當中自然只有少數人買得起車子，房子就不用想了。很多人可能從此踏上一條用一輩子時間辛苦還債的不歸路，沒辦法存夠多的錢安穩退休，還有些大學畢業生只能從事長工時的餐飲服務業（例如BArista（咖啡廳服務生）和BArtender（酒吧服務生），大寫ＢＡ意味擁有學士學位），有些人只能選擇投入高起薪的工作（像是企管顧問、金融財務領域），而不是有利於國家長遠發展的職業（像是社區服務工作、自行創業和教職），讓這麼多有能力的年輕世代被迫選擇自己不感興趣的行業，當然是大學學費高漲造成的悲劇。

讀大學的情緒負擔

前文著重在讀大學的財務成本，雖然看起來已經夠沉重了，但是卻還不是年輕美國人為了讀大學所要付出的一切。在現代社會的認知中，文憑的重要性愈來愈高，使得原本應該是追求快樂和增加實力的泉源——在更高深的領域學有所成——變成了嚴重有害情緒健康的一股強大力量，而且這種傷害還不僅僅只限於大學求學的那幾年，圍繞大學因應而生的各種壓力，其影響力可以從中學階段一路延續到成人。

德雷謝維奇在《優秀的綿羊》一書中為我們拼湊出美國年輕菁英之間「憂鬱傳染症」的駭人情節。史丹佛大學教務長艾切曼第（John Etchemendy）為了學生心理健康狀態的議題召集了工作小組，他們指出：「我們看到愈來愈多學生遭遇到心理健康方面的麻煩，比方說是自卑、發展失調、情緒低落、焦慮、飲食不正常、自殘行為、精神分裂和自殺的行為。」美國心理學會（American Psychological Association）也有一份名為「校園危機」（The Crisis on Campus）的調查報告，指出美國校園在過去二十年發生嚴重心理疾病的問題已經到了需要拉警報的程度，美國大學健康協會（American College Health Association）二〇一〇年的調查則顯示，約有四五・六%的美國大學生感到「前途無亮」，八三%認為每天的例行事務讓他們「不勝其擾」，三〇・七%坦承「過去十二個月有情緒低潮，什麼事都做不了的經驗」。

孩子在追求名校學位的過程中遭受情緒困擾的問題固然重要，我們也不能忘了另外還有些人是因為被排除在大學門外而感到挫折，有可能是因為家庭經濟拮据、失敗的十二年養成教育，或因為考試成績始終不理想而被歸類在學力不足。有些孩子總是年復一年被認定是無法融入社會的失敗者，在考試導向的可悲教育模式下，他們就更沒有機會跳脫出漩渦。標準化測驗側重衡量學生處理複雜字彙、數學符號運算的能力，而不是學生的創意或解決問題的能力，使得很多孩子跟父母一樣陷入社會最底層。這些孩子大部分都會被拒於大學門外，沒有大學文憑會讓他們不易謀職，隨著年紀愈來愈大，他們能為社會貢獻的價值只會愈來愈低，這還不提自動化生產的引進會更進一步將他們邊緣化。

我們並不想沉溺在情緒的困擾裡自怨自艾，即使這些問題的確存在也不好處理。本書作者不是溫暖且慈悲的人，我們非常清楚年輕世代活在一個充滿不確定性卻又高度競爭的世界裡，來自全球各地好幾十億的勞動人口都想養家活口，無所不在的通訊科技能讓遠在斯里蘭卡、貧困交加的青少年從志得意滿的年輕美國人手上搶走飯碗。現實環境如此，所以我們不大可能認同「StopHomework.com」（沒有家庭作業）和「Ban Busy」（禁止忙碌）打算讓青少年有更多時間遊手好閒，解決他們的學習壓力。我們認為教育問題並不是出在學生花太多時間在學習，而是他們被迫花太多時間在學校各項事務，卻無法達到真正的學習效果。

大學的學習環境

讀大學很貴，而且逐年變得愈來愈貴，但是申請讀大學的人卻持續飆高，特別是想進入名校的申請人數，想必這些大專院校對於教育工作很有兩把刷子囉？事實真的是這樣嗎？

《學術漂泊》（*Academically Adrift*）是亞朗（Richard Arum）和洛克沙（Josipa Roksa）兩位作者頗具獨到見解的作品，他們在書中探討就讀大學期間到底有什麼是學生真正學到的。他們的結論叫人吃驚，他們發現大多數大學生在批判性分析與思考、面對複雜問題的推理、文章寫作等重要領域的收穫少得可憐，甚至是毫無所獲，更糟糕的是，不乏資料顯示大學在過去幾十年教給學生的知識愈來愈少。總而言之，「學生得到的學習成效低到不行，而且學習成效有限的情況在當代大學院校裡已經成了普遍現象。」

亞朗和洛克沙是根據一份受重視程度遠不及學力檢定和美國大學入學測驗的測驗進行研究：由由美國教育補助委員會（Council for Aid to Education）主導的大學生學習評量（Collegiate Learning Assessment, CLA）。相較於其他測驗所採取的選擇題形式，大學生學習評量是由複雜、開放式的問題所組成，會將考題相關的背景資料提供給考生，讓他們在一小時內找出解答，或用不同的角度分析問題。另外還有時間比較短的測驗項目，諸如批判性閱讀與評估、科學與量化推理，以及分析論證的能力。

不同於盛行的標準化測驗，大學生學習評量檢測的正是高等教育宣稱的教育內容：批判性思考、分析推理、解決問題以及寫作表達的能力。雖然我們不認同「為考試而教」的做法，但是如果孩子是「為了參加大學生學習評量而學習」，他們確實能學到對職業生涯和公民意識都相當重要的技能。

從二十多所大學累積出兩千三百份樣本，亞朗和洛克沙一路追蹤這些學生在大學教育期間的學習評量成績，結果發現有四五%的學生在大二以前不論是在批判性思考、複雜問題推理和寫作表達能力都沒有統計學上的顯著成長，甚至三六%的學生讀完四年大學也沒有改善。整體而言，所有受測大學生在前兩年只取得七％的微幅成長，等到完成所有必修課後，增加的幅度依然有限。亞朗和洛克沙做出的結論對於大學教育無疑賞了一巴掌：「評估一般性的分析能力時，用學術漂泊一詞描述很多美國大學生的遭遇可以說是再貼切不過了。他們可能會順利畢業，但是卻沒辦法培養出高階的情境分析技能，而這卻是社會大眾普遍認為大學生應該運用自如的技能。」

其他研究人員也檢驗過大學期間到底能學會多少真材實料。基林和賀胥兩人在《失去方向：省思美國高等教育》一書中提到，大多數大學生直到畢業也沒學會「批判性的創意思考、中肯且清晰的口頭與書面表達、解決問題、理解複雜的議題、承擔並負起責任、接納他人的觀點、符合企業主的期待」等相關技能，他們接著指出：「大學學位再也不能代表畢業生符合特定的資歷、達到真正有深度的智識能力、擁有進入職場的基本能力，或能展現出人格特質的成熟度。」

美國國家教育統計中心（National Center for Education Statistics）進行的研究也發現二〇％的大學畢業生，在處理最基本的數量問題時完全不知所云，別說是辦公用具訂單的總金額算不出來，或不知道怎麼比較優惠票價，就連已知一份沙拉配上一份三明治的價格後，要他們正確算出午餐帳單的金額也困難重重。這份研究也發現，只有三分之一的大學畢業生能閱讀並理解一本比較有深度的書籍。

伯克在《大學教了沒？》（*Our Underachieving Colleges*）寫著：「大專院校儘管有許多優點，但是在培養學生的成效卻不如他們應有的水準。很多大四生寫作能力達不到企業雇主的要求，很多人無法在分析複雜、非技術性問題做出清晰的推論，雖然大學教職員總是把批判性思考列為大學教育的優先目標。很少學生在畢業的時候能說或讀外文，很多人從未上過量化推論，也不懂得在民主社會兼具理性與知性的公民所必備的知識。這些都只是一部分問題而已。」

伯克不是唯一抱持這種觀點的大學校長。蓋洛普前不久的民調顯示所有美國大學校長，高達八九％認為在大學強調批判性思考的技能是非常重要的一件事，但是卻只有四〇％的大學校長認為學校能幫助學生培養這項技能。

為什麼有「以學術眼光來看」這句話

大學一向視自己為知識與研究最優質、最妥當的寶庫，但是其中有個環節不大對勁。大多數人認為知識應該是真實有用、能洞察事理的資訊，但是大多數大學卻不是這麼想。學術研究當然會在真實性和新見解這兩方面維持高標準，至於「洞察事理」或「有用資訊」這兩方面要求就寬鬆許多。過度強調往深奧研究領域發展，就是大學生學不到太多東西的主要原因。

有個不知何人開設卻頗受歡迎的部落格名叫「一百個不要讀研究所的理由」（100 Reasons NOT to Go to Graduate Schoole），已經累積超過三百萬筆瀏覽次數，其中一篇名為〈你寫的東西，其實沒人看〉（Virtually No One Reads What You Write）的貼文指出，唯一可以讓你有把握看過你博士論文的人，就是你的指導教授，就連其他的口試委員都不見得會看，遑論其他人。

這篇文章接著寫：「相同的命運也會降臨在絕大多數學術文章的出版品。要完成一篇學術期刊的投稿文章，要花幾個月研究、寫稿和修正，但是終其論文作者一生，讀過該論文的人還少於部落格一小時的點閱人數。學術印刷出版品的印量大約三百本，卻得耗去作者多年的辛勞。很多學術期刊文章和專題論文被寫出來的原因，就只是因為學術界的人需要推出作品才能保有飯碗，而不是真的有些人需要閱讀他們的研究成果。」

華格納在哈佛攻讀博士學位的第一年，指導教授跟他談到博士論文的本質。教授說：「你的論文應該是你自己和世上其他一、兩個人之間的重要對話。」華格納說：「大概是因為只有這些人會在意或看懂相關主題吧。」華格納記得這次對話成為他人生的一個轉捩

點，他發誓要寫一本從業人員都覺得實用的博士論文，還要讓這篇博士論成為他的第一本書——他真的做到了。華格納的第一本書《學校怎麼變了》（*How Schools Change*）就是以博士論文為基礎，在他取得博士學位後的第一年付梓發行。

學術研究的生態影響大多數大專院校的課程與教學走向，連帶對美國整個教育體系帶來衝擊。大學教職員看重的是盡可能在某一學科內的未知領域發掘探索，把每一次新增的發現公開發表。《教授休息室，和其他你付錢卻沒買到大學教育的原因》（*The Faculty Lounges and Other Reasons Why You Won't Get the College Education You Paid For*）的作者薛佛瑞利（Naomi Schaefer Riley）在書中引述《高等教育期刊》（*Journal of Higher Education*）的研究成果，舉證花更多時間在教學工作的大學教授，實際上得到的報酬更低。這個結果不僅適用於研究導向的大學（這倒不令人意外），就連重視全人教育的大學也不例外（這有點奇怪），薛佛瑞利表示：「教授們就會因此知道要專心埋首研究工作，不斷發表大量卻乏人問津的論文。」

如果我們可以掃描剛進入大學任教的教授腦袋裡在想什麼，大概會看到以下的情景：取得長聘是他唯一的職涯目標，如此一來，整個學術生涯就可以高枕無憂了。沒拿到長聘會是一大挫敗，幾乎很難再從學界挽回名聲。大多數科系會依據兩個條件決定是否發給終生教職：候選人的研究表現和人際間的政治角力。全心投入教學工作不但會害你分心，也會占用你研究工作的時間，通常還會造成一個負面效果：不利於新進教授在系所的人際往來，因為資深、具有終生教職的教授不樂見系上新血在教學評鑑上有太醒目的表現。這些因素加總在一起後，大學教職員就很難是精挑細選、充滿熱情與動力，能啟發學生的教育工作者。

基林和賀胥兩人也提到：「大學教授不會因為學生沒學到東西而失去升遷或長聘的資格，而且就算有，也沒有幾所大專院校能清楚知道某位教授的學生有沒有學到東西。就是這個緣故，使得很多大學教授不會因為教學不力而無法升遷，無法取得長聘。」儘管有些傑出的教授在教學、研究兩項工作都遊刃有餘，但畢竟都是特例，不是一般的狀況。

得到長聘的教授，大腦裡又會掃描出什麼內容？這麼說吧，他們一早醒來就會開始思考自己關注的研究領域，然後一直到晚上就寢還是想著同樣問題。他們的研究成果最終會在某個小範圍內將知識的範圍往前推，例如辛巴威蟻的交配習性，或安道爾為什麼在二次世界大戰保持中

你知道的事情（沒有衍生其他關連性）　　你可以運用你知道的事情做什麼

←------------------------------------→

大學在意的事情　　社會在意的事情

立。因為他們滿腦子想的都是這些內容，那就不難理解為什麼取得長聘的教授會認為他們能替學生做的最重要一件事情，就是把他們研究領域所知道的內容都教給學生。如果我們再把這些教授的平均歲數納入考量，就會發現他們不是每個人都能帶動世界新的變化。意思是，螞蟻的行為和安道爾的選擇都是隨手可以查到的資訊。總歸一句話，大專院校的思維重點在於所有人類知道的知識，卻不在於運用他們的知識（或Google查得到的知識）做些什麼。

華格納在《哈佛教育學院的一門青年創新課》訪問好幾位年輕、卻有不凡成就的創新者，其中有些受訪對象還是從名校畢業的學生，諸如哈佛、麻省理工學院和史丹佛大學。華格納有個值得玩味的發現：對這些年輕世代影響最大的大學教授，沒有一位已經或看似有機會取得長聘。這些教授是以偉大老師的身分提攜學生，改變他們人生的方向。他們大多數也從事研究工作，只是研究成果會被認為不夠學術，因此無法取得長聘。

套用林肯的名言，現在的大學是「為學界所有，為學界所治，為學界所享」，學界對於小範圍的研究熱忱深深影響了大學生什麼要學、什麼不用學，增聘師資的考量是為了在特定領域打開一扇專業的窗，而不是看重候選人的教學能力與經驗。各系所在規劃必修科目時，會希望把學科內「奠定知識基礎支柱」的內容都涵蓋進去。包括教職員和學生在內，如果想跨領域研究就會遭到阻撓，因為這種課程「本科系學術成分不足」的想法已根深柢固。畢業必修科目完全和出席狀況掛勾，學習成效的標準只占一小部分，而且只評量所謂的「基礎」內容。只要你成績通過四十門課的門檻，其中有十多堂選自你宣稱要作為主修科目的系所，這樣就可以畢業了。即使是在美國最菁英薈萃的大學，學士文憑也不是依據關鍵技能的熟練度、完成大型計畫，或展現團隊合作的能力為審核標準。

《不學無術也能畢業》（*How to Succeed in School Without Really Learning*）一書的作者拉巴里（David Labaree）的心得是：「不管是用什麼方式，取得某些文憑的代價基本上大同小異，所以試圖找出本小利多的方法混來一張文憑就變成非常合理的行為；就好像是去買汽車一樣，優惠折扣是愈多愈好。教育成效看重的是形式而非實質內涵，優秀的教育體系意味著，獎勵循規蹈矩又能依規定達到一定程度的學生，而不是要求他們展現被社會大眾視為有用的實作能力。」

基林和賀胥補充道：「大多數從大學畢業的學生從來不曾體驗什麼是進階的學習，他們得到零碎的知識，然後很快就忘了，善於在考試中回答練習過的題目，然後在最後拿著不切實際的好成績自鳴得意一番，就可以躋身畢業生之林，等著在畢業典禮上和校長握手道別。」

行筆至此，請別誤會作者的意思。本書作者有很多朋友都在學術界，我們當然珍惜他們投入研究的熱情、好奇心、嚴謹推論，還有他們在智識方面所帶來的價值，我們也完全同意很多科技領域價值連城的重大突破是來自純學術研究的成果，而且大學的天職就是支應學者的研究工作。我們只是認為不應該依照大學教職員艱澀難懂的研究課題，決定大學生和高中生的課程走向，而這個現象現在已經氾濫成災了。

大學的評鑑機制

《美國新聞與世界報導》雜誌發布的年度排行榜，是用來揭露美國大學相對排名最廣為人知的資訊。這份排行榜在一九八三年（為美國教育體系帶來致命一擊的一年）正式登場，從此以後就像是超級盃或大選年一樣，成為大眾媒體注目的盛會。每年社會大眾都會摒息以待，看看哈佛大學能不能繼續蟬聯寶座，看看有哪些學校在排行榜裡上上下下。每當排行榜揭曉的時候，馬上會成為各家媒體的頭條消息，大學行政人員也會為了學校的評價是進步還是退步搞得緊張兮兮。

用對比方式把所有學校納入排序是愚蠢的事（這好像誰是最偉大藝術家的排名裡，硬把畢卡索、林布蘭和達文西湊在一起評比），若你了解《美國新聞與世界報導》雜誌是依據什麼指標排名更令人吃驚。這份深具影響力的排行榜的評鑑標準包括：

（一）錄取率：篩選掉很多申請人的學校，評分愈高。

（二）普遍的聲望：其他大學行政人員和高中課輔員會給什麼評價？

（三）新生入學時的平均學力檢定成績：學生成績更高的大學，就是比較好的大學。

（四）研究經費的預算：根據《美國新聞與世界報導》雜誌的想法，投入更多資源在研究工作，就代表是比較好的大學。

（五）畢業與留級比率：學生在六年內順利畢業的比率，與新生在大一被留級的比率。

《美國新聞與世界報導》雜誌沒有採用任何指標評鑑大學能讓學生學會什麼，這樣操作的結果使得這份排行榜失去了根本意義。他們支持大學把教育資源挪做他用，還浪費大學和該校申請人的時間和金錢，而這份排行榜最大獲利者是規模高達好幾十億、百億美元的大學入學保證班，還有高階的就學輔導顧問產業。以下列出《美國新聞與世界報導》雜誌的評鑑標準會造成哪些負面影響：

（一）錄取率：大學會先花大筆經費設法增加申請入學的人數，然後再回絕大量的申請案，塑造在審核過程「精挑細選」的樣貌。不相信大學會這樣搞？那就看看即將畢業的高中生，每天會收到多少大學為了鼓勵他們提出入學申請而寄給他們的電子郵件。

（二）普遍的聲望：如果說我們對大學的運作有多一點了解，那就是只有親自觀察大學班級的上課過程、檢視學生的作品和了解學習成效的評量方式，這才有辦法判斷一所學校的表現。如果只是依照「普遍的聲望」排名，這些印象往往來自以往既有的排行名次，一方面會形成強者愈強的結果，另一方面則會讓希望提升排名的大學把投資重點擺在行銷學校的品牌價值，而不是投注在學生的教育工作。

（三）新生入學時的平均學力檢定成績：學生成績愈高的大學，當然就是比較好的大學。沒錯吧？所以大學就把沉重的負擔壓在想提升成績的申請人身上，讓他們用數不清的時間和金錢練習如何應考。現在還有不少大學採計申請人在標準化測驗中的「最優成績」，意思是申請人可以多次參加學力檢定或美國大學入學測驗之類的測驗，而校方只會把每次測驗不同科別的最高分挑出來，計算申請人有機會得到的最高綜合成績。換句話說，校方會提供《美國新聞與世界報導》雜誌哪種分數排名呢？當然是「最優成績」啦！這項評鑑標準會讓大學有美化排名的空間，也會對沒有時間和金錢去應付各種測驗準備工作，或多次參加大考的申請人造成不利的影響。

（四）研究經費的預算：雖然在大學過度強調研究成果很容易會以犧牲大學生的受教品質為代價，但是投入更多資源在研究工作的大學就是好大學。《美國新聞與世界報導》雜誌就是這樣認定。

（五）畢業與留級比率：只要把學校變得輕鬆又有趣，就能讓學校排名大步向前的話，那就花錢打造一座健身中心好了，根本沒必要投資在更好的教育品質。

如果有更多大專院校能像里德學院（Reed College）一樣有勇氣就好了。里德學院早在一九九五年就退出排名評鑑，還直斥《美國新聞與世界報導》雜誌採用的排名方式「錯到無可救藥，即使成為教育界普遍接受的想法亦然。」我們還期待有一天大學校長會公開坦承：「我們收取天價般的學費都是因為我們花太多錢，在有助於衝高學校排名的事情，現在我們打算改弦更張了。」

美國一年大約花五千億美元供大專院校「教育」學生之用，但是其中只有極少數用於評估大學生到底在學校裡學到了什麼。亞朗和洛克沙在《學術漂泊》的研究經費是由四家有眼光的基金會（盧米納（Lumina）、福特（Ford）、卡內基（Carnegie）和提格（Teagle）基金會）共同出資，期間長達六年，總數累計達一百萬美元。這筆研究經費的規模有限，不及大多數學校在招生季節為了吸引更多申請人而投入的行銷經費，也反應出美國在大學評鑑投資不足的現象。這個問題見諸於《未來前景：變動環境下的高等教育政策》(*The Future Project: Policy for Higher Education in a Changing World*)，呈現大專院校「欠缺清楚的績效衡量辦法……因為校方都對現狀感到滿意」的嚴重關切，盧米納基金會對於學習成效評鑑機制的結論，正好適用於當前大多數學校：「能用來鑑別高等教育成敗優劣的可靠資料實在太少了。不容諱言，我們在班級或學程計畫中用來衡量特定學習效果的措施還不夠，無法鑑定一所學校對學生人生真正賦予的價值究竟是什麼。」

雖然亞朗和洛克沙是以總和的基礎公布研究資料，這些資料還是有可能成為另一種對大專院校進行排序比較的基礎，而且是用真正重要的指標做排序。假定我們能取得大學在校生的學習評量成績當成座標軸，新的排序結果就會變得有意義。前程似錦的學生在選擇就讀學校時，可以運用這份資料找出最能幫助學生學習的大學作為優先考量，而不是挑上要擠破頭才能得到入學許可的學校，如此一定會對現行大學生態造成天翻地覆的改變，學生在大學的求學經驗會重新改寫，校方也會更重視該如何幫學生培養關鍵技能，優良的教學起碼能得到和研究工作平起平坐的評價，學校也會刻意挑選最能在求學階段獲益的學生（亦即能在四年求學期間對批判性思考取得長足進展）發給入學許可，而不是挑選天生坐享其成就擁有精雕細琢、完美履歷的孩子。

眼見很多大學攀升的成本和偏低的畢業比率開始拉警報，歐巴馬總統提倡聯邦政府也應該要有一套替大專院校排名的標準，採用畢業比率和畢業後的收入資料當作評鑑指標。雖然立意良善，但是我們認為這項提議恐怕沒有多少實用價值。這類型的排名形同鼓勵校方儘管調降讓學生畢業的標準，也會讓學生向社會新鮮人看齊，專門投入有利可圖的職業發展。雖然有位政府高階官員誤把大學評鑑等同於「果汁機評鑑」（rating a blender，可能是誤把「綜合學習」（blended learning）這個教育階段的單字重新組合的結果），但是我們還是樂見聯邦政府教育政策的領導人，聚精會神處理如何在教育體系內完成教與學評鑑機制的核心議題，而不是提出另一份一樣帶有缺陷的排名機制。

畢業後的就業狀況

現在大學畢業生苦於覓得一份待遇好、有意義的工作，根據美聯社記者顏霍普（Hope Yen）報導引用的資料，二〇一二年大學畢業生「在餐飲服務業，如餐廳、酒吧從事幫忙處理雜務的服務生工作，會比擔任工程師、物理學家、化學家、數學家等職務加總後的機會還大（一萬比九千），跟辦公室庶務有關的職位，如接待員、薪資出納，也比跟電腦有關的專業職位來得多（十六萬三千比十萬）。擔任收銀員、門市店員和客服人員，也比擔任工程師還多（十二萬五千比八萬）。」

根據求職網站AfterCollege的統計資料，二〇一四年大學畢業生只有一七%找到工作。有許多人在畢業後選擇搬回父母家裡同住——近幾年畢業生的比率高達四五%。另外，大約有六〇%的大學生在畢業以後還需要仰賴家裡提供經濟支援。

我們經常從企業主口中聽到他們對大學畢業生的批評，即使是出自名校的畢業生也不見得已經準備好迎接工作挑戰。學校教育究竟是如何榨乾學生的創意與想像力？他們為什麼對於未經修飾的問題會感到不耐？他們為什麼只專注在旁枝末節，只著重每天、每小時的短期工作成效？思科前人力資源總管，也是《絕地領導》（*Leading From the Edge*）一書的作者尼爾在離開思科後，在名列《財星》百大企業提供咨詢服務，以下是她跟我們的對話內容：「就算是最頂尖的學校也沒能讓學生準備好面對當前職場的現實環境，更別提要如何面對未來的挑戰了。很多大型組織從原本工業經營模式轉型成創新經濟的營運模式時，需要經歷龐大的調整過程，能在現行教育體制下表現傑出的學生往往具有目標導向、循規蹈矩、聽從指令、按部就班和單一專長（意指在企管或工程中擇一主修）的特質，但是現在全球職場期待的未來領導人，卻要有看重人際互動和團隊合作、有能力制訂遊戲規則、充滿創意與創造力，並兼具跨領域多項專長的特質。這兩種人格特質差異很大，而且我不得不說，我只看見極少數積極進取的學校能符合現在企業界的需要，真正踏進教育轉型的領域。」

談到工程領域的教育時，我們普遍認為麻省理工學院是世界上績效最卓越的機構，該校長年以來也一直享有如此的崇高地位，過去所有諾貝爾獎得主中，其中有八十一位都和麻省理工學院有些淵源，通常麻省理工學院的研究人員每年能提出數百件專利，設立好幾十家科技公司，上百篇擲地有聲的學術論文更是不在話下，也難怪有那麼多人會把麻省理工學院視為工程教育的佼佼者。

幾年前，一位麻省理工學院的學生渥夫（Kristen Wolfe）以《一探本校機械工程系校友職涯發展概況》（*Understanding the Careers of the Alumni of the MIT Mechanical Engineering Department*）為題撰寫論文，採大規模調查方式了解校內或校外學生是否能學以致用，其中包含超過三百位麻省理工學院機械工程系畢業的校友，這群校友在接受調查訪問時都已經進入職場超過十年，投入的工作橫跨學術、研究、商場和非營利機構。

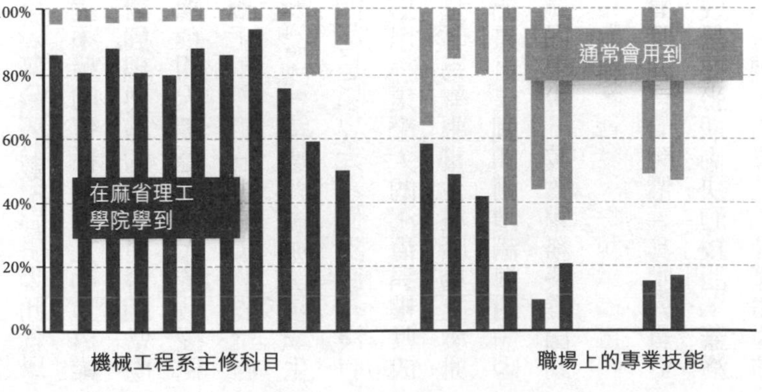

接受渥夫調查訪問的對象表示，自己把在麻省理工學院就讀的所有時間，花在一個進入職場以後就沒機會運用的小課題（例如流體力學、熱傳導或研究冷門的數學），因此就學時當然也就沒有時間培養職場的技能。渥夫的結論是：「最嚴重不足的包括人際互動、專業技能、獨立思考、團隊合作和溝通技巧。如果能在這些領域不斷展現熟練的技能將會相當吃香，但卻也是在麻省理工學院最難以學到的技能。我認為這個現象的大部分成因在於教授們認為學生在學校的求學過程中，會自然而然把這些技能融會貫通。」

如果可以放一顆熱氣球飄過校園上空，上面掛著一面看板寫著：「這樣教沒辦法讓學生準備好進入職場」，應該沒有比這種方式更容易吸引目光了；問題是學界大老們到底有沒有接收過這樣的訊息？答案顯然是否定的。不久前蓋洛普的調查顯示，這麼大的鴻溝只被當成是路上的小坑洞，調查報告寫著：「如果讓大學學務長自我評量，為學生日後在職場上發光發熱的準備工作能拿到什麼成績，他們一定會給自己A⁺。」看起來，這個猜測還滿準的，因為新聞網站高等教育祕辛（Inside Higher Ed）在二〇一四年曾經向大專院校的學務長發出問卷，其中就有九六％的人認為自己的學校表現不錯。

蓋洛普另一份新公布的調查詢問企業領袖與社會大眾對於高等教育的評價，其中只有一四％的人（企業領袖一一％）非常同意大學畢業生具備在職場成功、勝任愉快的技能。蓋洛普教育事務調查執行主任巴斯提德（Brandon Busteed）在公布這份調查結果前接受媒體採訪時就直言：「幅度大到如此驚人的落差，說實在的，根本沒辦法解釋到底發生了什麼事。」

也就是說，九六％的教務長（大學裡主導教學成果的最高負責人）相信自己服務的單位能有效幫助學生奠定就業基礎，但是卻只有一一％的企業領袖抱持相同看法。哇嗚！這兩個群體的人都沒有直接對話過嗎？

真正的問題出在學界領袖和要面對校外各界的人（包括大學校長）無法溝通。不管大學校長如何設定各項教學成果孰輕孰重，他們通常沒有辦法落實，畢竟大學的教育主力是取得長聘的教職員，不是行政單位。有一位大學校長坦承：「如果我打算排進一門就業導向的課程，教職員肯定會集體反彈。」這就不難解釋為什麼蓋洛普調查顯示，七二％的大學校長認為有必要讓校內教職員知道企業主在意的職場技能是什麼，但是只有二三％的大學校長能有效傳達這些職場生存的必要條件。

蓋洛普的調查沒有追問的問題是：「如果你日復一日、年復一年，從這個學期一直講到下一個學期，希望取得長聘的教職員能改變教學方法，更重視教學成果，你認為有沒有機會讓他們聽進你的訴求？」可以預期，對方將陷入短暫的沉默，而且任何一位願意據實以告的老經驗校長都會告訴我們：「想都不用想。」

在此釐清一下，大專院校要協助學生做好就業準備是什麼意思。我們並不認同大學教育應該一面倒向實務課程，我們相信的是，對大多數大學生而言，主修科目的內容和透過教育培養學生重要技能與刻畫他們人格特質之間，其實沒有多大的關連，而且這種課堂教學與專業能力脫勾的現象，變得愈來愈嚴重。

二〇一四年九月十一日《華盛頓郵報》（*Washington Post*）專欄作家佛德曼（Roberto Ferdman）在文章中提到，一份比較近年社會新鮮人起薪與職場中生代待遇的研究報告，並做出結論：「近幾年來，職場很看重社會新鮮人的技術能力，所以很容易理解為什麼加州理工學院（California Institute of Technology）工程系所的畢業生，起碼能在起步時得到比哈佛大學英文系畢業生更好的待遇，但是這些能拉開起薪差距的專精技能似乎只有短短幾年效果，只要時間軸一拉長，優勢就會消失殆盡，我們就會看見受到全人教育的畢業生在待遇上迎頭趕上。」

取得商學院文憑的學生在職場上會比主修人文科學的學生更吃香的想法，則是另一個常被誤解的觀念。其實很多行業，特別是重視創新的行業，並不是以畢業生所學專業科目作為聘用與否的標準，反而懷疑大學商學教育會不會跟公司日常營運方式格格不入，難怪近幾年大學畢業生當中，商學院畢業生的失業率在各種主修科目中排第二高。現在企業主希望畢業生能發揮關鍵的技能、提出有意思的問題，並展現出堅毅不拔的特質，而傳統全人教育在教導學生這些關鍵技能的表現相較商學院的課程，其實是有過之而無不及。

喬治城大學教育與就業中心（Georgetown's Center on Education and the Workforce）主任

卡內瓦爾（Anthony Carnevale）對於大學怎樣做才能幫學生做好就業準備，提出很重要卻有點反直覺的觀點。卡內瓦爾所屬單位在不久前的一個研究計畫中發現，近年來資訊科技系所畢業生的失業率高於戲劇系學生的兩倍。雖然職場上確實還有很多資訊科技相關的職缺還在徵才，但是在大學主修資訊科技可能沒辦法讓畢業生符合企業主的徵才條件，《華爾街日報》有一則報導指出：「把顧客關係管理或運動醫療保健的課程排進課表，可能因此排擠掉改善學生推理能力的邏輯課，或提升學生寫作技巧的英文課，不過推理能力和寫作技巧並不是用途有限，反而可以廣泛運用在各種領域。」

蓋洛普資深研究人員普萊爾（John Pryor）對這些問題下了扼要結論：「很多畢業生無法獲得理想的職位，很多企業主開出的職缺卻又找不到有能力勝任的雇員，這兩個現象對於個人或經濟發展都會帶來不利的影響。想改變這個問題有賴每一位大學校長站上改革的第一線。」比較麻煩的是，有太多人誤解就業市場缺口的成因，問題出在大學幫學生培育的技能派不上用場，而非出於他們安排的課程。

大學對公民意識與社會組成的影響

曼恩在一八四八年宣告：「教育是讓每個人取得公平發展條件的創舉，也是維持社會這部機器平衡的輔助輪。」這句話在美國有很長一段時間是正確的，但是現在面臨所得分配不均、社會流動不足，以及中產階級傾圮等種種數不清的挑戰，而大多數的解決方案卻只圍繞在租稅法規的政策，對於大學能怎樣發揮讓大家立足點平等的話題，各界領袖只會一再高唱該如何協助年輕取得學士學位而已，歐巴馬總統還特別強調大學學位是「推動經濟發展的先決條件」。

然而，現在的高等教育體系就是所得分配不均的成因，而不是解方。我們已經看見大學在社會與經濟層面的角色，只用了一個世代的時間就已經全面翻轉了。二十世紀的大學是數以百萬計年輕世代，賴以增加經濟發展機會與促進社會融合的主要管道，也因此孕育出穩健成長、欣欣向榮的中產階級。能從大專院校畢業的學生，大致上也都能掌握資訊且積極投入公眾事務的公民，這一點又會更進一步強化社會組成。如今，大學這座象牙塔卻已經成為推動世襲的體制，讓出身中、下階級家庭的人生失去前景，替上流社會的家庭守住生存優勢，同時讓大學畢業生不再關心公眾事務，拋棄身為公民的責任感。

一九四四年小羅斯福總統簽署退伍軍人法案後，就此產生一個大學促進社會流動的經典範例。當時小羅斯福總統希望能確保所有退伍軍人「在回歸平民生活時，能找到一份令人滿意的工作」，因此這項法案在歷史上的特殊地位在於「現役軍人不分男女都有機會在退伍後重新回到學校，接受技術訓練或參加進修課程。政府不只每年五百美元支應他們的學費，他們每個月還能享有一定的生活津貼，好讓他們心無旁騖的完成課業。」

退伍軍人法案幫助七百八十萬從戰場上退役的軍人完成學業，也為美國戰後以製造業為基礎的經濟發展奠定基礎，更進一步形成活力十足的中產階級，這就是當年所謂的美國夢。值得注意的是，當退伍軍人法案在一九四四年生效的時候，政府只需負擔每人五百美元（相當於現在的七千美元）學費，就能讓好幾百萬退伍老兵踏進大學的知識殿堂。

和上個世紀二次世界大戰退伍老兵推動美國社會轉型的過往形成強烈對比的，莫過於本世紀的伊拉克與阿富汗戰爭。參與這兩場戰爭的自願役軍人大多出身低收入家庭，而且這兩場戰爭不但沒有像前例一樣，成為帶動經濟發展與社會流動的引擎，這些退伍軍人回到美國後遭遇的是履創新高的自殺率、創傷後壓力症候群、藥物成癮、情緒低潮和流落街頭的命運。就算歐巴馬總統在二〇一〇年決定擴大新版退伍軍人法案的優惠對象，如今的美國退役軍人還是要應付許多挑戰。雖然現代美軍在服役期間有英勇的表現，也學會許多不能忽視的技能，但是他們退伍以後卻可能淪落到社會經濟地位的下層，無法以充滿活力的中產階級身分成為經濟發展的生力軍。他們很多人遭遇到的障礙，出人意料的居然是因為欠缺適當的學位。

根據資料顯示，現代美國社會毫無疑問是自經濟大蕭條以來貧富差距最大的一刻。在這個立足點極為不平等的社會裡，大學扮演的角色卻是以有利富人階級的方式讓社會的立足點更為傾斜。出身有錢人家的孩子在申請進入大學就讀時可以享有各式各樣的優勢，特別善於幫學生準備進入大學就讀的私立十二年養成教育體系、課後標準化測驗家教輔導班、高價聘請教練學習上流階級的悠閒運動，各種有錢人專屬的栽培方式讓人目不暇給。

大學惡化不平等的方式有兩種，明的是在審核時優先挑選校友的子女，暗的是偏好挑選有可能大筆捐注校務基金的富家子女。德雷謝維奇在《優秀的綿羊》中不留情面的抨擊美國高等教育，指出這套體制「惡化了分配不均，遲滯了社會流動，鞏固特權階級的利益，創造出的一批菁英卻

1913～2012年，美國最富有1%階級稅前所得占比率

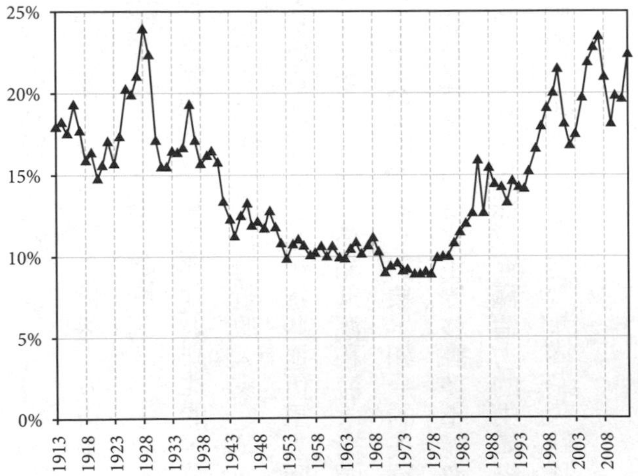

資料來源：Piketty and Saez, 2003 updated to 2012. Series based on pre-tax cash market income, including realized capital gains and excluding government transfers.

與社會愈來愈疏遠，而不是如原本預期帶領社會前進。他們對於自己權貴階級的地位躊躇滿志，一副白種人自封為貴族的模樣。」

德雷謝維奇接著補充說：「數字會說話。一九八五年，在全美國兩百五十所最頂尖的大學中，有四六％的學生來自於所得排名在前四分之一的家庭，而二〇〇〇年，這個比率成長到了五五％，等到二〇〇六年（雖然樣本數字較小）更是爬升到了六七％，而且同年只有一五％的學生來自所得排名在後半部的家庭；早一點的研究甚至指出，來自所得排名後四分之一家庭的學生人數只占三％。」愈往名校走，學生出身背景愈不平等的現象就更明顯，卡拉貝爾（Jerome Karabel）提到哈佛、耶魯、普林斯頓等校的狀況：「一直都是研究型大學裡學生家庭經濟基礎差異最小的幾所學校。公立大學的情況雖然比較好一點，但是二〇〇四年在最受矚目的幾所州立大學裡，四〇％的學生來自年所得超過十萬美元的家庭，還是比五年前調查的三二％來得高。」

立足點不平等所影響的不只是誰可以進入大學而已，還會連帶影響求學階段的各個面向。明眼人都知道，現在在大學校園裡區別貧富差距的那條界線是如此明顯且令人不堪。窮人家孩子能吃的選擇不多，有錢人家的孩子卻是美味佳餚，所以當有錢人家的孩子經常在高價的用餐場合進行小組研究討論時，窮人家的孩子根本沒機會參與。只要父母負擔得起，很多大學會樂於提供高檔的住宿環境給學生，富有的孩子開著名車出入校園，窮人家的孩子卻只能靠一雙腿或一輛破爛腳踏車。如果學生選擇住到校外（讀完大一後搬出宿舍的情況很普遍，因為註冊的新生人數愈來愈多），有錢人家的孩子可以選擇校園附近典雅的公寓，其他人只能亂無頭緒到離校幾英里以外的地方找些不怎樣的住所棲身。

有錢人家的孩子在求學期間可以不用擔心揹上債務的問題，任意徜徉在各種學科之間，也沒必要打工賺錢，窮人家的孩子卻得設法找一份低時薪的工作分攤學費。有錢人家的孩子很容易透過父母的人脈找到眾人稱羨的實習機會，窮人家的孩子卻連一份暑期工作的機會都不一定有。弱勢家庭的孩子還得承受同儕投以異樣眼光，學生報《紅色哈佛》（*Harvard Crimson*）的一份特刊赤裸裸展現出這種令人不悅的心態，該文作者表示自己來自富裕家庭，並認為「幫助課業表現不佳的學生進入最高學術殿堂，這就好像是幫助視力不良的人成為飛行員一樣荒謬。」

大學再也不能消除經濟立足點的不平等。或許你還會希望大學起碼在培育積極投入、掌握資訊公民這一方面的表現能令人稱道，至少也要讓畢業生理解投票的重要性。這已經是我們在最小層面希望大學能有強化社會內聚力的功能。綜觀歷史，雖然透過選舉決定國家未來走向這套機制對年輕世代的影響更大，但是年輕世代參與投票的熱度一向低於年長者。這個現象的長期趨勢如何演變？一九七二年時，調查發現年輕選民總數大約是年長選民的七五％，一直到二〇一二年，年輕選民的投票率持續下滑，使得年輕選民只有年長選民的三分之二。在同一段時間，年輕世代受過大學教育的比率大幅攀升，從原本約二〇％成長到三三％。推動校園投票計畫（Campus Vote Project）指出，有超過四分之一的大學生在最近幾次選舉中都沒去投票，因為「不知道去哪裡或不知道該怎樣完成選民登記，不然就是錯過登記截止日期。」由此可見，愈來愈多人進大學讀書並沒能帶動更多受過高等教育的熱情年輕選民，參與民主決策機制中最重要的一個環節：去投票。

針對近年大學畢業生履行公民職責的表現，亞朗和洛克沙提出以下評語：「大部分的大學畢業生只維持低度參與，據報有超過三〇％的大學畢業生一個月只看一次電子版或平面版的報紙，甚至連看都沒看過。另外，將近四〇％的大學畢業生表示很少和家人或朋友談論政治與公共議題。」根據勒文（Arthur Levine）與狄恩（Diane Dean）在《走鋼絲的一代：當今大學生的寫照》（*Generation on a Tightrope: A Portrait of Today's College Student*）中所發布的資訊，六八％的大學生對政治冷感，八三％認為不可能透過傳統政治模式促成有意義的社會變革。

投票無疑是在民主體制裡實現公民意識的基本要素，而團隊合作、溝通協調、重點分析、詮釋問題的方法，以及解決問題的創意的重要性也不遑多讓。如果這幾個關鍵字讓你覺得似曾相識，那是因為這些同樣是職場生存的必備技能，這表示大學教育方針究竟該朝就業導向或朝公民意識發展的辯論，根本就是假議題。在這個世界裡，不論是想在職場出人頭地或想為所屬社群貢獻一己之力，學生需要具備的是同一套核心關鍵技能。

在美國某些頂尖的小型全人教育大學，教職員的表現是以教學績效而不是研究成果作為衡量標準，在論及把這套可用於職場與發揚公民意識的核心關鍵技能教給學生時，這些學校的成效都很卓越。此外，一篇《紐約時報》的分析報導也提到還有些學校努力營造學生出身經濟條件更加多元的環境，可是這些學校的招生人數相較於所有大學生的人數，實在是微不足道。

美國信託及校友委員會（American Council of Trustees and Alumni）在評鑑排名前一百大大專院校普遍的教育成果時，其中六〇%學校只拿到C、D、F的評等，委員會的意見是：「我們的發現值得警惕。現在的學生需要更廣博的知識與技能才能在全球化的市場競爭中脫穎而出，但是大專院校卻沒辦法滿足他們的需求。諸如美國政府組織或歷史、文學、數學、經濟學，在太多大學裡都淪為選修科目，這就難怪學生畢業時的知識掌握度不足——這個現象無法逃過企業主的法眼。如果不做出改善，這對美國的創新與競爭力都會帶來非常嚴重的後果。」

打破迷思：大學文憑的價值

本章開頭引用全球首富比爾蓋茲的說法，他指出一般大學畢業生終其職業生涯，會比只有高中文憑的人多賺一百萬美元，而且很多父母也一定認為，讓孩子去讀一些「無關緊要」的大學也不能取得明顯的競爭優勢，所以他們一定會要求孩子以進入排名第一的大學為目標。

但是有份研究報告卻指出，從頂尖大學畢業的學生其實並未如想像般具有高度競爭優勢，即使他們為了這張文憑付出的代價可能還要多。伯格代爾（Stacy Berg Dale）和克魯爾格（Alan Krueger）兩人在美國國家經濟研究所（National Bureau of Economic Research）發表的研究報告指出：「就讀頂尖大學的學生和申請程度相仿、不論被接受與否，都選擇改讀普通大學的學生比起來，其實並沒有賺更多。」

認為大學文憑相當於一生當中額外增加一百萬美元收入的想法，是一再以訛傳訛卻很少能驗證的迷思之一。波普高等教育政策研究中心（Pope Center for Higher Education Policy）曾經提出一份完整的調查報告，發現多數大學畢業生所得增加的額度比較接近十五萬美元（如果是名校畢業，可以上看五十萬美元），他們還特別申明研究所引用的資料，是早期讀大學成本相對低廉的數據。

前文提到沒有多少成年人（高中微積分老師不算在內）有機會用到高中時學過的微積分，但是很多以升大學為目標的高中生，在校期間的必修科目卻是微積分而不是統計，如果能讓更多人學統計，我們就更容易理解因果關係與相關性的差異。在前面例子，值得探究的問題並不是大學文憑是否跟較高所得有關連（當然有關），而是大學文憑，以及取得文憑所受到的教育，是否造就大學畢業生學更多，賺更多。

分不出來因果關係與相關性的差異嗎？別擔心，跟你一樣的人所在多有。以下這個例子應該有助於釐清兩者的差異。你從一份研究報告中得知，幾乎所有大學壁球隊的成員在小時候經常參加古典音樂會，這份報告因此推論在小時候聽古典樂是成為大學壁球隊隊員的重要因素。你接受這種說法嗎？

這份研究中所謂的「變數」，或說是因素，是「十二歲以前花多少時間聽古典樂」與「在大學裡成為壁球隊隊員」之間的關係。在蒐集大量的數據後，這份報告認為這兩個因素同時發生的機率很高，也就是說，這兩個因素具有高度相關性。這就表示當你詢問大學壁球隊員時，他們基本上在成長過程都常聽古典樂，如果你追蹤現在小孩的成長過程會發現，經常聽古典樂長大的孩子會有比較高的機率成為大學壁球隊員。

問題在於，讓孩子從小聽古典樂會造成他長大後成為壁球隊員的結果嗎？還是說，其實有其他因素，像是父母的所得水準與教育程度、小孩是否就讀私立學校、父母有無強力要求，才是造成這兩個現象同時發生的因素？在這個例子裡，直覺告訴我們富裕的父母傾向常帶孩子參加古典音樂會，也傾向讓他們從小學壁球、花錢去上壁球課、帶他們四處參加比賽、讓孩子去有壁球隊的私立學校就讀、向他們解釋學會壁球在進入大學名校就讀會很有幫助，諸如此類。

所以當統計學家透過出人意表的數據資料，和精心布局的理論分析舉出兩個變數（就像本例中從小聽古典樂和進大學的壁球隊）之間有非常顯著的相關性時，千萬別被騙了，常聽巴哈是不可能讓你學會如何揮擊反手拍的。

調查中只有高中學歷就投入職場的年輕世代很有可能來自貧困的環境，一生當中要面對許多困難挫折而處於不利的局面，另一方面，從大學名校畢業的年輕世代通常來自家教背景與身世俱佳的家庭，光是起跑點就已經大幅領先其他人。所以調查呈現終身所得的差距可能不是肇因於在大學讀書的經歷，而是兩組人馬早在完成高中學業前就已經被設定好的其他因素。

高中畢業後能進大學名校就讀的學生，都是有強烈追求成功企圖心的聰明人，所以可以合理認定大學畢業的他們也會是一群「高素質」的人。但是別搞錯了，他們並不是因為讀了大學名校後才變成人才，而是他們本來就有強烈追求成功企圖心的聰明人特質，才得以通過大學的入學審查。

擁有大學文憑的年輕世代在職場上還擁有另一項貨真價實的競爭優勢——雖然不見得那麼理所當然。很多組織開出的職缺和內部升遷的條件，都要求至少有大學文憑。我們時常聽到有些高中畢業生在職場有過好幾年認真負責的好表現後，卻只因為沒有大學文憑而排除在加薪或升遷的名單外。這種因為組織內僵化用人政策而在職場上形成偏好特定族群的結果，當然很容易演變成大學畢業生有顯著成長的所得。

華格納曾經說過，一個年輕世代在宣偉油漆（Sherwin-Williams）工作多年的故事。從各種角度來看，這位年輕世代是一位不可多得的員工：對客戶真誠相待，對店內各種營運細節知之甚詳，還具有紮實的帳管能力，工作既謹慎又負責任，但是他卻沒有機會升任經理，除非他能取得大學文憑。

現在這個世界已經習慣把文憑當成省時的篩選工具，一種「貼標籤」的做法。社會上普遍的偏見讓取得大學名校文憑的人享有許多好處，在尋找實習機會或正式求職時能成為優先挑選的對象。他們對人事經理充滿著吸引力，也讓人事經理不敢太過標新立異，一如企管顧問暨人力資源專家杭特（Jeff Hunter）告訴華格納：「沒有一位人事部門的人會因為聘用哈佛畢業生而丟了飯碗。」這明白揭示大學名校的文憑帶有自我預言實現的魔力，父母當然也能感受這股魔力，所以才會想方設法替孩子建立一生受用的競爭優勢。

好消息是，社會上深植已久的普遍偏見已經開始鬆動。Google原本只接受名校畢業、在校平均成績和其他測驗分數都很優秀的求職者，但是人事營運資深副總裁博克（Laszlo Bock）分析過資料後發現這張標籤沒那麼有效。博克指出，要在學術領域成功所需的技能跟在Google有所表現的技能沒多大相關性，所以Google現在再也不要求求職者提供在校成績，而且有一五%的現任員工沒有大學學歷，就連線上求職須知再也看不到大學這個關鍵字了。

華格納原本以為調整徵才做法的Google是例外，後來訪問德勤（Deloitte）會計師事務所駐越南的負責人後才發現自己錯了。華格納和他一起用餐時，他說：「以前我們只會從最優秀的大學聘用最優秀的學生，卻發現他們的表現沒想像中那麼好。現在我們放寬條件找好

大學裡的好學生，邀請他們參加新進人員訓練營，從中觀察他們合作解決問題的能力。」

新的研究成果開始呈現大學唯我獨尊的地位，其實沒有想像中那麼理所當然，蓋洛普教育事務調查執行主任巴斯提德說：「我們從近來蓋洛普／普渡指數（Gallup-Perdue Index）——以超過三萬名美國大學畢業生為樣本的大規模研究——可以看出只有極少數畢業生的在校經歷，和他們日後的成就有高度相關，也就是同時具有偉大的職業生涯與了不起的人生發展。」

凱瑟曼（Ben Castleman）和巴爾（Andrew Barr）兩人是頂尖的經濟與教育學家，他們花很多心思聚焦在大學文憑價值的研究。我們曾經和凱瑟曼深入交談，他表示能證明大學教育真正導致（而不只是相關）較高終身所得的證據「相對薄弱」，並舉出許多重要因素解釋他在相關領域的研究心得。有些研究會看重平均值而忽略重要的變異程度。一位進入高水準大學就讀的學生如果能得到各種支援，在系所裡潛心修習的話，是有可能實實在在、一分耕耘一分收穫的提升自己賺錢能力，但是對其他學生來講，大學的投資報酬率可沒那麼吸引人。

凱瑟曼提到這些研究會特別重視調查對象有沒有大學文憑的相對差異，但是美國的教育體系卻有一個大缺口需要改善：年輕世代如果不讀大學，就沒有其他好的替代選項可供選擇。在芬蘭、德國有四五%的高中畢業生選擇不進入大學就讀，改接受各種行業的訓練，通常能在職場走出一條康莊大道，但是在美國不進大學的年輕世代，大概只能去麥當勞報到了。

以下是我們希望看到的新研究課題：找來兩組程度相當的學生，讓他們接受截然不同的教育，然後再觀察兩組人馬這一輩子的人生會如何發展。實驗方式如下：

高中課程實驗組：

高中階段都用在準備大學入學申請資料，或用盡心思改善標準化測驗的成績。

大學課程實驗組：

四年的大學課程。

高中課程對照組：

接受正常、健康發展的高中課程，有充分的時間從冒險遊戲中探尋發揮熱情與懷有抱負的方向。

大學課程對照組：

四年以實習為主再加上其他補充課程的經歷，和其他聰明、有企圖心的孩子一起共事，多的是機會和同儕或其他老手深入討論，定期邀請校外人士演講並自主研讀相關的背景資料。

取得有口皆碑的大學文憑。

總計花費十萬到二十五萬美元。

另一種同樣受人器重的文憑認證。

四年實際收穫與付出相減後的淨支出相對有限。

我們將在第七章看到，現在開始有令人期待的創新教育方式提供年輕世代另一條不同的發展方向。這些替代選項可以讓孩子取得成功人生所需的技能和人格特質，不論是用幸福的程度、賺錢多寡、讓世界變得更好，或成為一位知情達理的公民角度加以衡量，而且不用像實驗組一樣，在心理和財務上付出沉重的代價。

第三篇

與新世代對話：蕾貝卡

與戴伊（Tamara Day）共同採訪——蕾貝卡（Rebecca）

蕾貝卡的高中歲月過得很不如意，不但有永遠忙不完的功課，也覺得學校課程規劃亂無章法。蕾貝卡從小在麻州一個優渥的社區長大，進大學讀書不但被視為天經地義，也被認定是成功的唯一要件。蕾貝卡告訴我們：「一個人的價值就在於進入哪間大學就讀。我們最大的問題在於，生活周遭所有一切只在乎能讓你進入哪間大學就讀，而不是找出我們能在什麼利基上帶動經濟發展。這是伴隨舉國上下每個人都該進大學的想法，但更早之前，我們強調的是每個人都該有一份工作。」

蕾貝卡是個自動自發、專注又有毅力的人，讀高中時就發起非營利事業對抗未成年性交易的問題，因此獲邀到美國各地發表演說，三年後，全世界聽過她演講的人數以千計。雖然她認為，自己在真實世界逐漸打造出一些有趣又有意義的事，但是只要提到校園，蕾貝卡就會發現無聊的課程不可能在她的人生中激起火花，也跟她想要從事的工作沒啥關連。蕾貝卡以身為創業者為榮，專長是界定問題本質，並運用創意找出解決方案加以克服，但這些卻不是高中教育看重的特質。蕾貝卡說：「我不知道為什麼要枯坐教室八小時，不管學什麼都不如讓我自學還來得有效率，而且還要再花八小時傻傻的寫作業，應付一大堆反覆背誦的內容。」高中階段充滿挫折又格格不入的蕾貝卡，最後只能在學期間不停轉學，甚至一度認真考慮是否要辦理休學。

直到遇到一位讚揚蕾貝卡創新精神的老師才開始有轉機。有了老師的支持，蕾貝卡打算把高中剩下最後六個月時間都投入畢業專題（原本畢業專題的期程只有八星期），如此一來，她必須放棄大學先修班的課程。校方不認同她的決定，警告她，如果沒有大學先修班測驗成績，就沒有機會進入第一線的大學就讀。下定決心的蕾貝卡寫信給哈佛、普林斯頓、杜克三所大學招生事務的負責人，向他們說明自己的畢業專題內容，並詢問對方在大學先修班和畢業專題之間，會用哪一種方式挑選有發展潛力的學生，結果三所大學回信都告訴蕾貝卡，繼續完成畢業專題會更有利於她的入學申請，所以蕾貝卡繼續照計畫進行，退選所有大學先修班課程，全心投入畢業專題。她回憶當時情況：「這是我有生以來最美妙的學習過程，也是我第一次在學校發現教室外還有可以揮灑的一片天，可以讓我走出去和其他人一起體驗真實世界。」

到了申請大學的時候，蕾貝卡開始猶豫了，「那時候我一點也不想回到校園。推動非營利事業可以讓我在快樂中學習、讓我成長，我想要繼續往這個方向前進。」但是放棄進入大學的想法，對於蕾貝卡的父母和周遭的人而言，實在太不可思議了，蕾貝卡說：「他們跟我的頻率不大一樣，甚至可以說，我們想的不一樣。」

儘管對大學有所保留，蕾貝卡最終還是申請哈佛、普林斯頓、耶魯和杜克四所學校，而且每一所都接受她的申請。蕾貝卡在二〇一〇年秋天選擇提供她全額獎學金的哈佛大學就讀，只是高中階段的陰影揮之不去，讓蕾貝卡不大相信自己可以從大學學位中獲得什麼，只能樂觀期待可以針對自己想要學習的內容，規劃自己的課程表。

就這樣，期待可以量身訂做個人學習方式的蕾貝卡，在二〇一〇年進入哈佛大學，不過她在第一個學期發現自己對學術界的質疑開始浮上檯面。她對課程的疏離感日漸加重，覺得很多課程都沒機會運用在真實生活，只是增加沉重負擔而已。蕾貝卡告訴我們：「哈佛、普林斯頓、耶魯、哥倫比亞這些知名大學，根本就是摧毀教育體系的凶手，我之所以會這樣講，是因為他們只推崇以純粹理論為基礎的學習方式，用難登大雅之堂的心態看待實務應用的學習，不屑可以在真實世界活用的知識。他們總是說，那方面的學識相較於以理論為基礎的學習內容，既『不夠純』也『不完整』，而且是『無法一般化的個案』。」她接著說：「學校的教學內容需要改變，再這樣下去只會愈來愈不合時宜。學校應該教會學生如何思考，學會如何把理論和實務運用之間的落差彌補起來。」

另一件讓蕾貝卡心煩意亂的事情是，學校的課業占用她真正想做事情的時間。學校規劃的系所必修條件太過死板，欠缺彈性，她多次請求校方讓她可以針對組織、領導的課程規劃自己的主修科目，結果碰了一鼻子灰。得不到幫助的蕾貝卡十分受挫，彷彿看見自己正在踏上前人的腳步：「你們這樣對待比爾蓋茲，然後也用同樣方式對待祖克柏。學校一直用相同的方式對待創意十足的創業家，讓我們只能帶著一抹苦澀離開校園。我比那些進入華爾街的同儕更放手一搏。這個世界的創業家愈來愈多，沒錯，他們的行為充滿風險，但是如果讓他們賭對了，他們大獲全勝的戰果沒有人能望其項背。」

後來蕾貝卡決定去哈佛專為研究生開設的甘迺迪學院（Kennedy School）旁聽。這堂課讓她獲益良多，下課後她就去找教授，想方設法說服教授收她當學生，但是教授告訴她這是不可能的，以往也從沒開過先例，但是蕾貝卡不死心的告訴教授：「我就是想從教授你這裡學些東西。」最後，蕾貝卡在這位教授的班上寫了一份企劃案，成為她日後創立公司的藍圖。蕾貝卡看出，替《財星》百大企業組織青年顧問團的發展潛力，可以讓這些企業和新世代產生更有意義的連結。這份企劃案不但讓蕾貝卡能活用以往推動非營利事業的經驗，也讓她第一次有機會在校園內處理真正經濟層面的議題。

蕾貝卡決定要更進一步，除了甘迺迪學院、哈佛商學院開設的課程，其他時間都用於自主學習。對她而言，這是更有創意、更自由的學習方式。只不過，為了維持社會學作為她的主修科目，她必須另外再選五門課。這麼沉重的課業讓蕾貝卡大感吃不消，回憶當時的慘狀，她說：「那段時間真的快把人逼瘋了。我除了要推動非營利事業和催生新公司，還要做一大堆跟我人生方向八竿子打不著的事情。我已經忙到沒時間了，生活變得一團亂。那時候我不想看見任何朋友，整個人幾乎走到崩潰邊緣，半夜兩點半才能上床，清晨六點半就得起床，這種日子讓人不陷入低潮也難。」雖然如此，蕾貝卡還是打定主意要拿到好成績，如果最後不得不選擇休學，她希望能證明休學的決定「並不是因為課業難倒自己，而是因為這些課程本身就是錯誤的。」

蕾貝卡那位甘迺迪學院的人生導師鼓勵她以公司為重，但是父母卻堅持要她留在校園，直到哈佛商學院安排矽谷參訪之旅才改變她的命運。蕾貝卡利用這趟矽谷行，向幾位企業主管推銷自己的企劃案，結果順利募到十五萬美元創業基金；「這個結果讓我知道，是離開校園的時候了。我現在不但可以投入工作，還有一筆資金可供調度。」

最後，蕾貝卡讀完大二課程後終於達成長期以來夢寐以求的目標：離開哈佛校園，進入職場工作。

從哈佛辦理休學兩年後，蕾貝卡以相當高的獲利賣掉公司。她自己留在原公司上班，常到洛杉磯、紐約、波士頓出差，也開始規劃下一個創業計畫。承受父母和周遭人關切的壓力，蕾貝卡勇往直前找出一條通往成功的道路。她不後悔離開哈佛：「哈佛的重要性就在於人脈網絡，我需要哈佛的唯一理由在於世上沒有另一個地方，可以讓我接觸那麼廣大的人脈網絡。這就是我在哈佛最大的收穫，也是唯一重要的收穫。」

蕾貝卡時常反思自己接受的教育有什麼價值，她認為，現行教育體系運作的方式會對用創意解決問題的人造成阻礙，讓他們心灰意冷，「想想看，我們可能錯過多少睿智的創業家，就因為大家不停勸阻他們，或因為他們下的賭注比我大？這樣做根本是拿石頭砸自己的腳。」蕾貝卡認為，這種教育體系對於國家未來造成的影響是，「如果我們繼續採取生產線的想法，一定會限制住最優秀、最聰明那一群人的創意與行動力，而我們居然宣稱是因為他們無法適應哈佛生活。我的哈佛同學畢業後因為欠缺有賣點的技能而找不到工作，或是當我成為企業主，卻決定不聘用他們時，其實非常清楚，他們大多數人都精明能幹，這一定是某個環節出了差錯。如果金融海嘯之後還有六成的哈佛畢業生選擇到華爾街謀職，這一定是某個環節出了差錯。」蕾貝卡眼看著班上同學畢業後投入金融業與企管顧問公司，最令人趨之若鶩的居然是在高盛或麥肯錫找到一份工作，「這就是最有名望大學畢業生的選擇嗎？實在太荒謬了！這些工作機會提供給整個經濟體的相對附加價值低得可憐。如果能及早開發出特殊的技能並加以深化，這些學生的表現和現在相比絕對不可同日而語。」

蕾貝卡熱衷打造一個讓其他像她一樣，以創業為樂的人能盡情發揮的環境。根據她的觀察：「如果可以早一點找到這些孩子，激發他們的潛力，而不是逼他們順從，或許會多出好幾百人在二十歲出頭就踏上創業之路，而且不論你是否是天生的創業高手，這些技能也是每個人應該學會的。這可不是深奧的航太科學，而是當你遇到問題時需要用來思考各種解決方案的技能。」

蕾貝卡相信，將來的發展一定會逐漸好轉。她認為，學校在培養同理心與理解力，以及教導學生如何運用創意解決問題的功能仍然不可或缺，只是現在的學校不但沒把焦點放在真正的學習，與灌輸學生在二十一世紀成功的必要技能，而且流露凡事向錢看的醜態，也常在課表裡塞滿死記硬背的內容，追求早已不合時宜的評量標準。現在教育已是一門生意，教導學生真正與工作、生活相關的知識和技能，重要性已經大不如前；「這真是便宜了校方。其一，因為聘請教授的開銷高達數十億美元，要是教授不能在研究工作上有所貢獻，就太說不過去了。其二，不得不稱讚這種精明的經營模式。校方讓大學畢業生的智識得到啟發，讓他們在不同科目中摸索，最後再歸結到一個沒辦法在現實生活中活用的學科，如此一來，這些大學畢業生只好繼續念研究所。或許他們也可以投入職場，從中學習實用、但在大學沒學到的技能。總之，這是可以輕易從學生口袋中把錢挖出來的做法，讓學校這部神奇的機器永遠成為贏家。」

第六章

教與學的評鑑機制

關於講課這回事，有個流傳已久的說法描述得最傳神：所謂講課，就是老師把筆記摘要交接到學生筆記本上的一種儀式，而且在儀式進行時不用動到大腦——兩邊都不用。

講課，是學校教育最淵遠流長又歷久彌新的活動。我們曾祖輩的年代是怎樣講課的，我們這一代也就跟著怎麼講課，甚至現在大多數學生也一樣經歷同樣的講課過程。講課的時候，擔任主角的老師是無所不知的專家，負責將教材內容傳授給學生，讓學生振筆疾書寫筆記，課後指派的家庭作業就是考試會考的範圍。學生在這樣的受教過程中幾乎不用和同學互動，如果和同學一起合作的話——尤其是在考試的時候——就叫做「作弊」。老師不時會在講課中空出時間問學生幾個問題，學生的提問則是偶一為之，而且比較常見的問題是：「這個考試的時候會考嗎？」

這種教學模式需要引進大量的師資，而且需要他們在每次講課時維持學生的專注力，直到幾個月的課程告一段落為止。老師當然要比學生更能掌握科目內容，這樣才能在學生提問時用權威的口吻講出令人信服的答案，順便讓提問的學生感到相形見絀。

在一八九三年的時候，講課是完美無比的教學模式。那個年代的學生別無其他獲取資訊的管道，書本和圖書館少之又少，重要訊息還要倚賴飛鴿傳書，學校的老師無疑是散布知識的泉源。等到教育體系在二十世紀飛快發展的時候，講課依舊是有效傳播知識的教育模式，並促成教育普及。

但是到了現代，學生在彈指之間就能取得無垠的網路資源，讓任何一位老師即使竭盡所能講課也無法跟網路上的金牌名師相提並論。講解黑洞現象的科學老師現在要跟加州理工學院的教授索恩（Kip Thorne，電影《星際效應》科學顧問暨執行製作人）一較高下，講述美國南北戰爭歷史的老師要面對的是知名導演伯恩斯（Ken Burns，PBS影集《南北戰爭》的導演），而公民課老師在正義這個領域要挑戰的則是桑德爾（Michael Sandel，《正義：一場思辨之旅》一書作者）。網路世界每分鐘新增的內容堆積如山，用來檢驗老師在課堂上講課精彩與否的標準也愈來愈高。

在一八九三年的時候，學生會拿布道大會上講道的牧師和課堂上講課的老師相互比較，進入二〇年代以後，圍在收音機旁聆聽雜訊不斷的廣播節目Goodrich Silvertown Orchestra就成為學生的比較基準，五〇年代孩子的比較基準是電視上黑白條紋交錯的節目《天才小麻煩》（*Leave It to Beaver*），等到八〇年代的時候，老師的競爭對手還是不怎麼高明：針對大人與小孩製作的低解析度影片。

現在孩子的生活周遭都是引人矚目的各種影音內容，iMax戲院裡播放著活靈活現的恐怖電影和科幻驚悚片，音樂再也不是只能用耳朵聽而已，搭配聳動的影像往往更具有渲染力，YouTube造就了Smosh和Fine Brothers等等的喜劇泰斗，高解析度的運動賽事讓人比在比賽現場更加身歷其境，讓人愛不釋手的電動玩具搭配著五光十色的畫面，吸引青少年每天花好幾個小時在網路上觀看代號PewDiePie電玩高手一路過關斬將……而且是跟真人連線對打。現在別說是一整個學年了，只要某個班級的老師可以讓學生專心聽完一整節課的時間，就已經是一場小小的奇蹟了。

直接聽老師本人講課、看線上教學影片或將兩種方式加以整合，哪一種對學生的學習最有幫助，這個問題在學術上仍未達成共識。真正的問題應該是，這些以講課為基礎的教學方式在現在這個社會到底有沒有意義？根據證據顯示，意義不大。

表面看起來，伊藤穰一（Joi Ito）實在不像是麻省理工學院媒體實驗室（Media Lab）的負責人。媒體實驗室可以說是美國大學體系最精華的機構之一，而伊藤穰一卻是沒有大學學歷的肄業生，因為他辦過休學，而且還休了兩次。伊藤穰一進入塔夫茨大學（Tufts University）就讀，發現那邊教授電腦科學的方式毫無章法，之後他去芝加哥大學物理系另闢天地，結果一樣發現學校課程幾乎都是在背誦公式和方程式，不過伊藤穰一並沒有因此過著頹廢的人生，他不但是包括Flickr、Kickstarter和Twitter在內很多受矚目新創公司的先期投資人，目前也擔任索尼、《紐約時報》、邁阿密奈特基金會（John S. and James L. Knight Foundation）和麥克阿瑟基金會（John D. and Catherine T. MacArthur Foundation）的董事，並領導全世界最具有創新精神的其中一間研究實驗室。

伊藤穰一前不久找了一位學生志工做實驗，他在這名學生身上裝上感應監測器，觀察這名學生一星期以來的腦部活動，他看出學生腦部運作在有活動時達到顛峰，在被動狀態時會落入低谷。很多人以為學生大腦會在晚上入睡時進入昏昏沉沉的狀態，實則不然，這名學生大腦最接近休眠狀態的時刻，其實是在課堂上聽講的時候。

可汗（Sal Khan）對於講課的看法頗具有諷刺意味。二〇〇六年他在網路上創辦可汗學院（Khan Academy），提供講課的影片和測驗題。一開始架設這個網站的目的是為了教他自己的姪子，想不到跟進瀏覽的人數迅速暴增，每個月上網看他在數學、物理、經濟、電腦和藝術等領域短片教學的人數超過一千萬人次，可以想見將來有一天，美國小孩每年上網觀看可汗個人講課秀的時數，會超過聽四百萬名老師加總後的講課時數。

可汗會認為講課是好的學習方式嗎？在他所著《可汗學院的教育奇蹟》（*The One World School House*）書裡，回憶自己當年還是麻省理工學院學生的情況：「大講堂的課是浪費時間的極致表現。三百名學生擠在悶熱難受的教室裡，一位教授來回走動，用單調的聲音把他之前教過上百次、已經記得滾瓜爛熟的內容講給學生聽。在裡面光是要坐六十分鐘就已經夠受的了，要是非得坐九十分鐘不可的話，那可真是一場酷刑。這樣到底有什麼意義？到底是在上課還是在參加耐力比賽？真的有人因此學到任何東西嗎？」可汗接著寫到：「就承認這個事實吧。我們一定會注意到那些每堂必到、上課有如信仰般虔誠的學生，其實就是考試前一晚只剩臨時抱佛腳的學生。為什麼？我認為，原因在於直到考前最後一晚的衝刺階段以前，他們都是用被動的態度學習。他們認為上課是學生的天職，但是卻沒在課堂上抓到重點；他們以為只要沉浸在課堂裡就能達到學習效果，但是只要沒有真正用心去學，就不可能學到任何東西。」

由此觀之，世上最成功、流傳最廣的講課大師卻認為講課「是浪費時間的極致表現」。硬把課堂內容塞給心不在焉的學生，就和收看電視購物頻道不相上下。可汗也在書裡提到他心目中最理想的教育模式，其中講課只占學生一整天裡非常少的時間，讓學生有大量時間用於集體合作的事務，例如模擬市場交易經濟概念，透過小組合作設計機器人或開發智慧型手機的應用程式，提出各種解決方案改善能源使用效率，或集體完成藝術、音樂和文字創作。在進行這些需要發揮創意、沒有特定形式的學習過程時，學生可以藉由可汗學院提供的資源協助他們達成預設的目標。

華盛頓大學教授弗里曼（Scott Freeman）率領一支團隊研究兩百二十五位大學生的學習經驗，之後把研究成果發表在《國家科學院院刊》（*Proceedings of the National Academy of Sciences*），指出能讓投入的學生成為主動參與者而非被動聽講者的教學方法，「不但可以降低退學率，學生考試成績提升的幅度也趨近半個標準差的水準。退學情況大幅改善的情形尤其值得大書特書。」

創新的教學方式

讀者應該聽過有些班級開始採用先進的智慧型教具教學，尤其是在經費比較充裕的學校。這些班級引進智慧型觸控面板和線上教學課程，把原本教室應有的模樣打散重組，讓這些教室看起來好像走在時代的尖端。這些先進科技讓一些專家對於老師這個行業遲早會被淘汰的預言很確信，但是這些創新說穿了，不過是沒效率被動學習的另一種變形體而已。在平板電腦上面擷取資訊當然比讓老師或家長提供補充資料來得簡單，平板電腦可以立即告訴學生選擇題答對了沒有，這也比老師用手改考卷方便多了，但如果學生觀看線上教學課程時不動腦，直接趴在平板電腦上昏睡也比在老師面前打瞌睡來得更沒罪惡感，即使他們聽老師講課時也不動腦。總之，被動學習就是被動學習，跟所用的教具無關。

馬佐曾經告訴我們，他在長程飛行途中和鄰座乘客對話的故事。從對方翻閱的文件來看，那位乘客應該是位教育工作者，馬佐索性直接詢問對方平常都做些什麼，對方就直接拿出筆記型電腦，用華麗的簡報軟體介紹自己的新創公司——銷售電子閃卡幫孩子準備考試的一家公司。馬佐告訴對方，有很多研究指出用這種方法學習的孩子可能無法真的融會貫通，結果對方的回應是：「喔，我們的目標並不是幫助孩子學習。我們的目標是幫助他們應考。」

大學線上課程的發展過程可以證明不論這套課程怎樣訂價、怎樣實施，通通難以擺脫缺乏成效的結果。一九七六年成立的鳳凰城大學（University of Phoenix）是所有線上課程的祖師爺，該校母企業太陽神教育集團（Apollo Group）於一九九四年股票上市，募得資本額高達一百億美元，年度營業額則是二〇一一年創下四十七億美元的新高紀錄，受其「教育」的學生總數好幾十萬人，不過其營收當中也有高達九成是來自聯邦學生助學貸款。然而鳳凰城大學和其他同業競爭對手最近卻流年不利，除了美國聯邦政府登門調查該校貸款資金流向有無涉及不法，對於該校頒發的學位不足以反應畢業生學識能力的質疑，也跟著排山倒海而來。

近來對於線上教學的著迷又成為新一波熱潮，大眾傳媒尤其關注「大規模開放線上課程」（massive open online course, MOOC，聽起來有點像是某中情局分支機構的名字）。二〇一一年史丹佛大學終身職教授敦恩（Sebastian Thrun）把他人工智慧課程的講義放上網路，並將這個訊息告知一些朋友和網路論壇，邀請有興趣的人不論是否是史丹佛大學的學生都可以自由加入。他原本預估可以吸引上百人加入課程，最多就是破千而已，結果沒想到在短短幾星期內共有十六萬來自世界各地的人加入他的課程。這個結果讓他和其他人傻眼——史丹佛大學認證的課程、向外招收好幾百名萬學生、完全免費。如此一來，賺錢的機會也跟著來了，敦恩後來開了一家名為Udacity的公司，募到總額五千八百萬美元創投資金，另外兩位史丹佛大學教授設立Coursera，募得六千五百萬美元創投資金，哈佛和麻省理工學院合組edX所募得的資金更是一舉突破一億美元。

大規模開放線上課程的運作方式大同小異：被塑造成「巨星風範」的教授拍攝講課的影片，中間穿插一些選擇題測驗學生是否記得剛剛聽到的內容。隨著這股風潮愈演愈烈，各大專院校也忙不迭的趕緊跟上，早期投入者包括所有美國頂尖的大學：史丹佛、麻省理工與八所長春藤名校，現在與Coursera合作的有八十所知名大學，另外還有四十多所大學參與edX。長久以來，我們一直以為頂尖大學是捍衛獨立思考的堡壘，但是現在看起來，他們的行為其實也有點像會集體自殺的旅鼠。只有少數大學能抵抗這股熱潮，像是謝絕加入edX的安默斯特學院（Amherst College）就認為大規模開放線上課程「只是另一種『散布訊息』的教學方式」，不過安默斯特學院畢竟只是特例。

第一代大規模開放線上課程，的確是能有效降低講課成本的替代選項，可惜是在失敗的模式上降低成本。在課堂講課中學不了什麼東西的孩子，回到房間以後也很難從線上教學影片中學到什麼，大規模開放線上課程至今的成果依舊乏善可陳，光是能上完整套課程的學生比率就低於五％，而且原本希望能有教無類的期待也落空了，因為大規模開放線上課程大約有八○％的學生來自最富裕的家庭。大規模開放線上課程的創新也只侷限在低層次的課題，像是監控鍵盤輸入預防作弊之類的功能。身為Udacity執行長的敦恩坦承，自己對於第一代大規模開放線上課程的評價是：「我們在網頁、報紙、雜誌上獲得不少曝光度，但是與此同時我心裡明白，我們並沒有如其他人所預期的方式完成教育的工作，起碼與我原本的設想就有落差。我們推出的產品其實還不夠理想。」

現在美國有些最具才能的創新者，將注意力投注在教育的工作上。可別小看這一群人的決心，他們都非常想要推動教育改革，而且會一直不斷嘗試推出改良的版本，直到找到能讓自己滿意的辦法為止。但是從過往的經驗來看，我們應該追求的是真正的創新，而不是推出電子閃卡搭配預錄講課影片這些七拼八湊的東西。總歸一句話：「教育創新帶來的衝擊，並不是指利用科技傳送已經過時的教育內容，而是在於了解學生在創新年代真正需要的技能，並讓學生在課堂上感受重要技能的進展。」

腦力激盪

想像任何一位你認識的學生：你的孩子、你的親戚、你的鄰居，或你的學生，想像他長大後活在一個只有最具有天分、最能發揮熱情的人才能功成名就的世界裡，而庸庸碌碌的人只能靠打零工過日子，為了各種生活開銷疲於奔命，迫於經濟壓力打消成家的念頭，沒有存款，也沒辦法在六十五歲退休安享晚年。

接下來，想像這位學生擁有一支專屬的支援團隊：擁有的資源足夠讓他比八〇年代任何一位成年人更有生產力。在這樣的高生產力的優勢下，想像一下他能做些什麼：設立非營利組織、發明新的產品、找到新的醫療處方、鬼斧神工的藝術作品、用各種方式替所屬社群或企業雇主貢獻心力。

現在，自動自發的學生可以在短短幾天之內成為某一項議題的專家，不用花幾星期或幾年，他們可以上網找出最具說服力的文章、論述、影片和論壇，可以對全世界人提出問題，並在幾分鐘之內得到回應。那麼，擁有一支能力如此強大的團隊支援下，對於現在的學生而言，什麼樣的課堂經驗才是重要的？被動坐在教室裡聽某個人講課？熟背數學公式與科學上的定義？記住歷史事件中的關鍵人物和發生時間？擔心把外國語言的拼音寫錯了？這些盛行一世紀的課堂經驗都已經退流行了，而且我們也沒有理由——除非怠惰不思改革——要求學生無止境鑽研這些知識，因為就算在這一方面發揮到極致，他們的表現也只能和智慧型手機並駕齊驅罷了。

雖然創新的過程挑戰重重，但還是能帶來讓人難以置信的大好機會。教育體系需要幫助孩子在創新的年代加速發揮潛能，而不是形成他們的絆腳石。只要有設計良好的教學方法，我們就能將關鍵的技能灌輸給孩子，幫助他們把熱情所在轉化成改變人生的決定性優勢。教育的角色不該再以學科知識為主，而是要幫助孩子學習，才能適應一個獎勵創新、處罰例行公事的新世界。

何謂學習

我們經常問教育工作者：「你認為工作的使命是教會學生？還是讓學生學會？」我們很喜歡問這個問題，雖然我們經常得到一臉茫然的回應。大多數教育工作者認為「教會學生」（teaching）和「讓學生學會」（helping students learn）是同意詞，但是我們認為這是不一樣的事情。現在要說學生在學校裡「學會了什麼」恐怕是不切實際的迷思，因為學校教育不外乎是短期的記憶，最了不起就是記得久一點而已。

華盛頓大學研究證實，如果以記憶作為是否「學會」的衡量基礎，就免不了過目即忘的結果。羅迪格（Henry Roediger）和麥克丹尼爾（Mark McDaniel）兩位認知科學家的學術生涯都在研究記憶和學習的課題，他們在《超牢記憶法》（*Make It Stick*）一書中提到有超過八成的大學生，是用一讀再讀教科書的方式記住學科知識，他們認為這種學習方法「有明顯的三個弊端：首先是很浪費時間，其次是無法產生持久的記憶，更嚴重的是往往在不知不覺中造成自我欺騙的結果。多讀幾次教科書會有愈來愈熟悉的感覺，進而形成一觸即通的印象，問題是花很多時間反覆閱讀雖然有一點勤奮的意味在，但是投注在學習的時間並不能直接轉化成精通的程度。」他們指出：「我們通常會在很短的時間，把剛聽到或剛看到的東西忘掉七成以上。」

取代講課的教學方式

在很多國家，主要教學方式是「哈克尼斯教學法」（The Harkness method）。這種教學方式首見於菲利普艾克瑟特學院，是石油大亨哈克尼斯（Edward Harkness）在一九三〇年提出的構想，試圖讓學生和老師組成小團體進行蘇格拉底式的討論，通常是圍繞著一張桌子進行，由學生自行提出、深化自己的觀點，回應同學的提問，並學會提出好的問題，達到批判性思考的目的。如果一切順利，哈克尼斯教學法可以讓自動自發的學生獲益良多，不但可以幫助他們培養關鍵的技能，也能同步提升教育品質。

可是我們卻看到，有太多採用哈克尼斯教學法卻成效不彰的班級，這些班級的老師會主導討論，並由自己提出所有的問題，使得所謂的「討論」淪為主從關係明顯、讓學生「設法猜出老師到底在想什麼」的把戲，而不是讓學生提出自己的觀點，捍衛自己的立場。針對班級規模大小的研究顯示，人數較少的班級不一定能改善學習成效，這一點時常讓有些人感到大惑不解，其實背後的答案很簡單：對十五位學生講課的難度，不會高過對五十位學生講課的難度，即使你不是用「講課」這樣的名詞。

就算是在最理想的狀態下，一小時的課程由十多位學生共同分享，結果只會讓每位學生在每節課說上幾分鐘而已。羅倫斯威爾中學（Lawrenceville School）教務長馬汀利（Kevin Mattingly）表示：「青春期的孩子不可能用聽的方式學習。如果要真的學習，學生需要不斷思考，建立自主的觀點，提出和回應有意義的問題。」要老師退居二線讓學生主導討論並不是簡單的一件事，但是只有在自己的想法獲得重視、能參與有意義的討論時，學生才會真的進入學習狀態。

很多人認為可汗是「翻轉教室」（flipping the classroom）這個觀念的創始人，有些認同的老師會讓學生在家裡觀看可汗講課的影片，隔天回到學校後再一起解答選擇測驗題，老師等到學生遇到困難時才出手解題。這種做法真的是「翻轉」了：講課在家進行，「家庭作業」回到學校再寫。雖然這個改變能稍微提高學習成效，但是對於我們迫切需要的創新卻還差了十萬八千里。

嚴格來說，「翻轉教室」的先驅正是哈佛應用物理學院院長馬佐，他對於學習獨到而深入的見解一點也不輸給其他研究人員。走進他的教室很難產生在典型大學科學課程裡的感受，他的物理課是以引發思考的問題，同儕競爭式（peer-driven）的學習，再加上實際動手操作的專案研究。在馬佐的班上，學生上課情形會是這樣：經過幾分鐘獨自思考後，學生要各自回答問題，隨後班上會依照答案差異分成幾個小組，各小組又有幾分鐘的時間說服其他人為什麼自己的答案才是正確的。班上同學可以在過程中重新調整自己的答案，加入不同的組別，其中也會有些學生成為引領不同答案的意見領袖。在整堂課，馬佐只是隨處走動觀察學生，一句話也沒說——不講出答案，不給暗

ConcepTest科學概念測驗例題

長方形鐵片中間挖一個圓形的洞，當均勻加熱該鐵片時，圓洞的直徑會：

1. 拉長
2. 不變
3. 縮短

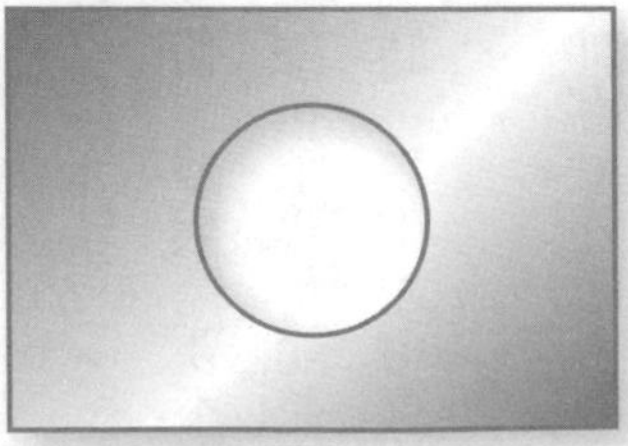

示，甚至一點點建議也不說，因為讓學生「困而知之」正是馬佐主要的教學方式。

我們曾經在Google位於麻州劍橋的研發中心聆聽馬佐的演講，聽眾包含美國最頂尖的科技大師。馬佐在說明自己的教學方法時直接請現場來賓（別忘了，科學相關領域長久以來都是這些來賓的拿手好戲）回答鐵片問題，結果該題三個選項分別得到三分之一的人支持，完美呈現隨機分布的狀態。值得注意的是來賓的回應相當熱烈，馬佐心想，如果是自己在台上滔滔不絕從熱傳導係數開始解說，聽眾的眼皮恐怕早就瞇成一條線了，而不會像這樣讓現場來賓聚精會神投入討論。然而這也顯示出另一個問題，儘管這群「學生」都擁有高級的數理工科文憑，但是他們對於物理概念的理解卻不如水電工。

馬佐在《同儕教學》（*Peer Instruction: A User's Manual*）一書裡提到他透過課堂經驗感受到教學方法的威力。一開始，我們會看見班上學生能正確回答ConcepTest科學概念測驗題的比率不到一成，不過經過學生之間的互相討論後，他們會慢慢釐清自己的想法，然後毫無例外的讓大多數學生都找出正確答案。在這個過程中，學生可以磨練關鍵的技能：形成獨立自主的觀點、批判性分析別人提出的觀點、學會如何在人我之間充分溝通與合作、用創意的方式解決問題，再加上協調整合的能力。

在馬佐的班上，學生要以團隊的方式進行專題研究，例如從設計規劃到生產製作一台魯布．戈德堡機械（Rube Goldberg machine，常見於卡通，運用複雜連鎖的機械原理執行簡單工作的機器），打造出一種樂器，提出探測火星的計畫，或利用實物將靜電清理環境的想法加以落實。在這些過程中，學生會學習用團隊合作的方式一起提出經得起檢驗的創意以克服複雜的問題，這些專題研究也跟典型科學實驗按部就班、照表操課的風格大相徑庭。

馬佐會在課堂中記錄學生對於物理領域裡重要概念的理解程度有多少進步（再怎麼說，物理終究是他任教的科目），結果發現成效驚人。同儕競爭式的教學法可以讓學生在概念理解取得大幅且顯著的成長，對比傳統教學方式下的學生更是不可同日而語。那麼，馬佐的學生在範圍有限又得按部就班解題的測驗裡，應該要付出不少代價吧？恰恰相反，他的學生在傳統測驗中的表現也相當傑出。馬佐認為：「沒啥好意外的，能更深入理解表象之下的運作原理，當然有助於提升學生在傳統測驗中的表現。」馬佐班上的學生不像一般物理科的學生，不但覺得他的課比較有趣，也比較有可能愛上科學知識，這些則是另外特別明顯的對比。

如果拿一般大學物理導論的課程和馬佐的課程相互比較，會發現前者安排一位教授在上百名學生面前講課，測試學生有沒有辦法記住正確的方程式。這兩種教學方式可說是天差地遠。在主流的科學課程中，學生不但學得少，能記住的更少，在課程結束後還是沒能真正理解世間萬物運作的道理。這絕對算不上是有創意的科學教育模式，所以也難怪為什麼數理工科畢業的學生人數總是那麼少。

不過，馬佐的教學方式還是有人抱怨，家長無法理解為什麼每年學費六萬美元的哈佛大學居然可以容忍教授從不講課，也有些學生會抱怨說：「馬佐教授根本什麼也沒教給我們，我們都得靠自己自學。」這些抱怨真是抓到重點了。

我們也會聽見另一種批評的聲浪：「馬佐教導學生的做法的確很少見，或許那是因為他的班上都是勤勉、肯上進的哈佛學生。換句話說，他的班級經驗聽起來比較像是『靈光乍現』的產物，並不適用於真實世界的情況。」

讓我們把將場景移到距離美國超過一萬英里遠的印度。薩克塞娜（Akshay Saxena）和蘭庫瑪（Krishna Ramkumar）兩人在印度創辦先驅共學團（Avanti Fellows）幫助低收入戶的孩子也能享有高品質的教育（汀特史密斯是共學團的贊助人），他們提供免費的課後輔導，涵蓋化學、物理、數學三個科目，並採用馬佐的教學方法。在強烈開創性格的驅使之下，他們邀集印度的退休教授和志工學生一起建構ConcepTests的海外分支機構。在先驅共學團裡，學生採取小組合作的方式針對不同的概念互相辯駁，進而更加熟悉所學的內容。已經有很多先驅共學團學生參加印度理工學院（Indian Institute of Technology）入學考試（這可能是全世界最難擠進窄門的入學考試）的成績高出全印度平均一個等級以上——以高達四成的錄取率遙遙領先全國不到一％的總平均值。

這已經是個令人驚訝的成果，但是卻還不及共學團在其他方面的新發現。由於預算有限，先驅共學團請不起名師助陣，一開始只能讓學生集中在學習中心讓共學團能請到的最優秀老師前往任教，後來共學團連聘請老師的薪資都付不起，只好請沒有數理工科背景的社工兼任，這時他們才難以置信的發現，接受社工指導的學生，居然表現得比師承正規師資的學生還要來得優異。這個結果可謂是千古奇譚，裡頭究竟有何玄機？薩克塞娜不久前在訪談中提出他的看法：「當老師的，無論是多麼專業的老師，都會想著要教別人。他們會預先設想好共學團的學生素質處在某一水準——而且通常不是朝向班上最聰明的，就是會朝向最駑鈍的一方傾斜——然後針對這個預設的程度講課，而我們發現大多數學生在聽講的時候其實沒有多大收穫。換成我們社工上場時，他們唯一能做的就是讓共學團的學生在疑惑中設法弄懂學習的內容，等到我們有能力請真正的專家來班上幾次的時候，再請他們釐清學生是否誤解了某些基本概念，而不是請專家來上課。社工對學生最大的幫助其實是在課堂之外，對於印度低收入戶的孩子來講，這才是成年人最需要替他們完成的工作。」

先驅共學團學習中心的科技水準很低，ConcepTest的測驗題都寫在白紙上，學生當然也是用最傳統的鉛筆作答。他們沒有平板電腦，只有一部分學習中心配有幾部古董級的電腦能連線上網，可以讓共學團的學生透過網路挖掘更豐富的相關資訊。重要的是，馬佐和先驅共學團背後的創新概念並不是透過科技產品去執行前人已經完成的內容，而是徹底重新思考如何利用課堂幫助學生學習科學知識，並在過程中培育學生最基本的技能。

馬佐前不久造訪先驅共學團的學習中心，親自驗證他們如何落實同儕競爭式的教學方法。在描述自己所見所聞時，馬佐使用「實在妙不可言」、「絕對超乎想像」之類的驚嘆句讚不絕口。馬佐表示：「我在孟買參觀其中一個班級，那是一個人數四十人的班級，教室裡摩肩擦踵。」「先驅共學團幾乎沒用到什麼先進的科技，學生是用舉起不同顏色閃卡的方式表達每個人選擇的答案，接著帶課導師會告訴學生：「轉向你鄰座的同學」，馬佐特別注意帶課導師「根本不知道哪些學生的答案是對的，也沒能力向學生解釋如何解題，就這樣讓班上同學你一言、我一語互相討論。你可以看見教室裡鬧烘烘的，一段時間之後，學生會再次舉起閃卡，然後你會發現學生幾乎一面倒的選擇正確的答案。」如果真的碰上解不出的難題，帶課導師會透過一段短片向學生講解正確的答案，要是還有人不懂，老師會問有沒有其他同學可以幫忙說明。如果走到這一步還是無法釐清問題，他們才會把問題寄回總部尋求協助。親眼看到這一幕的馬佐，讓他重新思考老師有沒有必要一定比最優秀的學生懂更多，畢竟先驅共學團不折不扣是個背道而馳的案例，但「結果真的讓人振奮。」

雖然現在透過網路教學的成果還不足以令人大書特書，但是網路世界裡的確有些了不起的線上課程。汀特史密斯的女兒幾年前在線上教學網站「虛擬高中」（Virtual High School）裡選了一門大獲好評的歷史課，和來自全美各地的三十多位高中生成為同學。這門課的「老師」是一位負責監管線上論壇的成年人，完全無須負擔任何講課的責任。整個課程重心都在討論值得玩味的歷史假設，某次作業要求學生閱讀早期北加拿大探險隊留下的日記，和相關雜誌與新聞報導的原稿，包括法貝瑟（Frobisher）、巴芬（Baffin）和哈德遜（Hudson）等人，然後回答一個問題：「這些探險家算是英雄嗎？」學生要主張自己的立場，把自己的論證寫成短文貼上網，參考其他人回應的觀點，然後就在線上互相進行攻防。「老師」的工作是從旁觀察學生在論壇上的討論，偶爾提示學生開化與文明的重要性，並提醒學生有無遺漏哪些問題還沒回應。

在這個線上課程裡，所有學生作品都可以公開瀏覽，等到課程快到一段落的時候，論壇裡會不捨晝夜持續進行熱烈的討論。由於一律採線上方式進行課程，所以看不到學生出身的社會背景：衣衫襤褸的害羞學生和外向活潑、出入高級轎車的啦啦隊隊長，都擁有一樣的發言空間。收到同儕回應的學生會為了滿足自己的好奇心而自動自發去找答案，既不是為了爭取高分，也不需要老師用分數誘導，但是在課程結束的時候，所有跟同儕有過多次交鋒的論壇成員都會知道誰才是當中最優秀的學生。

拿虛擬高中線上課程，和一般高中歷史課程相互對照，你會發現一般高中歷史會有一位老師講課，但是沒有人在意他講的內容；選擇題測驗可以用來衡量學生記得哪些內容，他們偶爾會寫一些制式的短文，但是也只有老師會看。儘管一般高中著重在教授史實，但是學生卻往往記不住曾經上過什麼，諷刺的是，虛擬高中的學生反而更有可能記住歷史片段中的史實，因為他們讓自己浸淫在過往的時空環境裡。一位專心投入的學生大腦就像是海綿，而一位聽講的學生大腦就像是一個漏不停的篩子。

歐林工學院（Olin College）副院長史坦（Lynn Stein）認為絕大多數的課程「只是為了」（just in case）的教育走向。要學生背出事實和低階的學科知識只是為了印證他們是否記得住，只是為了他們將來有一天可能用得上，不過事實卻是他們現在記不得，將來也用不上。在創意十足的歐林工學院，史坦看重的是「活學活用」（just in time）的教育走向——學生學會學科知識、掌握基本概念的目的是為了完成深具潛力的計畫，認清現實複雜的狀況，回應充滿挑戰的問題。

教育體系的機會在於運用學科知識與基本概念，搭配真實世界的現象，幫助孩子培育關鍵技能，並啟發他們朝向豐富的職業生涯邁開步伐，不論是理想狀態下的哈克尼斯教學法、針對北美探險家的線上歷史課程、哈佛大學馬佐教授新創的物理教學方法，或幫助印度低收入戶家庭孩子的學習中心，這些做法包含核心的教學原則，讓學生可以：

（一）面對有意義、值得投入的挑戰；

（二）取得開放的資源；

（三）困而知之，用幾天的時間讓他們從挫敗中茅塞頓開；

（四）形成自主的觀點；
（五）經常參與交互辯論；
（六）學會提出好的問題；
（七）學會集體合作；
（八）公開展示學習的成果；
（九）因為發自內心的動機而努力學習。

雖然這些教學上的創新讓我們深受鼓舞，但是這幾個讓人眼睛為之一亮的案例仍是非主流的做法。主流教育模式的所作所為都不利於在課堂上創新，會讓老師感到心灰意冷，讓年輕世代的將來黯淡無光。接下來我們將會看到教育部門，強制將學校所有發展面向都納入評估，要求學校老師扛起所有責任的做法，如果再不調整，將會拖垮國家的未來。

評鑑之道

能充分揭露資訊的評鑑，是判斷一位學生有無掌握重要能力，並把所學融會貫通的關鍵，專業技工是透過評鑑指引學徒的訓練工作，男、女童軍得用實績證明能力才能獲頒勛章和升級，美國令全世界欽羨的企業界也是透過綜合評鑑一個人的貢獻度才能做出有效的人事決策，有心的老師當然也會細心評量學生的作品。以上各種型式的評鑑機制包含了幾個共通點：具有可信度、針對個人特質、評鑑方式與目的相互呼應，並以事實的呈現為基礎。此外，這些評鑑機制不用強求把所有人都依序排名，說穿了就是不用追求百萬中選一的精確度。如果沒犯錯的話，學習成效和評鑑成果其實是一體兩面的事情。

我們現行教育體系的評鑑機制已經成為阻礙學習的頭號敵人，不但扭曲教學的目標、拔除學生的好奇心和進取心，連帶迫使最優秀的老師退出教育界。教育體系的評鑑機制儼然成為威脅國家能否長治久安的國安問題。不良的評鑑機制對於國家教育與社會的侵蝕，不下於黃金葛和鯰魚對生態環境造成的破壞。

選擇題組成的測驗形式，從一開始就不是為了落實學校教育目的。第一次世界大戰期間，大力擁護智商檢定的耶基斯（Robert Yerkes）說服美國軍方讓他針對新招募的士兵設計智力測驗，他的一位助手布林翰（Carl Brigham）在戰後持續進行後續的研究，將測驗題目略做調整，以便符合評估大學入學申請人智力的目標。調整過的測驗在一九二六年首次用在幾千名入學申請人身上，而當年大學名校也只保留給出身上流社會的學生就讀。

到了一九三三年，時任哈佛校長的科南特（James Bryant Conant）把招生對象從原本的美東私立貴族寄宿學校跨了出去，並要求幕僚找出方法鑑定哈佛應該招收哪些不是貴族學校的學生，於是這群幕僚就想到了布林翰設計的學力檢定，到了一九三八年，美國大學理事會一致決議採用學力檢定審核獎學金申請人的資格，在一九四二年用這套制度審核所有的大學入學申請人。美國大學理事會在一九四八年成立專門負責設計這類測驗題的美國教育測驗服務社（Educational Testing Service, ETS），從此以後，美國教育制度的樣貌就再也回不去了。

布林翰和其他設計測驗題的同事，對於不同種族之間智力落差的看法讓人難以領教，布林翰說過：「根據我們測驗的數據來看，或許可以用來反駁一般人相信猶太人非常聰明的想法。」他還認為非洲裔的後代留在美國「是這片大地有史以來最不幸的災難。」雖然把今天測驗產業的缺失歸咎一世紀前創辦人的偏見並不公平，但是既有資料卻清楚呈現這些評鑑方式的確比較有利於讓家境富裕的孩子（通常是指白人和亞裔家庭）充分發揮，這也是不爭的事實。

我們在本書不斷提到，如果我們可以測出一個人的調適力、反應力和毅力，現行的評鑑模式就會失去立錐之地。我們當然沒辦法用分數排序每個人的人格特質，所以只好忽略重要的人格特質，把注意力移轉到少數能測出的技能。像是三更半夜在遠處弄丟鑰匙卻選擇在一盞路燈下東翻西找的酒鬼，因為我們只能在路燈下才看得見東西。深諳個中道理的人如哈佛心理學系教授平克（Steven Pinker），主張菁英學校如果想要篩選出學生家庭的所得水準，唯一需要考量的判別標準就是他們的標準化測驗成績。

2012年不同種族平均學力檢定（SAT）成績

類別	閱讀	數理	寫作
印地安裔美國人	482	489	462
亞裔美國人	518	595	528
黑人	428	428	417
墨西哥裔美國人	448	465	443
波多黎各人	452	452	442
其他拉美裔	447	461	442
白人	527	536	515

流於學生財力的SAT

不同父母所得水準，各科（及綜合）學力檢定的平均分數。

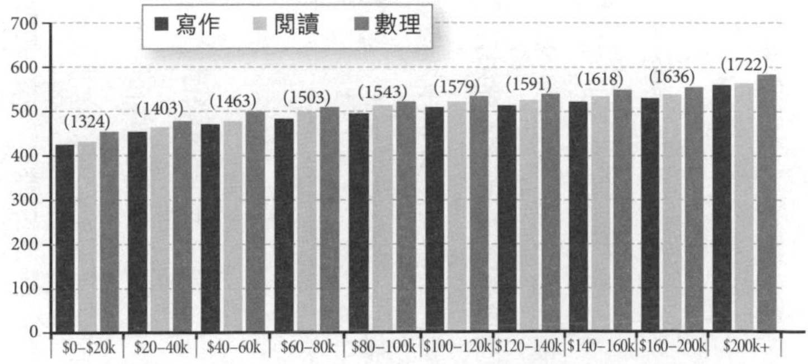

資料來源：FairTest, College Board

標準化測驗的產業規模已經開枝散葉，例如學力檢定的替代品（美國大學入學測驗）、依科目劃分的測驗（大學先修班測驗、學科式學力檢定）、專科學校入學許可檢定（諸如法學院檢定考（LSAT）、醫學院檢定考（MCAT）和研究生入學考試（GRE）），再加上為配合「不放棄任何孩子」法案而在美國各州大力推行的標準化測驗。這些測驗以無孔不入的方式，一點一滴滲透教育體系，整個教育體系需要接受測驗的項目恐怕沒有極限。

一位從事獵人頭的朋友告訴我們一個令她感到不可思議的經驗。一家財富管理公司請她幫忙找來一位資深主管操盤一檔基金，評比第一的候選人擁有超過二十年無人能及的資歷，在面試中的表現也超乎水準，雙方差點一拍即合。不過人事部門代表在評選的最後階段問了候選人的學力檢定成績，在得知對方的成績普普通通之後大失所望，之後就回絕了這位候選人，還對我們朋友抱怨：「我們還以為自己已經掌握了全部資訊……」

一般人相信測驗成績非常重要，會用測驗成績衡量一個人的學術能力、智力水準、內在價值觀、父母的能耐、就讀學校的品質，甚至是一個國家的競爭力，問題是測驗成績沒那麼神通廣大。測驗成績就像黃金葛和鯰魚一樣嚴重破壞我們教育體系內的生態環境；愈會看重測驗成績的人，通常也從未深入了解這些測驗到底是怎麼設計出來的。

鐘形曲線的傳奇色彩

設計學力檢定的宗旨不是用來判斷一位學生有無充分掌握重要與基本的技能，而是用來讓所有人的成績形成一條鐘形曲線。或許這種說法會讓人感到困惑，因為很多人就跟你一樣——幾乎經歷過學校教育體系的人都如此——沒有讀過統計。鐘形曲線是一種大自然裡常見的分布型態，譬如美國成年男性與成年女性的身高分布型態。

兩性成年人的身高都可以得到一個平均數

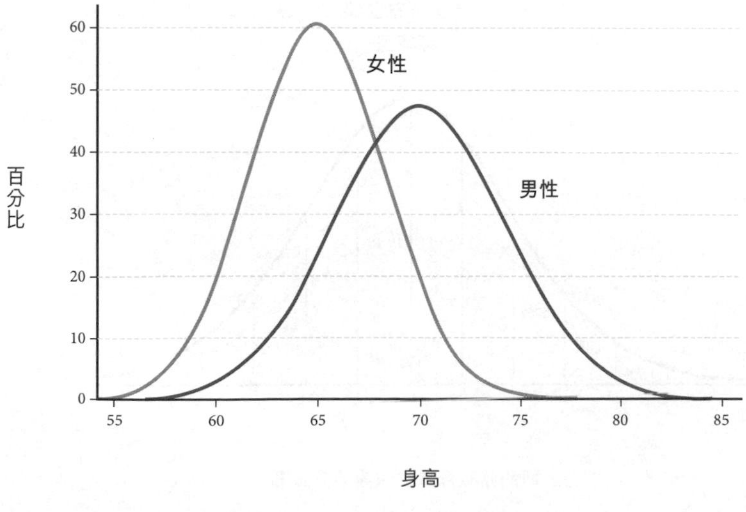

（女性是五尺五吋，男性是六尺），如果離平均數愈遠，所占的百分比就會愈低（意即非常高或非常矮的人很少）。我們可以透過一堆糾結的方程式得知在一個標準的鐘形曲線裡，六八％的樣本都會落在距離平均值一個標準差的範圍內，不過在此我們只需要知道這個分布曲線的外觀就跟一口「鐘」一樣就夠了，我們要強調的是：身高分布的曲線反應的是成年人實際的身高數字。

除了身高之外，世上有許多事物也都會呈現鐘形曲線的分布型態，像是理想氣體中的分子移動速度就會符合鐘形曲線的分布；不過如果你再深入觀察，就會發現所謂的「常態」分布也不見得是絕對的正常狀態，事實上只有一部分的自然現象才會完全符合這樣的分布狀態。

常態分布曲線
標準差

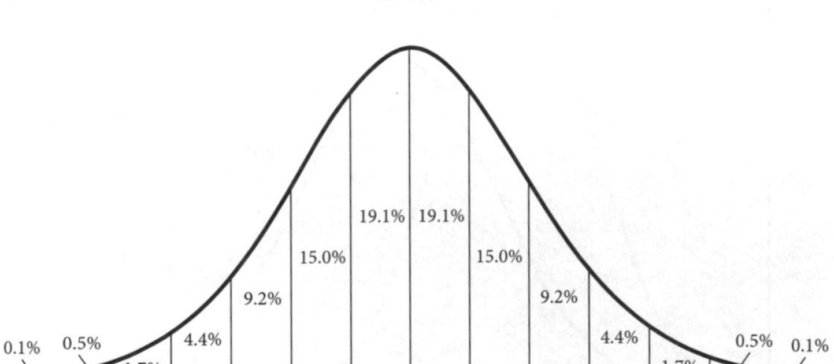

紐約州教育單位預設的分布圖

鐘形曲線在標準化測驗中的角色之所以會引起爭議，就是因為它沒有辦法反應真實的狀態——它是美國大學理事會片面決定的結果。美國大學理事會在報告中直言：「我們是基於對稱性與習慣性的考量才挑選常態分布曲線，而不是因為我們認為學生的能力會呈現常態分布的情況。」換句話說，學生參加測驗所得到的成績會呈現鐘形曲線的外觀，完全是因為紐澤西普林斯頓大學一群統計學家決定讓它看起來像是這個樣子，所以我們就讓孩子智力、才能、學力檢定相關因素的分布狀態看起來像是成年人的身高一樣，讓很駑鈍、很聰明的孩子都只占相對極小的一部分，此外的人都集中到平均的位置。我們相信這些統計學家知道自己在做什麼，畢竟他們都是在知名大學完成博士學位。

這就是為什麼，許多測驗最終都能形成鐘形曲線分布圖。設計測驗的人會挑選困難程度不一的題目，安排不同科目的總題數。為了確保只有少部分孩子的成績會落在分布曲線的末端，各科當中一定會包含非常簡單的題目，而語意模糊、陷阱題或深奧的題目則可以用來減少成績太優秀的學生人數。最後，為了展開整個分布曲線，他們還會塞進夠多的題目讓很多孩子出錯——或許是因為趕著答題而不加思索，也或許是因為沒時間完成所有的題目。測驗設計者會不斷調整題目的組合方式直到他們得到理想中的成績分布曲線，然後讓全國好幾百萬的學生接受測驗，由學生在曲線上的位置決定他們的未來。所以，全國學生的測驗績就形成了鐘形曲線。

這條曲線的外觀在真實世界裡有什麼特殊意義？就好的一面來說，因為只有極少數學生的成績會落在帳面數字的底端，所以只有極少數學生的分數意味著「你實在笨到糞土之牆不可汙也」；相對的，曲線的另一個末端也一樣狹窄，代表帳面上成績優異的學生人數也不會太多。強制形成鐘形曲線就表示，不管落在曲線哪個端點的學生只要測驗總分有一點點微小的差異，換算成學力檢定的分數就會被大幅放大，只要幾題的落差就能讓你的成績從七百多分掉到六百多分。這個落差已經足以讓家長相信，孩子會因此被摒除在知名大專院校的門外。經濟學家會用「囚犯的兩難」描述這種動態的發展過程，如果所有孩子都能用輕鬆的態度面對考試，大家的處境都會變得更好，一旦其中有些人開始密集準備考試，其他人就會被迫在兩個次佳的選項中抉擇：浪費時間去準備考試，或眼睜睜看著自己的測驗成績一落千丈。

建構學力檢定的題目就更簡單了，一半數理、一半語文，而且一題都可以在一分鐘之內完成作答。如果你和本書兩位作者一樣，對於多年以前參加過的學力檢定還保有一些模糊印象，你很有可能還會記得 noxious、officious、nefarious 這些學力檢定專用字，雖然是日常生活用不到的詞彙，但卻是想在測驗中拿到好成績的必背單字。為了準備考試，孩子需要練習的題目不外乎：

There is no doubt that Larry is a genuine ________ : he excels at telling stories that fascinate his listeners.

(1) braggart
(2) dilettante
(3) pilferer
(4) prevaricator
(5) raconteur

擺脫學力檢定的語文科目之前，你還要面對一堆短文閱讀題，有些寫得清楚明瞭，有些寫得晦澀不明。想要理解短文內容已經不容易了，更困難的是回答以下這些令人抓狂的問題：

The author's tone in this passage is best characterized by the adjective:

(1) bold
(2) ontogenous
(3) perfidious
(4) voracious

(5) audacious

想要撐過這些咬文嚼字的題目，你不但必須熟知非常多的字彙，而且還得放棄用太有創意的方式詮釋短文。

等到你好不容易從令人暈頭轉向的語文科目中回過神，放下筆、喘口氣，因為接下來馬上就要進入數學天地，迎面而來的會是許多簡短、不起眼的函數問題，像是：

If $x > 1$ and $\frac{\sqrt{x}}{x^3} = x^m$, what is the value of m?

(A) $-\frac{7}{2}$

(B) -3

(C) $-\frac{5}{2}$

(D) -2

(E) $-\frac{3}{2}$

這種題目不難讓人了解，為什麼學力檢定的成績說明不了太多事實，把學力檢定測驗準備到滾瓜爛熟也不等於熟練生活中的重要技能。你上次是什麼時候在日常生活中用到raconteur這個單字？針對作者語調制訂一個不容質疑的標準答案有什麼意義？又是什麼時候會需要算出一個高階指數的數學問題呢？

時間壓力是另一個明顯影響學生測驗成績的重要因素，但是一生中會有幾次需要在四十五分鐘內完成足以改變人生的重大決定？如果是在工業工程先驅泰勒所處的那個年代，為了強制推行標準化作業以榨出生產線上的每一分效率，以時間作為限制條件還有其道理，但是泰勒早就已經不在人世，就連生產線也都退流行了，可是我們的孩子卻還是要在時間壓力下完成影響人生至鉅的測驗。當然啦，如果這些學生是出生在愈來愈多願意投入大量資源爭取有利應試條件的富裕家庭裡，他們的家長或許可以用另一種形式替他們多爭取一些時間。美國會計總署（Government Accounting Office）的研究報告即指出，參加一次學力檢定模擬測驗的花費約五百至九千美元。

該是認清這些測驗本質的時候了。學生在承受巨大的壓力下，急急忙忙找出一堆題目的解答：跟日常生活完全無關的題目，就連美國大學理事會的研究都顯示，學力檢定的主要功能是有助於提升預測大一新生在校平均成績的準確度，也不過如此而已。

我們敢打包票保證，讓學生去玩《紐約時報》週日版上的數讀和填字遊戲，用這兩者的成績預測他進入大學或就業以後的表現，準確度可以和學力檢定的數理及語文測驗不相上下。既然報紙上的遊戲足以測出學生字彙量的多寡，以及一部分認知辨識的技能，如果我們改用報紙上的遊戲決定學生將來的人生，起碼還可以把測驗變得比較好玩，問題是如果大學入學審核和企業主也決定用有趣的遊戲取代學力檢定分數作為評鑑機制，相信應該不會有人認為這樣的評鑑機制可以確實反應孩子的能耐。

如果統計學家不再把標準化測驗的成績硬塞進鐘形曲線，或許他們會說：「讓學生填寫的測驗題，是我們認為一位貨真價實的大學生基本上能回答的問題。我們將不再設定時間壓力，讓大多數考生都有充分的時間完成測驗和驗證，我們也會剔除那些純粹只是為了形成鐘形曲線而列入測驗的艱深問題。」然後他們可能把測驗結果簡化成三等級的成績：

（一）表現優異：你的認知技能在結構性問題中的表現都不會形成人生的絆腳石，也不會成為讓你無法發揮專長從優質大學畢業的阻礙。

（二）需要努力：根據你在結構性問題中所展現的認知技能，想要進入大學就讀的話，你還需要付出更多的投入與努力。

（三）換個跑道：認知技能不是你的專長。我們建議你換個方向思考人生的道路，好讓你發揮認知技能以外的長處。

這種評分標準（絕對不會比鐘形曲線更獨斷），將徹底改變標準化測驗在社會中的地位，只要用概略性的分類就足以反應學力檢定的預測能力。不容諱言，被評定為「表現優異」的孩子，其人生發展大致上會和「換個跑道」的孩子大異其趣，但是這樣做卻可以排除不切實際的滑稽想法：花大量時間與金錢設法在學力檢定拿到七百六十分的孩子，一定會比欠缺應考資源而只取得六百三十分的孩子更加突出。甚至我們可以反過來說，拿到較高分的孩子順從父母的要求，花幾個月時間學習大腦難以吸收的學科知識，其實就已經失去他的開創性格了，這對他的人生前程才是大大的不利。

華格納不是考試高手，學力檢定的分數只勉強爬過五百分，參加Miller Analogies測驗的成績（當時申請進入哈佛教育研究所的唯一必考科目）也一樣普普通通，校方可能是基於當年的他已經是個作家了，所以才接受他的申請，如果重新來過一次，現在入學測驗的要求標準愈來愈嚴苛，華格納恐怕名落孫山了（令人意外的是，華格納在哈佛從碩士讀到博士的所有科目的最低成績居然是A⁻，由此可見學力檢定對於低分族群產生不了多大的評鑑效力）。

在三等級成績的世界裡，大多數考生不需要為了準備考試而焦頭爛額，大學校方會得到需要知道的資訊，也不大有什麼人需要多次參加測驗。伴隨考試而來的壓力將煙消雲散，也不會再有一試定終生的影響力。這麼說來，當我們採取更合理的評鑑機制時，有誰會是輸家呢？

每年為了標準化測驗的考試準備，已經形成一個年營收高達四十億美元的產業，推動美國大學入學測驗的財團、美國大學理事會和美國教育測驗服務社這三者在產業中三足鼎立，對於聯邦與州政府立法機構的遊說活躍異常。為了在規模高達數十億美元的戰場上脫穎而出，壁壘分明的利益團體甚至會主張測驗中微不足道的差異都要追蹤觀察、嚴肅以對，結果就是讓好幾百萬家庭繼續在時間、金錢和精神上投入不知所終的消耗戰。

最近幾年美國大學入學測驗逐漸取代學力檢定，成為每年入學審查的必備項目。美國大學入學測驗比較不需要用死記硬背的方式答題，就狹義而言算是比較好的測驗。為了回應競爭對手的壓力，美國大學理事會也打算將學力檢定調整成類似美國大學入學測驗的考試，但是再怎麼說，這種改變也無法讓鯰魚進化成高價值的物種。只要大學入學測驗維持一口氣納入數以百萬計考生的形式，繼續用機械式題組產生機械式的分數，以及一試定終生的代價，標準化測驗就永遠會是阻礙落實真正教育的大敵。

大學先修班測驗

大學先修班測驗原本是美國菁英私立學校用來展現高階課程優越性的工具，隨著測驗本身成為評鑑機構主要的收入來源，日後的發展也就脫離了原先規劃的方向。設計大學先修班測驗的單位繁多，主要是由關切學生在結束課程後有何成效的大學教授主導，只是現在的大學先修班測驗已經從原本一英里寬、一英吋深的型態，演變成十英里寬、百分之一英吋深，太過廣泛又欠缺深度的結果：世界史的範圍可以從西元前八千年涵蓋到現代社會，生物學的範圍從顯微鏡下的微生態系一路放大到演化論，藝術史則是從古文明橫跨到現代藝術，幾大洲的空間都包括在內，除了人煙罕至的南極大陸不算在內。猶如精明的企業會設法擴充產品線的道理，美國大學理事會現在也提供超過將近四十種不同的大學先修課程與相關的測驗方式，每場收費八十九美元的測驗讓他們獲利可觀。

有些頂尖的私立高中和一部分思想前衛的公立高中，開始取消大學先修班的課程，承認淺薄的學科知識反而有礙學習。不過還有非常多公立高中與慢半拍的私立學校想繼續開設先修班。麻州韋爾斯利（Wellesley）是常年獲得高度評價的公立高中，校方竭盡全力說服家長與學生不要上大學先修班，擁有教育專業知識的家長告訴我們：「看到這個現象實在太感人了，生物學系的系主任居然建議家長不要讓孩子去上大學生物先修班，可是這門課到最後還是招滿學生，因為家長認為如果不讓孩子去上先修課程，等到要申請進入大學時就會處於非常不利的位置。」不過就算進了大學也一樣會處於不利的位置。

達特茅斯學院（Dartmouth College）幾年前讓大學心理先修班測驗拿到五等級高分的大一新生，參加該校心理學導論的免試鑑定，結果居然高達九成的受測者都不及格，更值得令人注意的是，這些沒通過鑑定的大一新生重新選課再讀一遍的表現，也沒有比其他沒上過大學心理先修班的學生來得好。

我們和幾位美國大學理事會的資深領導人有幾場頗具建設性的對談，像是負責推動大學先修班的帕克（Trevor Parker），以及理事會的新任主席柯曼（David Coleman）。言談之間不難發現他們也知道現行測驗方式存在許多缺點，因此在我們撰寫本書的同時，有些大學先修班的測驗方法與課程綱要都正在修訂當中。據我們所知，美國大學理事會在大學先修班這個議題遭遇相當多來自理事會裡大學教授成員的大力反對，因為他們希望能繼續教授與測驗更多的學科知識。教導相同的學科知識與維持完美鐘形曲線的龐大利益，就橫亙在推動實質改革的路上。

華格納建議柯曼做個實驗，請他找來一群上過大學先修班的學生，實際了解這些學生在通過測驗後會不會對該科產生更多興趣（根據我們自身經驗，幾乎沒有學生想要再上一次大學先修班！）柯曼似乎對這個建議躍躍欲試，希望我們很快就能看到他的實驗成果！

馬佐參與大學物理先修班理事會的運作已有好幾年，一直想讓理事會在測驗中試著導入著重觀念的題目，最後終於獲得採納，只是採用馬佐的想法後，理事會就決定下不為例了，因為在觀念題表現優異的學生並不盡然也能在方程式運算的問題中維持出色的表現。就這樣，大學物理先修班的測驗軸心一樣聚焦在跟世界一流科學家扯不上關係的技能，同時更進一步向我們印證了標準化測驗和一個人解決問題的創造力、深入的概念、設計並完成有成效實驗的能力，都毫不相關。

提爾尼（John Tierney）之前是波士頓學院政府學系的教授，他投書《大西洋月刊》（*Atlantic*）提到：「虛偽造假無所不在又防不勝防，為了掩人耳目，它們通常會找來有名望的人士背書，這就是大學先修班正在發生的事，當前戕害高中生最嚴重的詐欺罪行之一。」提爾尼在波士頓學院任教二十六年，最後發現大學先修班的課程意味著「不動腦筋屈從於規劃好的讀書計畫，抹煞了創意與自由發問的空間。這種課程涵蓋的範圍太廣，所以蜻蜓點水略微提一下就帶過去了，換句話說，大學先修班形同朝向預設的目標急行軍，讓高中老師在這一路上都沒有時間照顧到自己和學生的共同利益；大學先修班根本就是葬送求知慾的墳場。」

標準化測驗

當前教育政策主要是為了因應極度欠缺信任感的形成，能影響教育政策的企業領袖認為老師彼此評比或衡量學生的成效，就整體而言，無法被信任。很多不信任感源自於企業領袖對於工會發自內心深處的厭惡，他們的想法大致如下：如果只要工作滿三年（有些公立學校的條件不大一樣，但是也相去不遠）就能讓一個人擁有終身的職業，而且實際上還不乏些不負責任、惡名昭彰的老師（確實是有這樣的負面案例），我們就一定要設法讓每件事情都找得到人負責，無論如何都要達到這個目標。

究責的想法就像是滾雪球一樣愈變愈大，把整個教育體系都牽扯進去，最後造成一面倒的後果，另一方面，隨著美國人在國際標準化測驗的成績一直不上不下，附和要究責的聲浪也愈來愈強。在共和、民主兩黨一致支持的情況下，美國國會完成了一項意義重大的立法：「不放棄任何孩子」法案，並在二〇〇二年經小布希總統簽署後生效。這項有時被戲稱為「教不會任何孩子」的法案，旨在提升學生的測驗成績，現在已經證明徹底失敗了，但是社會大眾非但沒有從根本質疑這樣做到底合不合適，反而更強烈要求一定要找出該為失敗負責的戰犯。二〇〇八年的歐巴馬總統挾帶著一股理想主義的浪潮入主白宮，相信大家一定有能力建立一個能互相合作的共同體，只是這個理念並沒有貫徹進他的教育部裡，因此很快又推出「力爭上游」法案，將教育的重點放在檢驗老師能否負責任的提升學生的考試成績。

這些頭痛醫頭、腳痛醫腳的政策，對整個教育造成天翻地覆的影響，所有一切都以數字為重，完全不用考慮真正的學習和有意義的評鑑，付出的代價是把所有課堂時間都限縮在，讓學生考試時可以馬上上手的內容，然後死命的填鴨。真的就是這樣，不要懷疑。如果篷布馬車跑得不夠快，死命抽鞭子就對了；如果過程中有些老師做不下去，那就隨他們去吧。就算其中有些是全國最好的老師也無所謂，因此像是馬格吉安諾（Ron Maggiano）這種獲獎肯定，在維吉尼亞州費爾法克斯郡西春田高中（West Springfield High School）受人敬重的社會研究學老師，也都在三十三年後掛冠求去。他在辭呈裡寫著：「投身教育工作超過三十年的我，今天剛度過身為人師的最後一天。決定辭職的原因是因為，我再也無法忍受一切為標準化測驗是從，毀了班上學生的創造力，扼殺他們想像力的教育體制。我感到傷心、憤怒、受傷與沮喪，不僅是因為教育體制所發生的一切改變，也是因為我所熱愛的教育工作已經面目全非了。」

史特勞斯（Valerie Strauss）數年前在《華盛頓郵報》一篇專欄中提到，佛羅里達州有一位長年擔任校務委員的成員刻意去考一次，以高一生為主要受測對象的佛州綜合能力評量測驗（Florida Comprehensive Assessment Test, FCAT）。這位校務委員是一家營收高達三十億美元企業的資深主管，受人敬重，同時擁有一個學士學位和兩個碩士學位。在此之前，他的做法跟其他學校的校務委員、各州和聯邦的立法機構一樣：要求學生通過某些測驗才能畢業，並用學生的測驗成績評斷老師的教學績效。

考試結果出爐，這位校務委員坦承每一道數學題都是用猜的，總共六十題裡只猜對了十題。閱讀測驗的成績表現比較好，可以排在全體受測者的第六十二百分等級。依照佛州綜合能力評量測驗的標準，他會被劃分到學業補救班，有可能讓他連高中畢業都變得困難重重。他把自己的考題描述給其他在很多不同領域都算得上是專家的同事聽，結果得到相同的回應：沒有人會用到考題中的任何一題數學。這位校務委員總結說：「已經離開校園太久可能是原因之一，如果我真的是要去參加考試的高一學生，我應該會更熟悉這些課程內容才對；但是這有差嗎？決定學生未來人生際遇的考試，應該要跟生活中的必備技能相關才對，但是從考試題目來看，實在看不出其中的關連。」

這位校務委員願意反思自身的經歷，尤其是他認為自己如果真的是應考的高一學生，他的人生將走向完全不同的道路。他會被告知自己還不夠資格進入大學就讀，然後可能隨之降低自己對人生的期待。他的結論是：「如果一場有可能徹底改變學生未來的考試，居然跟成年人真實世界的運作方式沒多大相關，這對我來說實在是荒謬到無以復加。」

美國教育體系失敗的根本原因，在於誤信測驗應該要一體適用於大規模的受測者，但是每年要讓好幾百萬學生受測的代價高昂——不論是以時間、金錢還是其他的機會成本衡量。如果我們的目標就是要把好幾百萬受測者的成績一一排序，我們的評鑑機制就會無可避免淪為過度簡化的題組，使得容易測驗的題目和真正重要的題目就此分道揚鑣。我們需要的教育體系應該是以孩子的成功為重，而不是讓測驗產業的成就喧賓奪主。

老師如何回應

時常聽見老師說：「我願意盡力幫助學生培育關鍵的技能，但是我該從什麼地方開始著手？」以下是我們鼓勵老師採取的步驟：

（一）找到值得信任的同事一起合作，這些夥伴的支持與客觀的角度會對你有幫助。

（二）檢視你指派給學生的作業、問答與測驗，評估有多高的比重是死記硬背，是否可以上網查詢的人都能回答出問題？這些功課能讓學生培育關鍵的技能嗎？怎樣才做得到？

（三）測量你在班上講課時，「夫子自述」的時間有多長，讓學生主導討論的時間又有多長？學生有機會在彼此之間教學相長嗎？有機會團隊合作嗎？通常你會以為自己其實沒有花多少時間講課，實際上卻發現自己已經把大多數時間都花在一個人唱獨角戲。請用你的手機拍攝你平常上課的樣子，並嚴格管控你當「放送台」的時間比重；如果比重超過百分之二十，請想辦法重新調整上課的方式。

（四）除了依照他們回應的答案外，學生提出的問題是否也是評量他們表現的其中一環？

（五）學生是否有機會提出自己想要的專案研究，由他們自行設定研究目標、架構研究計畫，並向更多對象說明他們想要達到的成果？你的學生是否擔得起失敗和犯錯的代價，不影響他們在你班上維持良好的表現？他們花在自主設定專案研究的時間有多少？如果低於百分之二十，請設法朝這個目標邁進。

第七章

教育新方向

有些人會把改革教育體系的挑戰比擬對抗全球暖化，主要是因為教育體系如此龐大複雜又積習難改，還有各種利益團體拚命抵抗改革。這些人會聳聳肩無奈的說：「光憑我一個人，能做出什麼改變呢？」

所幸，能做的事情還不少。

教育改革的工作並不像全球暖化。對於後者，個人的努力對於全球碳排放的規模猶如滄海一粟，但是教育的本質終究脫離不了以人為本的精神。一個有心投入教育改革的人，一定可以改變一個孩子的未來，進而擴大到一個班級、一個年級，甚至一所學校。接下來，一個地區的改變有機會帶動全國性的運動，所以我們每個人都能在推動二十一世紀的教育上貢獻心力。但是俗話說得好：「如果漫無目的亂走一通，隨便哪邊都可以是終點」，本章的內容就是幫助大家找到真正的終點。

改革的工作並不輕鬆，一路上滿是惰性和政府高層下指導棋累積而成的種種阻礙——本章的前半部將探討這方面的課題，幫讀者釐清什麼樣的教育政策、方針才值得支持。本章的後半部，我們將摘錄十二年養成教育和高等教育具有啟發性的方案與措施，讓我們看見未來的希望。本章最終，我們將提出建議給家長、社群成員和教育工作者參考，以求能群策群力，從改變當地的教育環境開始做起。

重新界定問題

我們得從重新界定問題。如果各界對於教育改革的想法、學校的教學方針和國家的教育政策，都圍繞著如何讓現有體制更加完善，就注定一事無成。這種改革如同想盡辦法讓一輛篷布馬車跑快一點，好贏得印地五百大獎賽（Indianapolis 500）一樣愚不可及，而且既然不可能帶來顯著的成效，各界對於教改失敗的看法勢必淪為一場批鬥大會，而教師工會就會成為眾矢之的。我們目標時速是衝上兩百二十五英里，但再怎麼改裝篷布馬車也不可能突破時速四英里，這個目標無疑是痴人說夢。

我們需要重新思考教育的本質，要想像自己是一八九三年中學課程十人委員會的成員，心想：「我們得教導好幾百萬孩子學會機械式的工作內容，為快速成長的工業化經濟打好基礎。」當年的中學課程十人委員會，最終找到理想的解決方案，現在的我們則是要教育好幾百萬的孩子（還有成年人）為創新年代做好準備。我們該怎麼做？

首先，我們要隨時自我警惕：我們的挑戰並不是針對一八九三年設計的教育模式做出漸進式的改革。我們的機會，以及我們對年輕世代的義務，是重新思考學校教育，幫助孩子了解自己能做出什麼，而不是知道什麼。

教育政策的制訂者，應該要怎樣讓我們的教育體系重回正軌？大環境的總體課題是什麼？這些年來，我們不大可能期待政府提出體察民心的政策，但是我們總是有定期選舉，也不乏向聯邦政府教育部與地區校務委員會請願訴求的管道。只要我們有愈多人分享共同的願景，我們就愈有能力改變關乎我們孩子未來的國家政策。

新式教育的成果

何謂二十一世紀有教養的成年人？什麼是當前職場、校園，與提振公民意識最重要的核心能力？這些技能和一世紀以前學生需要的項目有什麼差異？這些問題就是重新思考教育的起點，第一個挑戰就是釐清對於高中畢業生而言，哪些教育成果才是最重要的。

我們在本書一再描述，什麼才是現代社會最重要的技能。你「知道什麼」，在現代社會已經不吃香了，因為我們已經有無所不知的Google，現代社會在意的，也就是與學習、工作和公民意識息息相關的，是你能運用知識「做出什麼」。莘莘學子當然還需要學習學科知識，但是這是最簡單的部分，因為我們都知道學科知識已經變得像是不用錢的生活用品，就像是空氣和水一樣，而且還不斷成長，持續不斷推陳出新，只要能連上網路就能取之不竭。真正困難的部分在於幫助孩子培育關鍵的技能，勇於提出新的觀點，克服新的挑戰，創造新的知識。如同第二章提到的三角支柱：學科知識、技能與意願，是二十一世紀學習的基礎。

上述三角支柱中，我們認為意願，也就是動機，是最重要的元素，也是受到學校教育傷害最深的部分。如果一位學生能打從內心產生自動自發的念頭，他的一生一定會不停累積新的技能和學科知識，讓他在創新年代能無往不利。因此，面對任何想要推動教育改革的想法，我們第一個需要捫心自問的問題是：這種「改革」究竟會提升或貶抑學生學習的動機？該如何判斷？我們的重點當然不是出於害怕而學習的動機，我們所指的動機是堅持不懈與自重自律的正向回饋機制。

接著就是技能。最近這幾年有很多探討二十一世紀關鍵技能的書籍，不同作者對於不同的技能各有所好，但是大多數都會同意四種技能（4C）的重要性：批判性思考（critical thinking）、溝通協調（communication）、通力合作（collaboration）和解決問題的創意（creative problem-solving）。我們認為這些技能不但可以，也應該要每一天、在每個班級進行教學與評鑑。

我們的意思並不是在課堂上用關鍵技能取代學科知識，如果不能先讓學生掌握豐富且具挑戰性的學科知識，就不可能教導他們如何批判性思考。重要的是審慎挑選學科知識，讓學生建立終身學習的必備基礎，而不是為了顧及教學進度而忽略培育學生的核心能力。

凝聚教育共識

我們要怎樣才能讓二十一世紀教育目的，產生更清楚的共識？這可不是寫一本書就能完成的工作，也不是辦幾場研討會就能為我們指引一條康莊大道，所幸我們距離中學課程十人委員會制訂教育政策的年代已經超過一個世紀，現在能讓我們繼續往前走的，就是在各層面開啟新一輪的對話。

很多人把一九八三年出版的《處於危險中的國家》視為美國教育史上一個意義重大的轉捩點，書中提及學校教育「正掀起一波平庸化的浪潮」，然而在這本書呼籲大家應該採取行動後已經過了十多年，我們卻拿不出像樣的成績，顯然我們需要企業領袖出面領導，才能創造真正帶動改革的動力。一九八八年擔任全錄（Xerox）執行長的柯恩斯（David Kearns），以共同作者身分出版《贏得腦力競賽》（*Winning the Brain Race*）這本鞭辟入裡的書，書中指出美國勞工需要非常不同的教育，亦即大幅改良過的教育，才能在二十世紀末的競爭中勝出。到了一九九五年，時任ＩＢＭ執行長的葛斯納（Lou Gerstner）呼籲召開國家教育高峰會，有了他的登高一呼，當時幾乎各州州長、企業執行長，和意見領袖都齊聚紐約州的帕麗塞得村（Palisades）共商國是，並且在隔年集體決議推行新的課業標準，進行全面性的教育改革。值得一提的是，當年這場高峰會只邀請少數教育工作者與會，而且只能以觀察員身分出席。

我們這個年代的柯恩斯、葛斯納在哪呢？我們已經看過數不清的企業領袖嚴詞抨擊教育體系沒有真正的改革，也有很多人知道「不放棄任何孩子」和「力爭上游」是兩個失敗的法案，但是願意在檯面上公開談論的人卻少之又少，身邊總會有人勸他們離教育事務愈遠愈好，因為相關議題充斥著太多爭議。因此在好幾百萬學生的未來岌岌可危之際，很多企業執行長卻只選擇花些小錢資助數理工科的研究計畫，以為這樣就足以交差了事。

除非真有人能引領全國風潮，否則由各州甚至是各地區領導人推動教育改革的結果，一定會一事無成。我們拜訪各州教育政策制訂者和企業領導人，包括加州、明尼蘇達、肯塔基、新罕布夏、愛達荷和佛蒙特，他們都深知國家教育政策嚴重走偏，如果想要挽救，除了要倡導組成創新年代的新一輪教育高峰會，還要向教育部提請集體訴願，要求免除由考試主導一切的措施。是放手讓各州政府為各自教育體系提出更具啟發性課程的時候了。

新罕布夏州政府不久前率先廢除高中生必須累積一定「學分時數」（就是所謂「卡內基學分」（Carnegie Unit））才能畢業的規定，這是因為創業家布拉蒙德（Fred Bramante）在二〇〇三到一二年擔任該州教育委員會成員時做出的睿智決定。新罕布夏州目前正朝著以能力評鑑為主，審查學生能否取得高中文憑的改革方向前進。

還有些地區正在推動由下而上的改革措施，例如紐約史凱斯岱爾高中就在校務委員的主導下，成為第一個設立地區型創新基金的學校，用來資助教師團隊推廣新的課程及著重學生表現的評鑑方式。不光是在史凱斯岱爾高中，各地的企業領袖都知道不能只把批評的重心放在職場生產力的不足（雖然這個問題相當嚴重），他們為了和教育工作者合組新的教改聯盟，現在也開始關注二十一世紀有哪些是有助於學習，並建立公民意識的重要技能。

測驗與評鑑

一句看似平淡的句子，居然成為傷害學生學習意願的最大阻力：「再怎麼說，我們當然還是要衡量學生的學習有無進展。」只要我們交給學生一個需要創意才能解決的複雜問題，如何才能精確衡量學習成效就成為棘手問題。這是無法迴避的事實：如果我們教育體系的規劃是為了讓官員，連堪薩斯小鎮托彼卡（Topeka）某個班級的學習成效都要納入管控，我們就注定擺脫不了當前失敗的運作模式；如果我們真的在意學生能有實質的進步，就必須接受另一套完全不同的評鑑機制：一套更重視定性而不是定量的評鑑機制，同時拋棄把好幾百萬學生納入十等分、百分比的排序方式。這是一個無從妥協的選擇，端視我們在意的是什麼要素比較容易衡量，或是什麼要素才是學習的重點。魚與熊掌無法兼得。

男、女童軍的制度，可以作為評鑑年輕世代學習進展的參考模式。想要在童軍體系內得到勛章認證，前提是展現專精的才幹。至於怎樣才稱得上是專精，就交由見多識廣的成年人根據自身經驗研判。想要得到搭營帳的勛章，孩子要實際展現搭設帳棚的熟練技巧，而不是在壓力下熟記帳棚各部位的名稱；想要得到膳食的勛章就要真的學會烹飪，而不是坐在椅子上看其他人煮飯煮了一百五十小時，還要在測驗中答對把馬鈴薯燉熟要花多久時間。想要成為最高等級的鷹級童軍（Eagle Scout），不但要熟練各種核心技能，還要爭取一面與自己嗜好相符合的勛章認證。他們不是設法跟著童軍團在一起十二年，不被開除就能自動晉升，這套童軍團用來鑑定達成各項成就的標準相當可靠。童軍團的領導階級清楚知道，需要多麼熟練技能才可以達到獲頒勛章的標準，這套制度也信任成年人可以做出適切的判斷。

好玩的地方在哪呢？不會有人在意奧克拉荷馬州鷹級童軍的標準，究竟比加州鷹級童軍標準嚴格或寬鬆，全美童軍協會（National Scout Organizations）也不會每個月依據在限時測驗中答對多少選擇題，替每一位童軍進行排名，而是依靠信得過的成年人觀察受測者的能力就完成評鑑。

童軍的評鑑機制完美嗎？當然不是，而且也不會有所謂完美的評鑑機制。但是我們會樂見童軍團為了滿足政府官僚，改採便宜、無聊的測驗題進行評鑑嗎？如果以史為鏡，我們會發現勛章認證機制更符合年輕世代的長期利益，只是我們不曾將此引進教育體系，或許我們應該讓美國前教育部長鄧肯（Arne Duncan）、前紐約市教育局長克萊恩（Joel Klein）、前華盛頓特區教育局長李洋姬（Michelle Rhee）和比爾蓋茲，花一年時間去參加童軍團，再花一年時間去他們建構的課堂上課，他們或許就能比較兩種完全不同的學習體驗。他們應該會認同，教學經驗豐富的老師在課堂上很難幫助學生，會一致認為「學生在校的多數時間只能被動接收資訊。」在此引用威金斯（Grant Wiggins）老師的看法，他說：「坐在教室裡已經夠累人了，花整天時間接收資訊卻什麼也記不住，更是精神折磨。我問身旁高一的班導師辛蒂，是否認為自己在班上的貢獻舉足輕重，或當她不在教室的時候，班上同學的程度就會降低。她笑著說：沒有這種事。這個想法讓我感到驚訝，特別是我因此得知學生可以自行發揮的空間實在少得可憐，而且對於被要求學習的課程也學不到什麼。」

改採能力導向的評鑑系統，一定會遇上哪些「勛章」是孩子要在學校教育中取得的問題。哪些是我們希望孩子能具備的能力？要不要把化學排在團隊合作之上？微積分會比解決問題的創意重要嗎？詩人喬塞（Chaucer）的名號會勝過批判性思考嗎？南北戰爭期間的點點滴滴和溝通協調能力，孰重孰輕？能力導向的評鑑系統會逼著我們，重新從兩個不同的角度思考學校教育的目的：我們希望學生深入學習還是蜻蜓點水？希望他們首重學科知識還是關鍵技能？

童軍組織很清楚自身的使命：讓每一位年輕世代都具有公民意識，都能發揮領導才華，並且有能力處理置身荒郊野外時的各種疑難雜症。透過這些目標就可以反推，年輕一輩的童軍需要熟練哪些技能。如果學校教育的目的是讓年輕世代都具有公民意識，都能發揮領導才華，並且有能力處理置身創新年代的各種疑難雜症，則他們需要熟練哪些技能，就變得顯而易見了。

比照專業認證的高中文憑

我們認為高中文憑應該是一種專業認證，而不是像一八九三年創立時，只是一張課程出席累計時數的證明。我們認為，不同的學校和社群應該要有共同的勛章，以批判性思考、溝通協調、通力合作和解決問題的創意，這四種技能為基礎，結合企業雇主和大學教授的想法，針對這些核心能力建立一套明確的學成標準。這些高中的學成標準可以用來反推國小、國中的的學成標準，從而建立一貫的十二年養成教育體系。

想要取得勳章的學生，必須經歷豐富的課程（一部分會以第四章描述的方式進行），不但包含獨立的自主學習，還包括職場實習和社區服務的學習計畫。所謂學習將不再侷限於傳統的學年規劃，甚至不再侷限於校舍班級之內。

不單如此，我們認為學生的學成標準也要符合一定程度的學術研究模式。紐約成績標準聯盟（New York Performance Standards Consortium）是二十八所高中，從一九九七年開始組成的團體，主要任務是開發、評定學生以共同科目表現為主的評鑑機制。他們要求高中生都要完成以下幾項計畫，並達到一定程度的學成標準才能畢業：

（一）短文文本分析；
（二）研讀社會研究的報告；
（三）原創性的科學實驗；
（四）高階數學的應用能力。

這些計畫內容經常互相重疊，讓學生能順利達到前文所提4C勳章的認證標準。比方說，能進行短文文本分析的學生就能獲得批判性思考的勳章認證。此外，屬地社群可能希望增加一些能反應在地特性的勳章，例如都會和農村社群可能會高度讚揚創業精神，希望能藉此讓有才華的年輕世代創造就業機會，讓更多人可以留在當地發展。同樣的，某些地區的學校或許會強調另一種優先順序，以反應他們對於衝突解決、自我成長和先進製造能力的重視。

如果學校改採勛章認證的評鑑機制，政府可以針對一小群學生樣本進行高品質的測驗方式，作為評估學校教育整體教學可靠性的審核依據。只需要讓一小部分學生參與優化的評估方式即可，而且主要是以取得資訊為目的。樣本分析的做法可以讓我們更謹慎看待學生高階技能的發展狀況，可以指出哪些學校的表現嚴重落後，也可以讓我們得知哪些學校在實務上達到優異的結果。

我們可以借用大學和工作準備狀態評估，或是全球通行的國際學生能力評量計畫為基礎，規劃出完整的樣本評估模式。上述兩種測驗都能有效鑑別學生的關鍵技能，也能累積成功的推廣經驗，但是就連這兩種比較可靠的測驗方式，也都面臨採取電腦化評分機制以降低成本的壓力，這樣才能擴大適用對象的範圍。別忘了，電腦可以判斷正確與否的答案，免不了是電腦本身就能處理的問題，而且還會比最優秀的人類表現更好。讓我們改寫一句古老的警示格言：「永遠要注意你在考的是什麼。」

接下來的問題是，學生要如何展現他們已經達到某個勛章認證的學成標準？

首先，學生要定期上台展現自己的作品，公開接受來自同儕、老師、父母和社群成員的批評，如同博士課程最終論文答辯的形式。這個方式目前已經獲得「深層學習」（Deeper Learning）專案所屬五百多家負責十二年養成教育的學校採用。

在求學期間，學生都會有一份數位檔案資料庫跟著他們，裡頭收錄學生歷年最佳作品，舉凡報告、演講、研究計畫、藝術作品等等，作為學生熟練重要技能的佐證資料。現在學生可以利用Seesaw、Pathbrite和Google各家公司推出的免費服務，在線上建構個人作品的檔案資料庫，作為個人求學階段學成表現的評鑑基礎。Pathbrite發現，絕大多數企業雇主寧可用眼見為憑的方式，確認求職者在批判性思考、溝通協調和解決問題創意上的能力，而不是光看對方的文憑或是大學主修科目就買單。我們樂見各大專院校也跟進，採取這種獲得愈來愈多迴響的觀點。

數位檔案資料庫也可以作為符合資格的審核團隊，例如其他學校的老師、學生家長、企業雇主和大學教授，隨機抽查校方教學成果的依據。我們可以從審查結果得知老師和學生的表現，找出改善教學成效的機會，正視攸關老師與學生的長期利益。

在歐洲普遍採用的短文測驗——不是交由電腦評分的標準化測驗——也會在有效的教學系統中占有一席之地，不過我們更願意相信讓學生可以翻閱參考書目，甚至是上網查資料的測驗形式更能測出學生的程度。我們相當推崇丹麥在二〇〇九年發表的聲明：學生參加國家考試都有權利利用網路資源，丹麥的教育部長豪德（Bertel Haarder）在二〇一三年指出：

「我們的測驗應該要能反應學生在教室的日常生活，學生在教室的日常生活也應該要能反應社會的真實樣貌。」一旦參加測驗的人都有權利利用網路資源，大多數現行的標準化測驗就只能測出學生能多快、多有效率的上網查資料而已。等到我們可以利用網路資源應試的時候，就會需要用更廣泛、更具生產力的方式解構現行體制，開始省思何謂更深入的學習，怎樣才是運用洞察力處理新而欠缺明確定義問題的能力。

師資培訓

很多師範學校到現在還是使用過時的培訓教育，訓練出只會使用過時方式教學的老師。師範生花太多時間在課堂上聆聽無聊的教育理論，花太少時間實習教學技巧。很多在師範體系「督導」下取得的師資認證，其實完全沒有實際的教學經驗，更甭提所謂師範生的指導教授更是離基層教育十萬八千里。每年美國有近十萬名新老師從大學畢業，其中只有極少數的人有能力用先進的教學方法，面對現在這個日新月異的世界，另外還有幾千名「為美國而教」（Teach For America）的老師，在接受派任前只有受過五個星期的訓練，不難想見美國的師資培訓正在遭遇什麼樣的危機。

芬蘭為了改善國內的教育體系，不惜踏出決定性的一步。從七〇年代開始，除了附屬在最優秀大學體系內的師範學校得以倖免，芬蘭總共關閉了百分之八十的師範教育體系，並要求每一位老師都要實際取得各專科的碩士學位，還要在國內公認最優秀的教師指導下，順利完成一整年的教學實習，因此芬蘭的老師展開職業生涯之際，就已經準備好如何將班級引導到關鍵技能的培育工作。不單如此，芬蘭老師一年平均只花六百小時在課堂，相較於美國老師每年平均高達一千一百小時的課堂時間，這會讓芬蘭老師有更多時間會晤學生和家長，或是和同事交換教學心得。

芬蘭的改變走上一條興盛的道路，學生創意十足，敬業的老師同樣令人敬重。由學生主導在校的學習也成效卓著，而達成這些目標的芬蘭幾乎沒有測驗、沒有作業，更不用提為考試而教或是延長學校課程。此外，從國際學生能力評量計畫在二〇〇〇年開辦以來，芬蘭學生的測驗成績名列前茅，維持在全球前十名國家。

美國在二〇一五年也採取部分芬蘭的做法，沒辦法照單全收。教學和美國未來國家委員會（National Commission on Teaching and America's Future）的報告指出，美國四百萬名教師中有三分之一會在四年內退出工作崗位。在理想的狀態下，我們應該有辦法在一個尊師重道、待遇合理的國度裡，找到訓練有素又了不起的老師接手他們的職缺，只可惜短期之內這樣一個理想的國度不大可能在美國出現。美國不可能立即關閉百分之八十的師範教育體系，把所有重責大任全數交給其他百分之二十的師資，然後還期待有機會補滿一百萬名教師的工作職缺。在按部就班的前提下，我們只能期待持續精進的師資看起來就和現狀一樣：願意為工作付出，但是卻被教育政策澆了一頭冷水，花太多時間在課堂上，再加上不被看好的職業前景。

不過只要我們做出一個改變，就可以讓老師的績效突飛猛進：給予老師充分的信任，撤除強加在各級學校監視教師教學成效的無意義做法。企業界不會有人接受自己的年度考評是用選擇題測驗的方式決定，更何況最離奇的是，作為考評依據的報告居然不是自己參加測驗的結果。想不通的是，老愛高談引進自由市場概念推動教育改革的企業界，為何堅持這種自己也未曾用過的方式，作為教師評鑑機制。相較芬蘭教育體系是「以專業精神建立信任」（trust through professionalism）作為座右銘，兩相對照下的差異不言可喻。

不妨從教師職業生涯的變革開始做起。我們應該針對新進教師調整待遇——從薪資結構和職業地位兩方面著手——不再是花一年時間坐著聽課就可以取得教育碩士，特別是當這種高等職業訓練無法改進學習成效的時候。我們應該以展現新技能的熟練度為基礎，例如利用線上資源，以及帶領同儕論壇的能力，提供師資培訓、績效評估和薪資報酬。這個改變將帶來事半功倍的效果，可以讓教師得到更具成本效益的優質生涯發展，讓他們接觸各種不同的學習方式，然後讓他們在自己班上套用相同的學習方式。

我們認為教師教學成效的評鑑機制，應該與學生學習成果的評鑑制度相同，一樣要藉助於前述的數位檔案資料庫。屬於老師的資料庫應包含上課的影片、學生在班上完成作品的樣本，還有請學生擔任焦點團體拍攝影片，講述他們身為學習者的心得感想。評鑑教師的機制應以學生作品，經過一整個學年後的改進程度為基礎，根據事證進行評斷。據我們所知，很多老師都會熱烈擁抱這種改良過的評鑑方式。

投資教育的研發

我們愈需要從根本找出比較新、比較好的方式評鑑教學成效、改善師資培訓，以及相關的職業發展時，意味著我們愈需要對教育進行大量投資。為了找出能更有效衡量教學成果的辦法，或是透過實驗學校開發新的學習方式、建立師資培訓與評鑑機制，大量投資教育的研發就是不容迴避的工作。

美國聯邦預算用於研究發展的經費相當可觀，光是在二〇一三財政年度就花了七百二十億美元在軍事研發。除了桑德斯（Bernie Sanders）和保羅（Rand Paul）兩位參議員，沒有任何一位美國政治人物不抱持「先進軍事科技是維護美國長期國家安全的根本」的主張。在此提供一些補充資料：美國的軍事花費領先全球窮兵黷武排名第二的國家：中國，之間的比例是四．一比一。美國的軍事花費也超過中國、俄羅斯、英國、日本、法國、沙烏地阿拉伯、印度、德國、義大利和巴西國防預算的加總金額。

問題是，難道美國政治人物竟然會認為軍事研發的投資，會比提供給年輕世代的教育研發投資來得更重要？數字會說話：美國二〇一三財政年度，投資在教育研發的預算只是國防研發預算的兩百分之一，換句話說，每花一美元在軍事研發，就只有五美分花在改善年輕世代未來的工作。教育研發經費的規模，甚至低於美國聯邦政府花在太空與農業的研發，不過還是有件事值得慶幸，行政管理與預算辦公室（The Office of Management and Budget）的報告顯示，美國教育研發的預算確實微幅領先史密森尼（Smithsonian）博物館群消耗的研發經費。

美國聯邦教育部主要花費，多半分散在一些不起眼的小額投資，像是提升測驗成績和建立成績追蹤系統的提案。不相信的話，請你找出一些大膽創新、追求卓越、充滿風險或是跨越斷層的計畫，你一定會發現，這些內容都不在國家教育的研發項目中。想要用數位檔案資料庫評鑑學生的技能？沒有這回事。不以測驗為基礎評估老師教學成效的做法？別開玩笑了！提供本章後半部將出現的鼓舞人心新提案有任何資助？想都不用想。

事實上，教育部的研發經費都花在「i3」補助金，目的是協助現有組織擴大規模。「為美國而教」和小學閱讀計畫「大家都成功」（Success for ALL）是目前得到最多資源的兩個贏家。要具備哪些條件才能獲得聯邦政府大規模的補助金？就是可以追蹤學生測驗成績改善情況的記錄。打個比方，獎勵標準化測驗的成績提升有點像是把國防資源，花在推廣毛瑟步槍和投石機的落伍提案。

如果在聯邦政府層級都面臨創新教育投資短缺的窘境，地方政府的情況當然更是每況愈下。大多數州政府對於教育研發的投資少得可憐，若詢問學區督學編列多少教育研發預算，會換來一陣訕笑。學校為了找出足夠的閒置預算，支應外出考察已經捉襟見肘了，挹注能改變教學經驗的非常規計畫當然是天方夜譚。

投資研發的宗旨在於，找出能從現狀擴大規模的策略。一家公司的研發投資，當然是為了有突破性的發展推廣到市場，國防部投資的新科技也是為了用委外的方式將創新的成果導入量產，但是截至目前

美國歷年財政年度各機構花費的聯邦政府研發預算

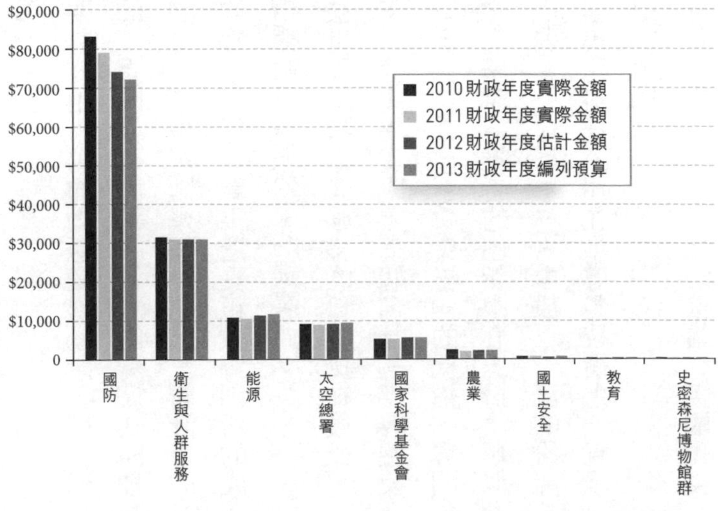

為止，美國卻沒有一套清晰的國家策略，用來找出某些學校或是在網路上成功的創新模式，並設定該如何將之推廣到全國十三萬七千所學校的做法。

更嚴重的問題還在後頭。企業領袖通常認為，只要將自由市場的動態發展概念套用到學校教育體系（例如特許學校、提供家長教育券），就能讓美國最有前景的教育創新模式開枝散葉。然而，更深入的教育改革對人的影響是一輩子的事，不是短短幾個月而已，新計畫的贊助者或是政治人物，通常只想看到報告上一清二楚的數字，往往看不透真正教育創新的成果，使得投入教育研發的資金短缺，只在意能用空泛指標衡量短期效果的提案。

美國半導體產業在八〇年代誕生時，曾經擔心會被世界級製造業強權的日本拋在後頭，所以當時十四家美國半導體公司就在聯邦政府的協助下，共同集資成立一個名為「半導體製造技術產業聯盟」（SEmiconductor MAnufacturing TECHnology, SEMATECH）的機構，專門替這項策略性產業投入更先進的研發工作，成為美國半導體製造業者的創新中心，扮演類似AT&T貝爾實驗室或是全錄園區（Xerox's PARC）的角色。SEMATECH旗下一流的研究人力對美國長期經濟利益做出許多非常關鍵的貢獻，讓美國科技公司在半導體技術上一直維持全球領先地位，連帶使美國在整個數位革命的過程中引領風騷。

美國教育界迫切需要建立一個類似SEMATECH或是貝爾實驗室之類的機構，美國頂尖的公司、基金會、慈善事業家和政府部門，都需要在集資研發現代教育所需的道路上往前跨出這一步。這個機構將發明並評比大膽的新措施，和全世界的實驗學校建立合作關係，經由評鑑後找出可以在地區順利推行的創新做法。藉由這個機構吸引全球教育研發的關注，我們就有機會明辨教育創新的可靠度，以及推廣運用的可行性。

雖然聯邦政府提供的教育研發資源少之又少，既有的創新成果仍舊逐步改良，甚至是全面取代孩子既有的學習模式，改變他們展現能力的方法，影響他們職業生涯的前程。十年前默默無聞的種子如今已經受到高度關注，顛覆我們以往的看法，這些先進的創舉將為我們推動教育改革的工作帶來更多機會。

我們每個人都能用一個小小的動作開始進行教育改革：不要再無限上綱的推崇大學教育。現在有很多學校不停重複無意義的工作，就只是為了最終能讓學生取得大學文憑，如果我們繼續堅持大學文憑是進入職場飛黃騰達的先決條件，那就形同強迫許多中、低收入戶再怎樣經濟拮据也要設法讓孩子別輸在起跑點。如果取得高中文憑或是普通教育發展證書的人，只能在經濟體系的底層討生活，那就形同對不向命運低頭、渴望脫離貧困的年輕世代的處罰；如果這是個人的遭遇，那會是一場悲劇，如果這是上千萬人集體面對的處境，那就是為國家的崩潰埋下導火線。

汀特史密斯跟許多知名的科技公司都有密切的業務往來，每一家都想聘請可遇而不可求的軟體開發奇才。在過去三十年（一九八一到二〇一一），汀特史密斯設立在波士頓的公司以大學畢業為門檻，用最基本的原則徵才，有些公司偏好哈佛剛畢業的學生那種生猛有力的衝勁，另外幾家公司則是因為世界級的科技教育而看上麻省理工學院的畢業生，還有些公司認為西北大學的畢業生享有完善建教合作的優勢，近期崛起的歐林工學院則是在專案研究有脫胎換骨的表現。儘管各公司的徵才作風互異，但是其中卻有個萬變不離其宗的核心：大學畢業生。

眨眼間，學術文憑的地位變得大不如前，因為追求創新的軟體公司現在大可在網路上直接查看求職者的能力表現。GitHub是一個廣受信賴，擁有數百萬使用者的軟體開發平台，專業人士可以從一個人的GitHub程式碼看出對方編寫程式的能耐——功力深淺一目了然。聲名遠播的創投公司Andreessen Horowitz深信GitHub的發展潛力將顛覆以往的徵才方式，因此大膽投資一億美元讓該公司擴大營運規模。

改變徵才遊戲規則的不只是GitHub而已，其他線上平台如Elance和oDesk都能追蹤一個人的作品記錄，呈現作品範本，並提供類似點評網站Yelp的使用者回饋意見。LinkedIn（領英）的平台則包含就業記錄、同儕推薦，還可以聯絡值得信任的徵詢對象，個人部落格足以當成評斷個人文筆的證據，公眾演說的表現出色與否也都攤在YouTube影片裡，eHow的貼文可以看出技術文件的寫作技巧，社群媒體可以觀察求職者的人格特質和價值觀。慢慢的，企業主徵才的方式愈來愈像委託藝術家幫忙畫人頭像的做法——藝術家作品集的重要性遠高於是否曾在長春藤名校主修藝術史。

HireArt是一家位於紐約市的新創公司，專門提供企業主用正確的方式評估求職者能否符合應徵職位的需求。他們會和許多企業主合作（例如Airbnb或Facebook高科技公司）研擬一套嚴謹合宜的方式，評估候選人的能力與為工作付出的熱情。舉個例子，如果有人想要應徵業務員的工作，他們會要求求職者寫一封推銷產品的電子郵件，對業務工作不在行或是沒興趣的求職者，勢必無法應付這樣的要求。反之，不論是來自長春藤名校還是社區大學，甚至是連高中都沒畢業的求職者，都會認為再也沒有比這個要求更有趣的方法，可以用來展現自己的才能。採取這種徵才做法可以真正鑑別求職者的能力，不用再依賴文憑，反而可以提升公司的競爭力。HireArt創辦人莎列芙（Elli Sharef）說：「找到新方法徵才的企業主都樂不可支，求職者也很高興能有機會展現自己的才能與投入工作的熱情。正確又有效率的徵才方式，可以讓每個人都成為獲益者。」

Koru和Breaker是兩家新成立卻很有可能改變高等教育風貌的教育機構。Koru會替剛畢業或即將畢業的大學生規劃為期三週的工作坊，讓參與者一起合作解決新事業或快速成長事業的經營問題。順利從工作坊結業的人，會學到讓他們在勞動市場變得炙手可熱的技能，高達八五％的Koru學員一結業就找到工作，Koru現在除了和許多知名的大學建立夥伴關係，也和三十家成長快速的公司合作。

TED Fellows研究員培訓計畫出身的拉蒙達涅（Juliette LaMontagne）創辦Breaker後，和史丹佛大學普拉特納設計學院（Hasso Plattner Institute of Design，常見縮寫為d.school）合作，設計一套密集課程的工作坊，提供給想要實際解決問題的社會新鮮人，同時教導他們在創新年代得以成功的技能。過沒多久，大學生就會發覺只需要參加幾次Koru和Breaker的工作坊，就足以取代大學課程。

創新的眼裡容不下過往的實務經驗和既定框架，HireArt、Koru、Breaker和GitHub都是不斷修正傳統看重文憑徵才的創新者。不只是徵才而已，創造性破壞的威力無遠弗屆，大規模開放線上課程正在從根本上取代傳統的課堂經驗，其他各種新模式也會讓學習變得更有效率、讓學費變得更平易近人，而且能彰顯人生中最重要的事項。未來幾年，創新將徹底重建高等教育的風貌，扭轉所有不具市場效率的事物。

主流大專院校的創新作為

美國有幸擁有許多可以讓學生體驗有別以往「白天聽課、晚上辦趴」的大學生活，這些機構，有的享有盛名，有的行事低調，都將成為未來高等教育的要角。這些大專院校最了不起的地方在於，過往成功的記錄並未阻礙他們不停的惕勵自我求新求變，史丹佛大學是其中一個值得大書特書的例子，該校專攻跨領域專案研究的普拉特納設計學院，更是對學風影響深遠。

一些高瞻遠矚的大專院校，開始鼓勵學生創業或是投入解決現實生活的問題，將之視為求學階段的常規事項，華格納在《哈佛教育學院的一門青年創新課》書裡列舉他最欣賞的三所：歐林工學院、史丹佛普拉特納設計學院，和麻省理工學院的媒體實驗室，就讀的學生會組成團隊運用跨領域的知識解決問題。受到這些例子的啟發並獲得校長丹尼爾斯（Mitch Daniels）的大力支持，普渡大學在米莉（Fatma Mili）和莫勒（Jamie Mohler）兩位教授帶領之下，創辦一套著重培育學生能力的全新大學課程。借用普渡大學科技學院院長博多里恩（Gary Bertoline）的說法：「看重能力、從做中學，並與人文科學相互結合的學位，將讓轉型的效應觸及大學各個領域：舉凡課程規劃、教導與學習的方式、學習的場域、學生的評鑑、實用導向的研究、與社群或業界的互動等等，幾乎大學文化的每個層面都會受到影響。」

許多大學也跟進，提出鼓勵學生勇於在商場或是社會領域的創業計畫，並邀集教職員和社群成員共襄盛舉。雖說是立益良善，但是這些計畫通常不會讓參與的學生獲得正規課程的學分數抵免，或許是因為一旦可以抵免學分，將損及終身職教授的安逸生活，使得學生就算投入好幾個月，都只能被當成課外活動。

我們並不認為這是傳統大學校長的失職，事實上大多數大學校長沒有辦法擺脫包袱，也沒多少影響力可以要求教職員，為了系所的學習環境做出有意義的改變。這些大學就這樣坐看創新年代的來臨，提不出像樣的變革，不久後若不是慘遭淘汰，就是淪為替富家子弟開設四年昂貴的夏令營。因為在大學內部推動變革不易，校方就會亟於把經營模式調往其他方向，也就是調高學費和管理開銷。這些大學有的會生存下來，甚至還能獲利豐厚，但是大多數難逃被淘汰的命運，而且不會有人同情。你可以從以下的比較看出各大學的所處位置，進而看出是哪些因素阻礙大學的存續：

二十世紀的大學	二十一世紀的大學
課堂講課	研習營／團體專案研究／各自獨立研讀
學科知識導向	培育技能／學會如何學習
依科系區分主修類別	跨科系學習／完成頂點計畫（Capstone）
給定學生發展方向	學生設定自己的發展方向
依課堂時數認證	以能力為重進行評鑑
書面報告與評分	記錄成就的數位檔案資料庫
圍繞著校園的生活經驗	實習／建教合作／離校學習／虛擬實境

跟真實世界保持距離	與真實世界相互連結
連續四年的課程	在較長的年份多次進出校園
大量教職員人力隨侍學生身旁	（所有）學生承擔一定的角色
數字導向的行政管理	追求使命目標的行政管理
負擔不起的學費	配合就業發展減輕學費負擔
著迷於虛幻的排名	醉心於實際的學習
有利於富裕階級	有助於立足點的平等

為了讓我們所描述的轉型變得淺顯易懂，請參考以下情境。大多數大學花了大把金錢尋求校外顧問公司協助，透過影片、網站、郵件和折頁文宣，幫忙把學校「媒介」給前途看好的申請人，而這所學校有很多學生不分科系，也都喜歡利用多媒體發揮行銷長才。為什麼不用學生主導的宣傳計畫，取代外部顧問所費不貲的企劃案，並且讓學生的宣傳計畫抵免學分？如果你認為是因為外部顧問能用學生無法企及的有效方式替學校宣傳，不妨挑幾支顧問公司製作的大學宣傳片和折頁文宣看看，這些文宣通常透露出「在商言商」的銅臭味，以至於當下就排除很多有可能申請入學的高中生。

雖然我們已經預期傳統大學面對的壓力將與日俱增，但是還有另一種惡化的情況會更讓人措手不及，也就是PayPal創辦人泰爾（Peter Thiel）所謂的二線大學將「被變相貼上呆瓜標籤」的問題。傻不愣登的大學生只要付清十萬到二十五萬美元，就能獲頒標示自己是庸才的文憑。現在泰爾的論點還沒成為主流，但是在這個變化無常的社會，有些觀點會在一夕生變。如果改變成真，所謂的二線大學就會落入死亡螺旋——收費過高導致申請人數減少，沒有能力做好成本管控，使得社會大眾更不信任校方的辦學績效。

創新的風潮正在重新塑造高等教育的風貌，可預期未來會有很多不同的教學模式孕育而生，並逐漸茁壯到徹底顛覆現有的體制。

大規模開放線上課程（MOOC）：雖然第一波大規模開放線上課程並未如預期般發揮功效，但是這個領域的創新者還在努力改進，我們在前面幾章提到的一些強效教學方式也正在進行網路化作業。大規模開放線上課程有機會成為有效學習的平台，以老師為中心的講課模式將變成昨日黃花。

建教合作模式（Co-op model）：西北大學的學生在畢業之際都會累積至少六個月的建教合作資歷，實際投身職場時就能即刻上手。很多西北大學的學生會選擇參加數個建教合作案，不但能累積更豐富的學習經驗，還可以讓他們有更多時間賺取生活費。建教合作模式不但能降低取得學位的總成本，還能帶給學生具決定性的職場優勢，其他諸如加拿大滑鐵盧大學（University of Waterloo）也採取類似的方法獲致令人驚艷的成績。

實習（Internship）：能提供實質實習機會的大學，對學生的學習與就業都能帶來助益，蓋洛普教育事業的調查也顯示，具有實習經驗的大學生比較能快速跟上職場的腳步。好消息是，隨著網路連結性愈來愈強，現在未必非得在企業主的辦公場所進行實習，實習生留在校園裡也可以完成企業主臨時交辦的工作任務，但是另一個一直無法擺脫的問題就是學生之所以能得到人人稱羨的實習機會，往往是受到父母人脈的影響，而不是取決於學生本身的意願與能力。

重點養成專案（**Focused Feed-in Program**）：ＩＢＭ旗下Ｐ－ＴＥＣＨ專案（Pathways in Technology Early College High School，邁向高科技早期學院高中）資助許多高中生一路銜接到大二的課程。參與養成專案的學生從高中開始，接受包含進入ＩＢＭ實習在內的應用學科教育，換句話說，這些學生從高中開始就能累積工作資歷，日後可以在ＩＢＭ或是其他公司得到一份優渥的工作，或是繼續申請進入其他大學就讀。重點養成專案可以讓ＩＢＭ取得多元的人才管道並提供優質的教育內容，預計會有愈來愈多企業採取這種教育模式培育下一世代的領導梯隊。

縮時學習專案（**Accelerated Learning Program, ALP**）：包括General Assembly、Dev Bootcamp和Flatiron都是所謂的縮時學習專案（汀特史密斯也投資Flatiron專案），主要是利用短期課程（三個月左右）讓學生學會先進的電腦程式技能。在學費合理的條件下（介於五千到一萬美元），結訓學生的就業率高得驚人（大於九成），起薪亦相當可觀（高於七萬五千美元年薪）。隨著申請專案人數暴增，居領先地位的縮時學習專案變得像是哈佛、史丹佛大學一樣菁英薈萃。這種教育模式預計很快就會在全美各地擴展到其他領域。

縮時學習專案，可以解決傳統高等教育隱含的風險。想像一位大學生讀完四年法律先修班之後進入法律學院深造，總計花費四十萬美元；假設該生通過律師資格檢定，正試圖在穩固的基礎上展開職業生涯，但是《大西洋月刊》前不久有一則標題「美國最頂尖法律學院的就業危機遠比你想的還嚴重」（The Jobs Crisis at Our Best Law Schools Is Much, Much Worse Than You Think）的報導指出，二〇一二年約有四四%法律學院的學生，畢業九個多月之後還找不到一份穩定的工作，即便是最負名望法律學院畢業生的情況也只是「稍微好一點點」。更令人驚訝的是，花了好幾年就讀昂貴的法律科系，順利找到工作、步上職業生涯正軌後沒幾個月，很多人表示自己最不想擔任的工作是律師。這種情況在需要更高等學歷的領域中屢見不鮮，不信的話，可以參考住院醫師的案例。

如果年輕世代可以定期報名縮時學習專案，以就業導向（例如電腦程式設計、金屬焊接、文字編輯）或是特定技能導向（例如溝通協調、領導統御、專案管理、業務拓展）學會一技之長，長此以往，他們在縮時學習專案的成果就可以套用在真正的工作場域，建立所謂「勛章認證」的資歷。隨著相關經驗的累積，他們將發展出專業人士之間的人脈網絡並建立一輩子的情誼，並透過現有的社群媒體深化彼此的關係。這種做法無疑會帶來更好的學習效果、更負擔得起的學費、更彈性的職業發展，並降低入錯行的風險。

走自己的路（Hacking Your Own）：假設有一位得天獨厚的高中生畢業後放棄進入大學就讀，改參加八項一系列的實習，每一項為期六個月，而且他可以心想事成加入自己決定的任何一項實習機會。喜愛大自然生態的他，可能會進入生態研究站或是REI（Recreational Equipment, Inc.）戶外休閒用品連鎖店工作，擔任國家公園生態維護小組成員，參加國家戶外領袖學院（National Outdoor Leadership School, NOLS）或是高中生物課程，也有可能進入設計野營用具的公司工作，加入環境法制委員會運作，和某工作室一起拍攝自然生態紀錄片，或是前往海外加入保護瀕臨絕種生物的援救計畫。比較上述這些實習經歷和昂貴的大學四年生物學士學位，我們的社會應該鼓勵或是貶抑，這位有開創性的年輕人「摸索出」（或說是創造）一套高等教育的路徑？這個問題的答案顯而易見。

用有意義的方式徵才（Meaningful Jobs Early）：Google是最能看清大學文憑價值的公司。第五章描述Google招募新血的政策已經從大學名校畢業，看重學力檢定和在校平均成績的方式，徹底轉型成另一種截然不同的篩選條件。有些Google的團隊裡有將近一五%新招募的成員沒上過大學。這套策略讓Google相較於員工同質性高的競爭對手增加了競爭優勢，促使其他公司開始重新思考選才的標準。

實用的「更高等學歷」（**Hands-On "Advanced Degrees"**）：追求更高等學歷的風潮是從矽谷開始帶頭的，幾十年來，史丹佛和哈佛畢業的企管碩士在矽谷的勞動市場猶如捧著金飯碗，但是如今更嶄新的課程如葛拉罕（Paul Graham）創辦的 Y Combinator 提供年輕的創業者強效的學習體驗，而且他們的「招牌」相較於名校企管碩士毫不遜色。Y Combinator 的入學審核就跟頂尖的商管學院一樣嚴格，差別在於比較看重一個人的想法而不是他大學期間的在校平均成績。年輕的創業者進入商管學院後要學習各項課程、創立公司（包含哈佛商學院在內，現在有很多企管碩士課程將之視為必要項目）、建立人脈的管道……然後免不了要支付超過十萬美元學費，在 Y Combinator 的學生會比照學習各項課程、更嚴肅看待創立公司這件事、建立能作為奧援的人脈網絡，然後不但不用付學費，還能得到一筆資金挹注新公司的營運，所以 Y Combinator 和其他類似的課程逐漸成為網路經濟環境下的新「企管碩士課程」就顯得順理成章，讓其他在二〇一五年還願意為了一張商管學院文憑，花十萬美元的人看起來變得愚不可及。

另一個以實務導向「取代」更高等學歷的現象發生在司法領域，美國有些州（加州、維吉尼亞、佛蒙特和華盛頓州）允許沒上過法學院課程的人參加律師資格考，這些有抱負的人取得律師資格認證後，可以進入律師事務所用幾年時間累積實務經驗。由於沒有就學貸款的沉重負擔，這些新進律師比較沒有尋求高薪職位的壓力，《紐約時報》報導指出：「（當）很多法學教育工作者，包括曾經擔任法學教授的總統歐巴馬開始質疑三年的法學教育有何價值，更何況沉重的就學貸款會讓很多法學院畢業生難以負擔，不過支持者會把實務培訓模式當成用合理價格推廣法學教育的替代選項，嘉惠欠缺公共資源社區的不同族群。」。

職業訓練／社區大學（Vocational Training/Community College）：想要在美國社會以技職謀生會面臨兩個困境，其一，技職教育的資源少得可憐，其二，美國社會看不起這樣的選擇。一個成年人在美國擔任電工技師（不但要有技術還要懂得應用科學，當然也要有生意頭腦）的社會地位還不如漫無目標卻已經欠一屁股學貸的大學畢業生。看看芬蘭和德國的情況，將近四成的高中畢業生會走上技職的道路，可以得到完善的教育訓練以及一定的社會地位，成為這兩國活力旺盛中產階級的骨幹。美國需要從學校教育與社會地位兩方面著手，再次提振學以致用的理念：用尊敬的態度看待這些一技之長。

我們以往沒有用正眼瞧過技職教育，現在將共同核心科目套用在普通教育發展證書的核發標準更是莫名其妙。美國很多只領最低薪資的工作：工地營建、速食餐飲、門市零售，也要求員工起碼要高中畢業或是取得同等學力，二〇一三年約有五十四萬美國年輕人獲頒普通教育發展證書，讓他們有機會在經濟結構的最底層謀生。自從將共同核心科目套用在普通教育發展證書的核發標準後，能得到認證的比率巨幅下滑，而且相關的規定毫無章法；接受測驗的學生要面對奇奇怪怪的問題，更糟糕的是，他們要買台筆記型電腦才能繳交報名費參加測驗，甚至要去補習才能過關，這些費用都不是想盡辦法脫離貧困的人能負擔。測驗的目的是什麼呢？有正常人會認為，粗獷的孩子因為說不清楚傑佛遜總統如何看待開除學生的政策，而無法進入營建業工作嗎？想要進麥當勞工作的孩子有必要學會用化學式交代葡萄糖、水、氧氣和二氧化碳的化學反應，會如何儲存和產生能量嗎？遺憾的是，這可不是單純想像的例子。

那些凡事向大學看齊的政策主導人，到底如何看待年輕人因為沒能取得普通教育發展證書，而無法順利就業的結果？老實說，就連十歲的孩子也都清楚知道這個問題的答案，很多人可能會因此鋌而走險而鋃鐺入獄，形成沉重的社會成本。加州政府現在投入獄政的花費，甚至高過高等教育。如果把普通教育發展證書的教學與測驗內容調整成真正重要的技能，像是金融常識、有效溝通、閱讀理解和公民的責任，難道不會比較有意義嗎？但不幸的是，我們不斷要求學生在沒意義的事情上打轉，要求到吹毛求疵的程度。

萬丈深淵（**Trap**）：年輕世代長期謀職不順或是失業的結果會很嚴重，每多一個退出職場的月份都會讓重回職涯增添一分困難。一旦喪失信心、看不見未來的希望，這些困頓的年輕世代就如同社會上的不定時炸彈，但是如果讓他們接受培育生活技能的教育而不是只為了準備進大學就讀，情況可能就改觀了。只是我們現行教育體系仍舊告訴孩子：「要是拿不到大學文憑，你只能做粗活的工作了。」不過，美國社會的現實狀況又是什麼？數百萬年輕世代，就算取得大學文憑也只能從事低階的工作。

無法迴避的經濟現實正逼著我們積極重建高等教育，使得大學入學申請對十二年養成教育的影響愈來愈小。只要評鑑高中生的標準依然是在校平均成績、標準化測驗、大學先修班這些項目的話，想要改變十二年養成教育的努力，就會像是挺矛刺向白色風車的唐吉訶德一樣徒勞無功。所幸我們已經看見大學入學申請流程的改變契機，史坦伯格（Robert Sternberg）擔任塔夫茨大學藝術與科學學院院長時，曾經率先將YouTube影片及其他創意的評鑑方式納入入學申請流程，巴德學院（Bard College）願意接受申請人以四篇短文取代高中成績，麻省理工學院則會審視申請人在MakerLab創作工坊的作品。美國已經有超過八百所四年制大專院校把測驗成績列為選項，意味著申請人已經不用非得參加標準化測驗不可，就連第一線的大專院校如米德伯理學院（Middlebury）、鮑登學院（Bowdoin）、貝茲學院（Bates）、史密斯學院（Smith）、漢彌頓學院（Hamilton）、布林茅爾學院（Bryn Mawr）和衛斯理大學（Wesleyan）也都包含在這份名單。

如同企業主找出更有效的方式評估求職者的能力，大學現在也發現，透過數位檔案資料庫了解申請人的真才實學，並不會比制式申請資料進行審核來得困難。我們可以用有意義的指標衡量申請人的熱情與抱負，而不是一味盯著學力檢定或是在校平均成績；大學已經了解招募英才的成功策略不應該建立在新生入學時的在校平均成績，而是建立在可以因此增加多少了不起的校友。等到那一天真的來臨，我們就能在十二年養成教育看見更多真正的創新。下文將列舉這些在校際聯盟，或是單一學校令人興奮的發展。

公立十二年養成教育的創新作為

一如我們親眼所見，特許學校本身並不是改善教育策略性做法，但是其法源依據卻促成一些真正傑出的教學模式變得可行。總體來看，這些學校象徵著最優良的教育研發正在進行，大致上也和本書提及的教導、學習與評鑑方式有若干雷同。老實說，我們對於本書提及的做法深具信心的原因，就是因為我們看見這些做法可以適用在好幾百個班級，是真的有效的做法。

我們對高科技高中聯盟很佩服。高科技高中聯盟是由十二所學校組成，在聖地牙哥提供五千位弱勢學生的十二年養成教育，另外也有自己所屬的教育研究所。簡而言之，該聯盟運用了我們在書裡描述的最佳實務做法：跨科系老師組成團隊授課，讓學生參與有挑戰性的計畫以熟習關鍵的核心技能，學生要定期口頭報告自己的工作內容並接受批評，將過程記錄在數位檔案資料庫裡，在畢業之前必須完成就業導向的實習，還要組成團隊推動服務性質的專案計畫（華格納在《教出競爭力》記載高科技高中聯盟的故事，在《哈佛教育學院的一門青年創新課》提到該聯盟新設立的教育研究所。想要知道更多關於高科技高中聯盟的讀者不妨參考這兩本書）。

華格納在一九九九年首次和范德亞克（Tom Vander Ark）共事，當時范德亞克剛被指派為蓋茲基金會（Bill & Melinda Gates Foundation）教育捐贈事務的負責人，而且當時類似高科技高中聯盟的例子非常罕見，而且大多數都和塞瑟（Ted Sizer）在一九八四年創立的「重點學校聯盟」（Coalition of Essential Schools）有合作關係，像是梅爾（Deborah Meier）在紐約哈林區設立帶有傳奇色彩的東中央公園中學（Central Park East Secondary School），日後在波士頓成立的Mission Hill School，在普洛威頓斯（Providence）由利特奇（Dennis Littky）和華沙（Elliot Washor）共同成立的Met，還有Urban Academy這所由庫克（Ann Cook）主導的變通高中（Alternative High School），以及紐約一些小規模卻了不起的中學。

范德亞克發現，這些學校的發展潛力有可能改變既有的高中生態，對處境最不利學生的影響尤其深遠，因此大手筆將資金挹注在其中某些教學模式，進而創造出全新的教學方法，紐約有非常多新而小的公立學校，就是借重上述學校的辦學經驗而成立，讓現在就讀這些高中的學生能有「一五％畢業的學生，有二三％進入大學就讀。別忘了這些學生進入高一就讀時，每四個就有三人的學力未達應有程度。」可惜的是，教育研發的成果沒辦法立即反應在比爾蓋茲最重視的測驗分數進步幅度，所以范德亞克和他的資助策略都在二〇〇六年遭到替換，不過當年許多學校聯盟不但撐下來了，而且還表現優異。

最近幾年，休利特基金會（Hewlett Foundation）和其他贊助者扮演重要角色，將許多學校串連在大型的深層學習聯盟（Deeper Learning Network）組織內。這個組織在美國包含超過五百所十二年養成教育的學校，其成員必須遵守以下幾項原則：

（一）熟習基礎學科知識：學生需具備各領域的基本學業能力，如閱讀、寫作、數學和科學。能理解關鍵的原理和流程，記住既成事實，正確使用語彙，並運用所學知識完成新的工作。

（二）批判性思考和解決問題的能力：學生要學會批判性、分析性與創造性的思考方式，知道如何獲得資訊，並在深思熟慮後整合成論證的依據。可以對複雜的問題提出一套自己的解決辦法。

（三）團隊合作：願意合作的學生可以在團隊中適應良好，能傳達並理解各種不同角度的觀點，知道如何透過分工合作達成雙方一致追求的目標。

（四）有效溝通：可以用書面或口語進行有效的溝通，用有意義的方式組織資訊，願意傾聽並給予回饋意見，還能對聽眾的差異調整要傳達的訊息。

（五）自主學習：培育學生有能力進行自主學習。從設定目標開始，自我監控學習進度，反思自我的優點與待改善的領域。學會把挫折當成得到回饋資訊與再成長的機會。能自主學習的學生在同儕之間會顯得更從容。

（六）擁有知性的想法：擁有知性想法的學生自信強烈，相信自己的能力，也相信辛勤的付出會有收穫，因而產生克服困難的毅力。這樣的學生也懂得相互扶持與彼此學習，能看出學校作業和真實世界，以及他們日後邁向成功的關連性。

雖然大多數深層學習聯盟組織的學校採取的，是高科技高中聯盟和其他少數開創者的教學方式，但是也有一些學校開發新的資源，發展新的策略。比方說，遠征式學習學校網路就在網站擺上十二年養成教育學生作品和專案計畫，讓老師更容易了解應該要求學生達到什麼標準。有一段六分鐘的影片講述小學一年級的學生如何參考同儕建議的觀點，用六幅圖畫出一張愈來愈接近實體的蝴蝶，這段影片是現代教育的經典範例！超過一百六十所學校、四千名老師，在三十三州提供五萬三千名學生遠征式學習的體驗，這些數字已經打破最著名的「知識就是力量」學習網的記錄。

令人振奮的教育研發已經不再侷限於上述新成立的特許學校，由凱伊（Ken Kay）成立、主持的EdLeader21是全新的校際聯盟，涵蓋超過一百七十所公立學校，包括一些國際學校和獨立學校也參與其中。EdLeader21校際聯盟承諾在批判性思考、溝通協調、通力合作和解決問題創意的４Ｃ基礎上落實教學與評鑑，整個聯盟也發展出一套評鑑上述核心能力的方法。EdLeader21校際聯盟的會員包含一些了不起的公立學校領導人，都是我們很樂意合作的對象。比較著名的有北卡威克郡（Wake County）的梅里爾（Jim Merrill），以及維吉尼亞阿爾伯馬爾郡（Albemarle County）的莫蘭（Pam Moran）。

麥爾坎夏巴茲高中的未來計畫

從踏進紐澤西州紐華克麥爾坎夏巴茲（Malcolm X Shabazz）高中的那一刻，你一定會注意到某些與眾不同的氣息。在一個長年於美國嚴重問題高中排行榜上從不缺席的學校裡，校內大廳往來的學生臉上掛著自信與使命感的笑容。這所學校的出席率在過去幾年戲劇化的快速成長，現在連惡劣的天候也無法阻擋孩子到學校；午餐時間會看見三五成群的孩子端著餐盤，聆聽諸如怎樣提升寫作技巧的輔導建議。

紐華克的的教育體系長期以來被視為教育改革者的處女地，因此包括比爾蓋茲、祖克柏、華頓家族、布洛德（Eli Broad）都想在此地推動教育改革，使之成為全美通行的模範。祖克柏曾經在歐普拉的節目上表示要捐贈一億美元給紐華克的教育事業，時間點恰好搭上紀錄片《等待超人》上映的時候，不過《紐約人》（*New Yorker*）的報導卻認為，這筆想要投資改革方案的龐大資金最終除了落入顧問公司的口袋，不會產生任何成效，借用埃塞克斯郡（Essex County）都會聯盟（Urban League）主席考克福雷瑟（Vivian Cox Fraser）的名言：「每個人都得到好處了，但是拉依姆還是什麼都讀不懂。」

麥爾坎夏巴茲高中的校長米爾斯（Gemar Mills）解釋：「當我在二〇一一學年上任的時候，我是四年來第四位走馬上任的校長。州政府曾經考慮關閉這所學校，媒體也把學校形容成『戰地巴格達』冷嘲熱諷。我根本不需要清查學校裡到底有多少問題要解決，每個都是問題。」如果改革政策都失效了，現在的麥爾坎夏巴茲高中為何能煥然一新？米爾斯校長當時決定和未來計畫合作，找來有遠見的布萊得利（Divine Bradley）推動改革。布萊得利在學校裡擔任夢想導引人（Dream Director）的負責人，是無畏挑戰非營利組織未來計畫當中的一個子項目。布萊得利穿梭在學校大廳試圖了解學生的想法，鼓勵他們思考一個問題：「什麼是你願意用生命去完成的大膽恢弘計畫，可以讓這個世界變得更好？我會願意助一臂之力。」大多數學生這輩子從來沒被問人生目標之類的問題，這樣頻繁接觸幾次之後，學生開始面對挑戰，提出充滿企圖心的計畫，在全新挖掘出的使命上，用不同的態度面對學校教育和自我的人生。

麥爾坎夏巴茲高中女子籃球隊，在二〇一三學年已經達成三十年來從未在主場輸球的記錄，球隊實力在《今日美國》的排行榜上高居全國第二。雖然球隊成員幾乎沒搭過飛機，但是她們仍夢想能前往加州參加為期兩年的全國錦標賽。她們找上夢想導引人尋求協助，得到的回應是：「我會願意助一臂之力，但是要交由妳們主導，要想出計畫加以落實。」她們經過一番研究後發現，前NBA球星歐尼爾（Shaquille O'Neal）就在紐華克出生，還一併查到歐尼爾什麼時候會來到鎮上，隨即和布萊得利、校長米爾斯一起想辦法說服歐尼爾到學校和她們一起畫壁畫。她們還事先準備一套說詞請歐尼爾出資贊助她們旅費，經再三琢磨後寫在紙條上備用。等到歐尼爾在學校現身後，她們按照計畫行事，歐尼爾也大方贊助她們使她們能夢想成真。校長米爾斯說：「不論是對這群女學生還是對所有其他在校同學而言，這都是意義深遠的事。很多人會在艱困的環境下選擇輟學，但是這支球隊卻親自示範當你懷有遠大的夢想又努力付出，就有機會讓夢想成真。之後，球隊裡五位高三學生都順利取得文憑從學校畢業，其中三位得到最優秀的評語。不僅如此，這五位學生都得到一流大專院校提供的獎學金。我們現在都用『機會很大高中』（Possibility High）來稱呼自己的學校。」

未來計畫在最近這個學年，對高中推出名為FutureU的新方案，讓學生利用午餐、早自習、下課後，或星期六學習完成夢想所需的技能：有效的溝通協調、學會專案管理和團隊合作，還有批評與意見交換。FutureU讓教室和真實人生之間的連結變得更清晰，因此得到學生信任，也能提高老師的工作效率。在米爾斯校長眼中，未來計畫改變的不只是學校的學生，他說：「學校老師和職員也都有他們自己的夢想，布萊得利的團隊也一樣會幫忙他們實現夢寐以求的事情。有一天學校警衛也加入學生的行列，想像自己未來的可能性，然後說自己將來的夢想是成為紐華克的警察，這時我才真正發覺未來計畫的影響力有多麼大。」

成立至今還不到三年，未來計畫已經是自一九九〇年啟動「為美國而教」計畫以後，成長最快也是最成功的新創非營利組織之一。機會很大高中？這正是未來計畫想要達成的目標。只要美國教育體系裡頂尖的學校都能積極啟發孩子，而不是光用考試評鑑孩子的能力，什麼事情都是有可能發生的。

獨立學校與國際學校的創新作為

河谷日校

愈來愈多獨立學校也投入各種教育研發，其中居領導地位的學校如Phillips Andover、Pomfret、Sidewell Friends都設有創新中心鼓勵教職員提出跨領域的教學計畫，其中最值得注意的就是紐約河谷日校（Riverdale Country School）完成各種引人入勝的方案。河谷日校的校長藍道夫（Dominic Randolph）自二〇〇七年就任至今，在他的領導下，河谷日校參與許多有趣的新計畫，也和許多機構建立夥伴關係。

改革的第一步是取消大學先修班課程。和藍道夫在二〇一四年十二月交談時，我們請教他，跨出這麼大膽的一步後，學生申請進入大學名校的過程會不會有什麼影響，他回答：「絕對帶來正面影響，因為我們的學生現在多半上過跨領域的課程。譬如，在上當代拉丁美洲政治局勢這門課時，我們是用西班牙語教學，或是上應用微積分時也學習高等物理。如此一來，學生遞送出去的成績單有時候就會比其他獨立學校的學生來得顯眼。」河谷日校也找上全世界最創新的設計公司IDEO合作，請該公司教導學校老師如何用設計角度進行思考，或是迅速完成模型製作，讓班上產生更多實際操作的體驗。

藍道夫很在意透過教育發展學生人格的議題，河谷日校在這方面的處女秀可以參見塔夫於二〇一一年九月十四日刊在《紐約時代雜誌》（*New York Times Magazine*）的報導，以及他之後集結成冊的作品《孩子如何成功》。二〇一一年底，藍道夫和賓州大學（University of Pennsylvania）二〇一四年麥克阿瑟獎得主達克沃斯（Angela Duckworth）及知識就是力量學習網共同創辦人李文（Dave Levin）一起合作創立新的非營利組織人格實驗室（The Character Lab），資助以學校為單位、針對人格發展為課題的研究計畫。他們三人的一項發現是智識相關的人格特質，例如好奇心，對於學生成績好壞的預測效果低到讓人難以置信。藍道夫語重心長告訴我們：「把該做的功課完成以得到高分這件事很重要，但是成績單未必會呈現其他重要的人格特質，像是創造力或是獨立思考的能力。我們得小心別誤以為自己已經知道如何評鑑所有值得評鑑的項目。」

展望二〇一五年之後的發展，最讓藍道夫興奮的莫過於學校老師已經著手重新規劃高三生的課程，或許把修改範圍往下增加一個年級也無不可。「我們已經成功試行許多為期一星期的課程。整個城市就是這些課程的教室，而高三生也可以從春天開始執行為期兩個月的研究計畫。」藍道夫說得眉飛色舞：「我們希望把這些成果端上檯面，這樣高三生看待高中最後一年的眼光就有可能徹底改變，就有可能接受勛章認證的機制，積極建立自己專屬的數位檔案資料庫。」

比佛日校

赫頓（Peter Hutton）是麻州栗山（Chestnut Hill）私立比佛日校（Beaver Country Day）校長，該校招收對象為國、高中學生。很多歷史悠久的學校都會有自己一套既定做法，但是赫頓不做此想，用徹底顛覆的手法重新思考比佛日校的事務，在各層面都帶進強烈的創新元素。起先赫頓鼓勵學校老師組成團隊推陳出新，他深知改革的路上總是布滿艱險，所以不會因為可能導致課表大亂就讓新想法胎死腹中。

舉個例子讓你感受比佛日校到底有多麼不同。在這裡，你找不到一堂單純的電腦程式設計課，因為程式設計已經和其他課程完成整併，所以每一位畢業生在程式設計的表現都遊刃有餘。另一方面，既然大多數老師都不是程式設計的專家，學生就要擔任自己班上的程式高手。你可以在比佛日校看見社會研究課的孩子，共同研究要用什麼方法估算二一〇〇年全球人口，這個工作必須兼具數理工科知識和人文社會科學技巧。

歷史課正在為刺激新想法的問題進行激烈辯論，並不是為了誰的記性好而爭得面紅耳赤。當問題討論埃及某些歷史因素如何影響埃及現今社會時，比佛日校的學生可以從同學身上得到豐富又清楚的說明。當美國多數記者在二〇一三年對於美國該對敘利亞採取何種行動仍一頭霧水的時候，比佛日校的學生已經有辦法找上大馬士革的學生進行專訪，得知在阿薩德的暴政之下，敘利亞的學生，特別是女學生，很害怕暴動抗爭事件會變得層出不窮。

比佛日校在二〇一〇年與兩位麻省理工學院的建築博士合作，用 NuVu 建築師工作室的運作模式取代了高中教室。NuVu 工作室是「製造者的自由空間」（maker's space），參加的學生有九十天都不在學校，而是前往麻州劍橋市中央廣場的工作室上學，期間會和麻省理工學院媒體實驗室和哈佛大學各領域專家一起工作，像是工程師、設計師、藝術家、音樂家與創業者，以團隊的形式處理現實世界沒有固定答案的問題，計畫內容包括設計一座未來城市、為印度德里貧民窟的小孩開發教學應用軟體、利用 3D 列印技術製作義肢、以腳踏車發電濾水系統，或是設計未來孩子所使用的書籍。這些計畫都特別強調做出產品原型的重要性，而且第一次完成的作品絕對不會是真正理想的作品——和現有學校教育理念大唱反調！這個課程是單純追求探索的旅程，期望看到非線性的學習成效。

赫頓一向對標準化測驗嗤之以鼻，但是卻要求學生接受大學和工作準備評估，而且是剛入學與畢業前各一次。赫頓認為大學和工作準備狀態評估，比多數評鑑來得優異，此外他也在美國教育測驗服務社從事測驗改良的工作，以便用更好、更有效的方式評估他所謂的新基礎（New Basics）：解決問題的創意、團隊合作的能力、有條不紊的表達能力、同理心、具備科技與媒體解讀能力、學會影像溝通的技巧及公眾簡報的技能。赫頓認為標準化測驗和一般隨堂測驗都搞錯重點了，只在意發現學生有什麼不知道的事情，結果反而成為學生學習的阻礙。他認為學習和評鑑應該反其道而行，讓學生能用各種方式表現自己的知識和活用知識的能力，好比利用和大馬士革學生訪談的機會教導學生程式編碼，而這也正是比佛日校希望NuVu工作室能發揮的強項。在一間高效率學習的教室裡，學生應該有辦法回答兩個問題：「你正在做什麼？」和「為什麼你要這樣做？」遺憾的是，現在有很多單位的教育內容只著重在第一個問題。

一位剛從比佛日校畢業的學生後來進了麻省理工學院就讀，他會和學校校長萊夫（L. Rafael Reif）定期聚會，聚會時的話題是：麻省理工學院需要做些什麼才能提供學生更有效、更符合培育生活中重要技能的教育？只要我們能在十二年養成教育階段提供學生有意義的教育內容，他們就能接棒成為推動教改的代言人，推動一波又一波革新。

非洲領袖學院

十年前，兩位史丹佛商學研究所的畢業生——來自迦納的史旺尼可（Fred Swaniker）和來自密西根的布雷佛德（Chris Bradford）——根據想要改變非洲大陸的理念設立一所縮時學習高中，想不到當年異想天開般的夢想如今居然實現了。他們兩人在南非約翰尼斯堡設立非洲領袖學院（African Leadership Academy），招收來自非洲各國的學生，接受兩年密集的課程訓練。課程內容包括學術課業（每學期有六門課，外加一門獨立研究的科目）、領導統御（以演講、座談和實務操作的方式進行）和創業精神（每個學生都要創辦／管理一家新創公司或社福事業）。看似五花八門的課程其實相當著重實務經驗的累積，比起美國多數菁英高中的課程紮實多了。

布雷佛德說明該校招生策略中相當重要的一部分：「由於我們的申請人會來自差距頗大的教育體系、社經地位和語言環境，所以我們發現在校平均成績或測驗成績都不大適合我們用於資格審查。反之，我們會注意內在的人格屬性，並且用申請人成長環境的語言進行審核。舉個例子，我們發現用學生如何回答以下這個問題來預測他在非洲領袖學院的表現，準確度還滿高的：『告訴我們，你在社區看見的問題，還有你打算如何處理這個問題。』我們可以從申請人對這個問題的回應了解他的熱情、使命，以及面對劣勢的韌性。」

非洲領袖學院的學生畢業後會前往世界各地的頂尖大學就讀，而且他們進入大學後的表現足以讓美國獨樹一幟的私校感到汗顏。該校畢業生的足跡遍及美國五十多所大專院校，包括長春藤聯盟名校、史丹佛和麻省理工學院。布雷佛德補充說：「我們招生對象都是熱切想讓世界變得更好，而不是只想讓成績更突出的學生。畢業生在大學表現優異是無心插柳的結果，我們對於課程成功與否的判斷標準是學生如何塑造他們國家的發展途徑，得知他們已經開始從事社區營造的工作很令人興奮。」非洲領袖學院第一批畢業生是在二〇一四年完成大學學業，但是他們推動的計畫和創立的組織卻早已和五百萬人有過互動，提供超過兩百個高品質的全職工作，吸引超過一百五十萬美元的投資金額。

非洲領袖學院其中一項名聞遐邇的計畫是「來點新奇的」（Do Something Cool, DSC），當該計畫啟動時，全校其他活動一律暫停，讓學生有四十八小時動手開發他們認為有助於改善世界的概念。此時，學生腦海裡滿是創意與熱力，受此計畫具有自動自發本質的影響，該校的教職員也會放下手邊工作去開發他們的新奇概念，布雷佛德說：「『來點新奇的』營造出一個真正屬於學習者和創新者的社群，或許可以說是我們校園裡最有活力、最刺激的時刻。」去年秋天一位來自辛巴威的學生凱斯（Keith），利用「來點新奇的」時段寫了一篇名為〈塔姆的抱負〉（Tamu's Purpose）的中篇小說。凱斯希望有朝一日能成為作家，但是時間和環境的限制讓他無法專心寫作，直到「來點新奇的」啟動後才有辦法全心投入寫作。完成作品後接下來幾星期，凱斯不斷尋求其他人的回饋意見，並且為作品完成編輯。根據最近消息，凱斯的小說已經在二〇一五年付梓發行。

布雷佛德自我總評說：「只要讓學生有機會去創造宏偉又新奇的事物，他們都會樂於掌握機會，接受挑戰。孩子其實都很精明，知道自己需要學會什麼才能做出一番成就，而且讓他們紮紮實實完成一件任務會帶來無與倫比的信心。在非洲領袖學院裡，我們希望能提升學生的實力，讓他們有能力學會該怎樣學習，學會這一生受用的技能，並看清楚自己確實有辦法在人生當中實踐意義深遠的理想。」

學校能做什麼？

改變學校教育可能受到主事者影響，一直停留在低層次，例如制服存廢、服儀態度，還是準時作息之類的議題爭論不休，因而走上另一條岔路。政治科學家謝爾（Wallace Sayre）曾如此評論學界：「老是為了雞毛蒜皮小事而處心積慮的形成派閥對立。」如果事情攸關我們孩子，或整個國家的未來，那可就不是毫不起眼的小事了。

多數學校在規劃變革的過程常會遭遇「用後視鏡開車」的問題，亦即把已經有的實務經驗當成基礎，讓所有改變都圍繞在微調既有的模式，很少質疑預先設定的立場，或面對最根本的取捨，當然不可能去重新思考學校的核心概念。到頭來，虛擲好幾個月的改革委員會提出改革藍圖時，就只能講些不著邊際的主張，像是「在接下來的十年內就是讓我們的學校體系了解，最優先也是最重要的一件事，就是讓活力充沛的教育工作者所組成的社群對學生、對優質的教育工作，做出前所未有的堅定承諾。」。

真正成功的變革唯有在彼此互重的各方勢力，都體認到以下的問題後才會發生：

（一）說明推動變革的急迫性；
（二）對於未來學生應優先習得的技能，與過往大不相同這一點有高度共識；
（三）辨學的成效建立在能否幫助學生培育未來必備的技能；
（四）尋求學生的參與，以確認所有改變都有改善效果；
（五）讓老師與學生都能參與設計、檢驗和執行改革方案的過程。

沒有感受到急迫性，無法調整習以為常的文化就不可能產生真正的變革，急迫性也不可能來自由上而下的指示、爆量的電子郵件，或是幾張精美的簡報投影片。只有學校發自內心積極面對才能產生變革。如此才能回應事實，才能提出令人信服的說詞，才能體會以往學生遭逢的磨難，才有機會迎向成功，或用一支訴求簡潔有力的影片讓社會大眾正視問題的存在。

有效的變革需要學校深入思考，當學生成人後需要什麼技能與人格特質，去面對未來的世界。一個簡單的步驟就可以讓學校為進步的力量搭好舞台：試著想像當孩子長大後，這個世界會有什麼不同。試著找出未來的趨勢、經濟的影響力、新的工作機會與方式，以及科技所帶來的影響。比方說，學校可以分成幾個工作小組去思考以下的問題：

（一）福特會希望看見員工具備哪些技能？
（二）未來的組織會希望從業人員具備哪些技能？
（三）社會希望公民和領導者具備哪些技能？

我們無法精確預測你的學校會怎麼想，但是你們應該會產生具有一致性、能帶動人心的主題。你們採取的策略應該建立在能反應社群成員對於成果的期待，反應出你們的價值觀、熱情和目標，而不是為了政府官僚或基於慣性而強加在你們身上的落伍經驗。

釐清上述觀念後，學校就能開始評估現有的經驗距離理想的成果還有多遠。變革的工作需要包括行政單位、老師、學生和家長在內的團隊共同參與，一起從樣本中檢視班級規劃、學習測驗、畢業條件、年級劃分和課後輔導，會如何影響學生必備技能的發展。只要用真誠的態度檢討現行機制，就會知道什麼該做、什麼該停，什麼又該持續進行，才能朝向理想的狀態前進。

最後，在全面檢視教學的成效後，學校應該確立前進的方向就往前跨出第一步。要知道，千里之行始於足下，如果因為彼岸太過遙遠而躊躇不前，因急迫性所產生的動力也將消失無蹤。我們建議不妨從「易如反掌」的目標開始累積改革的動能，之後再利用這些動能去處理比較複雜的問題。想要拋棄現有的實務做法就好像要撕去OK繃一樣——長痛不如短痛。在此提供一個豐富的資源：「重建學校」（School Retool）網站，鼓勵學校成員嘗試從低風險的「缺口」開始著手。

用一個假想的例子，說明推動改革可能遭遇的狀況。假定有一小群志工打算幫助學校推動教改：

（一）他們組織在一起，分享鼓舞人心的演說和撼動人心的影片。在這個小群體裡，他們互相交換對於全球局勢變化，以及學生該如何在未來邁向成功的看法，這些討論讓他們重新思考什麼樣的學校教育可以幫助學生培育基本技能，進而帶動大家更進一步討論學校的理想和價值觀。

（二）邀請在校生和畢業不久的學生參與討論，讓學生的觀點能融入對話中。老師和家長會針對影片資料和學生的看法進行討論，了解畢業不久的學生在校期間做了哪些最充分或最不充分的準備工作。

（三）有了社群成員的參與後，這個群體確立幾項將來學生必備的技能，不外乎是團隊合作、溝通協調、解決問題的創意和批判性分析的能力，由老師、學生和家長組成的校務委員會，再評估當前學校在培育學生這些技能的表現良窳。

假定有一組評估委員側重在團隊合作的表現，經由評鑑後認定校方在培育學生團隊合作的表現乏善課陳，為了有所改善，課後輔導應往由學生主導的方向調整。這組評估委員建議在短期之內採取以下行動：

（一）由學生團體自行發起座談會討論團隊合作事宜，校方從旁給予建議與協助。
（二）讓老師參加團隊合作培力營的專業訓練，之後才能用更有效的方式帶領學生。
（三）每門課至少有一項，關於團隊合作的指派作業。
（四）每門課後輔導至少有一項，訓練學生團隊合作的挑戰任務。

（五）學期末要對學生進行團隊合作能力評鑑，包括老師評比和學生的互評。

（六）學生定期拍攝影片，以自述的方式說明自己在團隊合作技能的目標和進展，存放到學生個人的數位檔案資料庫。

教育改革一個失敗的主因在於耗盡全力想要「多做一點」，卻沒有想過有哪些工作應該要減量。假定你做的每件事都往好的方向進展，但是主要目的是幫助學生做好參加國家考試的準備，你得設法讓課程進度趕上共同核心科目的標準，還要向學生家長說明測驗成績為什麼如此低落。過去幾十年，我們只會不停增加老師的工作負擔，卻無法分清楚事情的先後緩急。如果學校打算讓學生熟練新的技能，那就要刪除一些比較沒意義的工作；在做出這樣取捨的時候，學校需要找來受決定影響最大的關係人，也就是學生和老師，把提案、執行和改進的權力交到他們手上。

我們的建議是根據長年累積的經驗和專業知識。華格納在二〇一〇年與哈佛「變革領導研究中心」（Change Leadership Group）的同事合作撰寫了《變革領導：改造學校的實務指南》（*Change Leadership: A Practical Guide to Transforming Our Schools*）。變革領導研究中心是由華格納創辦，與其他人共同帶領的研究團隊，他在書裡提到的變革方法，都是基於十多年來和想要推動改變的教育工作者的研究心得。我們也和「格林威治領導夥伴」（Greenwich

Leadership Partners）的執行長羅琴（Stephanie Rogen）緊密合作，她帶領的團隊在協助學校規劃、執行有效的變革上居領導地位，他們廣為人知且受人尊敬的成果也都反應在書裡的建議方案。最後，我們誠心推薦凱伊和格林希爾（Valerie Greenhill）兩人合著的《二十一世紀教育領袖指南》（*The Leader's Guide to 21st Century Education:7 Steps for Schools and Districts*），這本書記載的一系列步驟很接近我們前文提及的，二十一世紀教育領袖校際聯盟和其他單位會用來推動變革的指引。

我們應該根據這些可考的作品引進新科技，提供每一所學校有更充足的資源，幫助學校與時俱進。

如果一切都失敗了

身為家長或老師，有可能在盡心盡力想要推動學校改革之後發覺，自己撞上一堵難以撼動的高牆，不過至少在短期內，你會先想把注意力放在自己孩子或自己的班級，請記住這一點：小規模的成就有可能在積少成多的情況下，帶動整體大環境的演變，這是我們的老生常談。「在沙漠中盛開的花朵，並不需要太多雨水澆灌」，不論你的身分是家長還是老師，你都可以在知名網站搜尋幫助學生培育關鍵技能，比方說 http://www.thesparklist.org 網站就集結很多典範。這個網站不是條列數量難以估算的各種選項，而是精挑細選，讓瀏覽者可以輕易找出能激發孩子熱情的挑戰。

至於老師要推動創新事務的時候，請記得數大就是美的道理。當你不是一個人孤軍奮戰的時候，你推動教改的努力就有可能更具成效，來自不同科系的老師組成團隊的效果更是驚人。如果可行的話，請採取跨領域合作的方法，好日復一日累積彼此的綜效。只要時間一拉長，這個團隊的成就會促使校方推動更多的創意教學團隊，讓教育改革的工作加速前進。

一點提醒：有時候，後退原來是向前。請克制你想要每天對孩子所作所為緊迫盯人的念頭，自由活動時間有時會帶來意想不到的效果。很多創新的公司也會給員工一段可以隨意探索的自由時間，請用同樣的方式對待孩子。想想看，用準備測驗的時間換取懷抱熱情的知性探索是哪一種比較值得呢？這的確是個挑戰，但是能認真投入的學生儘管沒有針對考試做準備，卻還是能提升自己標準化測驗的成績。讓孩子沉浸在自己喜愛的書籍裡，能學到學力檢定的單字數量，或許不如將同樣時間投注在全力背誦學力檢定的字彙題庫，但是長期而言，前者對孩子的好處太多了。

美國各地的老師正在進行所謂「天才時間」（genius time），亦即所謂「Google時間」的實驗（取自Google給員工時間去做自己挑選專案的前衛做法），這些老師經常發現孩子在過程中做出讓人讚嘆的事情。華格納曾經收到一封來自國小中年級老師的來信：

親愛的華格納先生：

謹在此對你付出的一切獻上敬意。我利用這個暑假讀完了《哈佛教育學院的一門青年創新課》，也讀了塔夫的《孩子如何成功》，我反省在我班上和不同類型學生相處的經驗，決定從這個學期開始採取不一樣的方法，指派週末的家庭作業給班上的學生。

我的想法是這樣，與其在週末指派學生完成「正規課業」，倒不如要求他們自己找方法度過每個週末兩小時作業時間。他們可以用這段時間從事各種活動，包括用來改善已經學會的技能、挖掘自己的熱情，或探索感興趣的新領域。學生每個星期都會記錄如何執行他們設想的計畫，我則會和他們一起評量達成了多少目標，然後讓他們在下個星期向全班報告執行成果。

班上有四位學生利用這段時間寫小說，一位用來學習彈吉他和製作有上市發售水準的遊戲書。有些人用來學習怎樣畫時裝設計稿，有一位學生對中國事物特別有興趣（她是白人家庭領養的孩子），每個星期都會學習做一道中華料理，另外還有一位學生自己動手製作自動化機器人。

很多學生會用這段時間學習彈奏樂器、進入閱讀的樂園，或用於提升運動技能。學生說，能讓他們「沉溺」到無法自拔的計畫，都是自己可以設定目標並努力朝目標前進的計畫。不論剛開始會覺得這個目標有多困難或多瘋狂，他們都會想辦法達成目標。這種作業帶給學生的樂趣，以及他們自我要求的投入讓我深受感動。

雷娜（Susan Reenan）敬筆
高登學校（The Gordon School）

家長的功課是什麼？

現在，我們來談談身為家長的難處。你的孩子一定偶爾不想去學校，最常聽到的理由是學校好無聊。父母通常的直覺反應是要求孩子一定要養成認真勤奮的態度，按規定完成學校作業，盡力追求好成績，畢竟這是為人父母的責任。如果孩子抱怨看不出有什麼理由非得去學校，家長可能回答：「可以磨練你的毅力。」身為家長，我們的基因會自然而然為了孩子的將來付出一切，不計辛勞一路拉拔孩子長大；只要讓他們進入大學名校就讀，將來的人生就一片光明了。這是典型的父母夢，任何有自覺的父母都不會袖手旁觀，任憑自己的孩子偏離這條軌道。

只是在目前的教育體系，父母要求孩子拿高分沒有多大意義。這是一個值得深思的問題：讓訓練有素的孩子每天麻木的完成低層次的工作，真的比較好嗎？如果這樣訓練的結果只是讓孩子以為人生就只是跨過一道又一道的障礙，凡事只要不假思索聽從指示，最終能得到他人的肯定就了事了呢？如果這樣循規蹈矩的結果最終居然只是消磨孩子的創意與創造力，剝奪他們獨立思考的能力呢？如果你的一片好心實際上只是將孩子推向創新年代的懸崖邊呢？

創新與教育的相互激盪

本書橫跨創新與教育兩個領域。如果你想要對國家的未來有些期待，請注意投資人、創新者、社會企業家和新創公司的表現，如果你想要讓自己冷靜一點，那就回頭看看孩子受教的方式，還有我們如何重蹈失敗的教育政策而無法自拔。

創新充分反應美國的優勢，果敢的先鋒大膽逐夢，希望掌握改變歷史的契機。擁抱夢想是一種需要坦然面對失敗的生活方式，唯有堅持到底的人才能一嚐甜美的果實。跳脫既有框架不會遭受責難，反而是受到推崇的行為。當大家都擺脫不了過時的方法時，市場的商機也就跟著浮現，當然就更沒有放棄夢想的理由。結果呢？過去五十多年來美國所有的經濟成長與就業機會都來自追求創新的新創公司，成功的創業不只會帶來就業機會，也會改變我們的社會，重新定義我們所處世界，帶給我們更多希望，成為其他國家欽羨不已的成就。

美國的教育政策就不是那麼一回事。我們已經看不清讓美國之所以強大的因素，命運的造化使得我們的教育體系是七〇年代蘇聯追求的典範，卻完全偏離美國的核心價值與優點。我們堅持採取由上而下的指揮控制系統，每門課每一分鐘的進展都受到嚴密監控。我們不想讓學生百花齊放，只想要用千篇一律被考試壓抑得奄奄一息的草皮取代整片花園。我們把教室裡大膽的創意全數剝除，取而代之的是失去靈魂的齊步走，只能在呆板的課程與生活技能無關的應試準備中打轉。我們把標準化和可靠度無限上綱，卻忽略了欠缺參與感的學生也因此失去方向。簡單講，我們正在掠奪孩子的未來。

如果經濟活動比照我們推動教育政策的方式，美國的國民生產毛額鐵定會輸給海地；如果我們的教育體系能反應美國核心價值的創業精神，年輕世代就能繼續創造、發明，引領風潮並做出貢獻。年輕世代能幫助我們理解他們的未來並不會是和中國、南韓的孩子在標準化測驗中一較高下，而是如何運用他們的才能與熱情找出方法建立一個更美好的世界。

直言不諱的說，我們撰寫本書的緣由是出於恐懼。我們眼睜睜看著有效的創新正加快腳步前進，這當然會帶來許多讓人驚奇不已的結果，但是正如卡崔娜颶風當年無情摧毀紐奧良一樣，創新的結果也會讓數以百萬計的例行性工作無以為繼，讓整個社會更加困頓。所以即便我們的教育體系能改弦更張，我們的年輕世代一樣處在危機邊緣。更糟糕的是，教育改革的工作不可能一蹴可及。就像是鐵達尼號上的船員還有閒情逸致對晚餐菜色品頭論足一樣，我們政府領導人只會對次要的項目感到焦躁不安，任憑大好的機會白白從我們的眼前流逝。不分哪個世代都能在教改的工作上有所發揮，別在改革的道路上擺上無關緊要的路障，就是一個不錯的起點。

該是採取行動的時候了。

我們的教育在上個世紀多數時間，都扮演著推動美國夢的關鍵角色。不分出身背景與成長環境，所有人都可以享有健全的公立教育，進而躋身中產階級或上流社會，為家人和社區帶來美好的未來。當年的學校體系可以把希望帶給每一個人，讓國家變得更強大。

如今的教育體系已經從美國夢變成了美國的惡夢，每個小孩和老師再也感受不到學習的樂趣，上學只是為了學會跳過一個又一個無止境的火圈，跟真實的生活技能一點關係也沒有。主導教育政策的人既沒有願景也沒有想法，只會一味利用過時的方法追求所謂的「可靠度」，不知道什麼才是孩子的長期利益。對於好幾百萬美國的年輕世代而言，學校教育已經成為埋葬他們追求人生意義的墳場，不再是滋潤生命的泉源。

華格納是成功創業家與工程師的後代，從小家境優渥，喜愛閱讀。但是在他去上學後發現要學的東西和之後出社會會碰到的事物毫無關連。他參加反越戰的人權運動，卻被大學退學，最後才從一家實驗性質的小型大學畢業，專門從事社會問題的研究。之後他打算成為一位教師——並不是因為他喜歡學校的環境，而是因為他想要改造這樣的環境。華格納後來進入哈佛大學教育研究所深造，雖然他的求學過程不甚順遂，測驗成績普普通通，也沒完成什麼了不起的事蹟，但是憑藉書寫自己在課堂上的所見所聞還是讓他踏進教育領域，最後還不顧他人的反對寫完博士論文取得博士學位。華格納不禁懷疑如果要他在現行體制下重新來過，自己到底還能不能順利走完這一遭。現行體制太看重文憑，太重視測驗成績，根本容不下像他這樣的學生，或像他日後成為的那種老師。

汀特史密斯的成長背景就沒那麼顯赫了。二次世界大戰期間，父親在太平洋戰區的驅逐艦上服役，參加過七場血淋淋的戰役，親眼見過實習軍官就在幾呎外被敵軍的砲彈炸得血肉模糊，精神崩潰的父親因此申請提前退伍，雖然沒有完成高中學業，但還是在美國經濟結構底層找到建築工作，必須每星期加班才能讓一家大小溫飽。上夜班的母親則是警察撰寫報告的助理，經常要處理許多駭人聽聞的刑事案件，但是如果不多賺一些錢就沒辦法供應孩子進入大學就讀。汀特史密斯利用當年負擔得起也相對公平的教育體制，就某種意義他實現了美國夢，成為一位樂於回饋社會的殷實商人。

我們現在所處環境，已經讓上述的夢想愈來愈難實現。教育體系不斷淘汰年輕世代，沒辦法帶給他們希望，就連用學位鍍上一層防護膜的經濟結構底層，也都愈來愈難企及。如果詢問政策制訂者，當前的學校教育能為我們孩子在創新年代的人生帶來什麼，他們一定講不出所以然，而我們更加看不清楚方向。

是重新思考學校教育的時候了，就從我們每個人開始動手吧！

謝辭

這本書的誕生得力於許多人的貢獻。戴伊（Tamara Day）不可思議的完成所有手稿資料的查證，還幫忙找訪談對象，譜出那些見微知著的年輕世代小插曲。這些年輕世代用他們的方式走過求學階段，娓娓道來他們受到教育體系的影響，而這些經歷也影響許多人，他們都是有機會對社會做出重大貢獻的年輕人。我們也要感謝Scribner-Shannon Welch出版社：資深編輯葛林（John Glynn）和沃夫（Lisa Wolff），他們兩人一頭栽進本書出版計畫，提供我們清楚的指引和可靠的支持。他們幫忙把手稿資料提升更高層次，一路上不斷給我們建設性建議。最後，我們要感謝文稿經紀人：Zachary Shuster Harmsworth公司的哈姆茲華斯（Esmond Harmsworth），感謝他明智的建議協助我們提出本書的寫作計畫，代表我們出面和出版社接洽。

此外，我們也要感謝生命中最重要的一些人。

我（華格納）要感謝汀特史密斯對本書的貢獻。本書一開始的構想就是由他提出，每一章的初稿也是他的傑作。汀特史密斯鞭辟入裡的分析和大膽的寫作方式，刺激了我原本的思考方式和寫作風格。更重要的是，他以企業領袖的身分提供寶貴的觀點。本書，以及汀特史密斯製作與本書同名的得獎紀錄片，是汀特史密斯傑出才華的佐證。他為了因應創新年代，致力於重新思考教育體制，做了強力見證。如果本書能為教育體制面臨的困境提出深入、獨到的見解，居首功的絕對非汀特史密斯莫屬。

也要感謝我的太太布藍肯何恩（PJ Blankenhorn），她是我的第一位讀者、最棒的書評，也是我最難能可貴的思想伴侶。她的創意和慧黠，無一不存於我的所有作品。

我（汀特史密斯）讀到華格納所寫《教出競爭力》時，感覺一生受教過程中各種光怪陸離的現象，一一躍然於眼前。那是一本深具啟發與影響的作品，希望人人都能讀上一回。機緣巧合下，我有幸能和華格納一起完成本書，我希望這本新書能用不同方式，發揮像他早期作品對我、對大眾同樣的影響力。對於關心教育、年輕世代，與國家未來的公民，華格納是一盞希望明燈，如果我們終於明白教育目的是幫助年輕世代掌握機會，就是因為華格納一生追求的使命終於得到認可：學校必須把教育目的與實用內容教給學生。

在此要謝謝我的太太和孩子。過去六個月，我每天清晨五點起床，假日無休，花幾個鐘頭振筆疾書，謝絕一切干擾，永遠支持我的太太伊莉莎白（Elizabeth）不但見怪不怪，還非常樂意提供協助。我的兩個孩子會告訴我學校的情況，如果不是他們，我無從取得第一手資料。他們都很清楚，該如何區分有意義和無意義的作業。孩子能明辨是非，專注自己心之所向的勇氣，讓我引以為傲。

NEXT 0234

教育扭轉未來：當文憑成為騙局，21世紀孩子必備的4大生存力

Most Likely to Succeed: Preparing Our Kids for the Innovation Era

作　者—東尼・華格納／泰德・汀特史密斯（Tony Wagner / Ted Dintersmith）
譯　者—陳以禮
主　編—鍾岳明
編　輯—張啟淵
封面設計—我我設計
企　劃—劉凱瑛
總 編 輯—余宜芳
發 行 人—趙政岷
出 版 者—時報文化出版企業股份有限公司
10803台北市和平西路三段二四〇號四樓
發行專線—（〇二）二三〇六六八四二
讀者服務專線—〇八〇〇二三一七〇五（〇二）二三〇四七一〇三
讀者服務傳真—（〇二）二三〇四六八五八
郵撥—一九三四四七二四時報文化出版公司
信箱—台北郵政七九～九九信箱
時報悅讀網—http://www.readingtimes.com.tw
法律顧問—理律法律事務所　陳長文律師、李念祖律師
印　刷—盈昌印刷有限公司
初版一刷—二〇一六年八月二十六日
初版三刷—二〇一八年四月二十四日
定　價—新台幣四二〇元
（缺頁或破損的書，請寄回更換）

時報文化出版公司成立於一九七五年，
並於一九九九年股票上櫃公開發行，於二〇〇八年脫離中時集團非屬旺中，
以「尊重智慧與創意的文化事業」為信念。

教育扭轉未來：當文憑成為騙局，21世紀孩子必備的4大生存力 /
東尼.華格納(Tony Wagner), 泰德.汀特史密斯(Ted Dintersmith)合著；
陳以禮譯. -- 初版. -- 臺北市：
時報文化, 2016.08
面；　公分. -- (Next ; 234)

譯自 : Most likely to succeed : preparing our kids for the innovation era

ISBN 978-957-13-6746-0 (平裝)

1. 教育改革　2. 美國

520.952　　105014078

ISBN 978-957-13-6746-0
Printed in Taiwan